CORRESPONDANCE

Livre 2

DANS LA MÊME COLLECTION
DERNIERS VOLUMES PARUS

Tome 67 – T. DAGRON, *Unité de l'Être et dialectique. L'idée de philosophie naturelle chez Girodano Bruno*, 416 p., 1999

Tome 68 – F. FURLAN, P. LAURENS et S. MATTON (dir.), *Leon Battista Alberti*, 1136 p., 2000

Tome 69 – I. ZINGER (éd.), *Dionysos. Origines et résurgences*, 208 p., 2001

Tome 70 – G. POSTEL, *Des admirables secrets des nombres platoniciens*, trad., introduction et notes par J.-P. Brach, 288 p., 2001

Tome 71 – T. DAGRON et Hélène VÉDRINE (dir.), *Mondes, formes et sociétés selon Giordano Bruno*, 227 p., 2003

Tome 72 – H. D. SAFFREY, *Humanisme et imagerie aux* XVe *et* XVIe *siècles*, 288 p., 2004

Tome 73 – JUDA ABRAVANEL, dit Léon Hébreu, *Dialogues d'amour*, 544 p., 2006

Tome 74 – J.-Y. LACROIX, *L'utopie de Thomas More et la tradition platonicienne,* 488 p., 2007

Tome 75 – F. MALHOMME et A. G. WERSINGER (dir.), Mousiké *et* Areté. *La musique et l'éthique de l'Antiquité à l'âge moderne*, 256 p ; 2007

Tome 76 – M.-D. COUZINET, Sub species hominis. *Études sur le savoir humain au* XVIe *siècle*, 288 p., 2007

Tome 77 – J. BIARD et F. MARIANI ZINI (dir.), Ut philosophia Poesis. *Questions philosophiques dans l'œuvre de Dante, Pétrarque et Boccace*, 288 p., 2008

Tome 78 – G. PAGANINI, Skepsis. *Le débat moderne sur le scepticisme*, 432 p., 2008

Tome 79 – MARSILE FICIN, *Correspondance. Livre 1,* 328 p., 2014

DE PETRARQUE A DESCARTES

Fondateur : Pierre MESNARD

Directeurs : Jean-Claude MARGOLIN † et Tristan DAGRON

LXXX

MARSILE FICIN

CORRESPONDANCE

Livre 2

OPUSCULES PHILOSOPHIQUES
1476-1479

Texte latin traduit et annoté par
Sébastien GALLAND

Ouvrage publié avec le concours du Centre national du livre

PARIS

LIBRAIRIE PHILOSOPHIQUE J. VRIN

6, Place de la Sorbonne, V^e^

2019

Imprimé en France

ISSN 0418-4459
ISBN 978-2-7116-2843-8

www.vrin.fr

PRÉSENTATION

Le second Livre de la *Correspondance* de Ficin rassemble les huit opuscules composés en 1476 et 1479 parmi lesquels les *Cinq questions sur l'âme*, l'*Abrégé de Théologie platonicienne*, *Du ravissement de Paul*, l'*Argument pour la Théologie platonicienne*, et le traité sur l'essence de la lumière qui sera remanié et publié en 1493 sous le titre *De la lumière* dans le Livre douze de l'*Epistolarium* [1]. Ficin écrit ces opuscules à un moment où son travail de traduction est largement avancé : le *Pimandre* d'Hermès Trismégiste est publié en 1471, l'œuvre de Platon est presque totalement traduite même si elle ne sera éditée qu'en 1484, le *Commentaire sur le Banquet de Platon* est paru en 1469, le *De la religion chrétienne* en 1476. Ce Livre n'est pas véritablement un ouvrage épistolaire. Certes il conserve une adresse à des destinataires familiers, les « *conphilosophi* », ou à des hommes politiques illustres (Giovanni Cavalcanti, Febo Capella, Laurent le Magnifique, Nicholas Bathory, Francesco Bandini, le Comte de Gazzoldo, Alamanni Donati, Giovanni Francesco Ippoliti). Mais le dispositif élocutoire est sensiblement modifié, comme s'en explique Ficin lui-même dans le prologue adressé à Frédéric de Montefeltre, Duc d'Urbin, rédigé sans doute en 1482 : il s'agit, précise-t-il, de réunir les lettres qui concernent la théologie platonicienne et dont le contenu porte sur les réalités divines. D'apparence épistolaire, ces opuscules n'en constituent pas moins des traités métaphysiques dont l'objet est de tracer les diverses étapes de l'ascension vers Dieu et d'en identifier les modalités opératoires et les enjeux spirituels pour l'âme. Ainsi chaque opuscule trouve-t-il son fondement dans une même expérience théorétique, qui est aussi une conversion du regard à la sagesse. Ficin part de la contemplation du réel et non de sa compréhension. La lumière visible qui rayonne sur le sensible, et la

1. Cette présentation développe la présentation plus générale au douze Livres de l'*Epistolarium* donnée dans l'introduction au premier volume de la Correspondance de Ficin : *Correspondance*, Livre 1, Paris, Vrin, 2014, p. 7-23. On retrouvera aussi dans le premier volume les précisions sur le choix des manuscrits, le texte établi et le regroupement des différents volumes à paraître. Pour les notes bibliographiques, afin de ne pas alourdir la lecture, nous avons donné pour les sources classiques largement éditées la partie et le chapitre (sauf s'agissant des *Opera omnia* de Ficin et de quelques références moins accessibles où, pour des raisons de commodités, nous avons donné les pages), et nous avons toujours précisé la pagination dans le cas des ouvrages critiques.

lumière invisible qui embrase l'intelligible, sont d'abord des phénomènes à voir, l'une avec les yeux du corps et l'autre avec les yeux de l'âme, avant de donner lieu à des démonstrations et des explications rationnelles qui rappelleraient les procédés de la scolastique médiévale.

La contemplation se divise en trois degrés, qui sont autant de scansions dans la progression du philosophe platonicien : depuis le corps à travers l'âme, jusqu'à l'ange et à Dieu. L'ascension donne lieu à une hiérarchie unique mais variable dans ses manifestations, selon le critère retenu par le contemplant. Ainsi les éléments, les sphères, les âmes, les anges et Dieu sont-ils répartis au long de la ligne ascendante en fonction de leur mobilité ou de leur stabilité. L'intelligence du contemplatif par exemple « progresse davantage dans le repos que dans le mouvement », parce que « les objets qui lui sont familiers sont les raisons éternelles des choses, non les passions mobiles de la matière ». Au mouvement peut s'adjoindre cet autre critère qu'est la division : la forme corporelle est divisée, elle tire son mouvement d'un autre ; l'âme rationnelle est indivise, elle est auto-motrice ; les anges ne sont pas comblés par eux-mêmes mais par un autre qui est Dieu, lequel est la source de toute plénitude à l'intérieur comme à l'extérieur de soi. Le mouvement divisé concerne une nature et un temps divisés. Le repos indivisible concerne une action indivisible dans l'instant indivis de l'éternité indivise. Ailleurs, le critère peut consister dans la distinction entre le multiple et l'unité : les âmes et les anges sont nombreux, l'Intelligence divine est une ; dans l'opposition entre la connaissance et la confusion : l'intellect humain connaît les réalités incorporelles simples, alors que le sens est limité aux réalités corporelles complexes ; dans la dichotomie entre l'étant et le non-étant, l'universel et le particulier, la perfection et l'imperfection : l'intellect porte sa connaissance sur des objets universels et le sens sur des objets particuliers, il possède une connaissance de soi comme totalité dont le sens est dépourvu, sa perfection réside dans l'extension de sa puissance là où le sens pâtit de ses bornes physiques ; quand ce n'est pas l'éternité qui départage les âmes immortelles des anges perpétuels, et ces mêmes anges perpétuels de Dieu créateur éternel des réalités terrestres, célestes et supracélestes. La variation des critères sert un mouvement dialectique, qui enseigne à se déprendre des apparences pour fixer son regard sur les essences immuables : « là où l'intellect est présent, lui qui est comme un œil fixé vers la lumière intelligible, là aussi la lumière intelligible, qui est Dieu, brille, est révérée, aimée et honorée ».

La variabilité des critères de contemplation entraîne une variabilité des angles de vision d'une même réalité. Les réalités se dédoublent, se correspondent et s'approfondissent, elles tissent un réseau de similitudes à l'image du rameau de sarment, « qu'on appelle la vrille », qui « est né pour lier la vigne à la manière d'un arbuste ». La contemplation du visible ouvre sur la contemplation de l'invisible, l'anagogie creuse les réalités physiques d'une profondeur métaphysique : la nature, le ciel et les astres sont les symboles de Dieu. Méthode de déchiffrage des signes, l'anagogie va du sens littéral au sens spirituel, du connu à l'inconnu, de l'ombre à la lumière. Elle complète et dépasse l'analogie dont elle se nourrit partiellement. La perspective analogique établit des rapports de comparaison entre les réalités, tandis que la perspective anagogique établit des rapports de différenciation. Le rapport comparatif fournit la matière d'une différenciation qui porte sur la signification des deux réalités rapprochées. La contemplation est scalaire, elle suit différents degrés de réalité qui sont aussi différents degrés de signification. Au sens correspond à un niveau supérieur l'intellect, mais l'intellect est clarté alors que le sens est obscurité; au sensible l'intelligible, mais le sensible est dans le temps et l'intelligible dans l'éternité; aux intelligences humaines les intelligences angéliques, mais les anges ne sont jamais enfermés dans des corps mortels; aux formes corporelles les formes incorporelles, mais les premières sont matérielles et les secondes immatérielles. Les éléments et les sphères ont en commun le mouvement, mais dans le premier cas il est erratique et dans le second stable. Les âmes et les anges sont des états, mais l'état des premières inclut la mobilité et celui des seconds l'immobilité, cependant que Dieu est l'état et la simplicité absolus. L'œil dans le corps correspond à l'intellect dans l'âme, mais le corps est périssable alors que l'âme est immortelle. L'œil correspond au Soleil sensible et l'intellect au Soleil intelligible, mais l'un est visible et l'autre invisible. La matière qui est une passion infinie correspond à Dieu qui est un acte infini, mais l'infini de la matière est privatif et l'infini divin perfectif. L'intelligence humaine, qui est comme la Lune, lève les yeux vers les étoiles célestes qui sont comme les anges, lesquels sont éclairés par une lumière supracéleste qui est Dieu. Toute lumière vient de Dieu et retourne à Dieu, le rayonnement de la lumière a son correspondant dans la méthode anagogique qui est comme un rayon: l'un et l'autre sont un principe d'orientation et de progression, qui permet la compréhension de l'ordre universel et de ses paliers. Les éléments, les plantes, les animaux et a fortiori les âmes et les intelligences angéliques s'inscrivent dans un mouvement très ordonné, naturel pour les uns, supranaturel pour les autres, qui est l'effet de la providence divine soucieuse de la beauté et de la bonté de l'univers: « l'ordre des parties, qui regarde vers des fins particulières, dépend d'un certain ordre total commun, tel qu'il se rapporte principalement à une fin commune à tout ». Dieu, qui est tout, voit tout et pourvoit à tout. Dieu est le suprême contemplant, il détient la « parfaite vision » qui existe par soi et voit à la faveur de sa propre clarté : vision complète, définitive, radicale et éternelle, tandis que le corps ne connaît au mieux que la « transparence » du visible et l'esprit la « clairvoyance » d'une vision approfondie.

Dans cet univers hiérarchisé, l'échelle des êtres donne à voir l'articulation des différents plans de l'univers grâce à l'action de médiateurs qui assurent la transition d'un degré à l'autre conformément à un mouvement ascensionnel cognitif, éthique et ontologique. Parce qu'elle est une « tierce essence », l'âme est au principe de la médiation entre le multiple et l'unité en tant qu'elle participe de l'essence divine par sa substance tout en s'inscrivant dans le mouvement, la diversité et les corps sensibles. L'âme n'est pas intelligente par elle-même, mais seulement en fonction de sa participation à l'intellect divin. Elle constitue le pivot de l'ascension spirituelle, parce qu'elle a été engendrée par Dieu. Entre le ciel qui est une lumière corporelle et immatérielle et l'ange qui est une lumière sans mouvement, l'âme est une lumière sans quantité : elle ne dépend que de Dieu, dont elle est l'image immortelle. La dignité de l'homme résidant en son âme toujours indivisible malgré les trois puissances (rationnelle, irascible et concupiscible) qui la caractérisent, celui-ci s'efforcera de s'unir à Dieu à la faveur d'un contact où la volonté amoureuse prime sur l'intellect spéculatif. L'organisation du second Livre porte la trace de cette valeur accordée à la volonté. Dans les *Cinq questions sur l'âme* l'intellect et la volonté semblent à égalité devant Dieu : l'un accède à la connaissance de toute vérité, et l'autre à la jouissance de tout bien. Mais dès l'*Abrégé de Théologie platonicienne* intervient une modification :

> De plus mesurons, s'il est possible de le mesurer, puisque Dieu surpasse l'intelligence, combien est long l'espace par lequel il la dépasse. Hélas, combien est-ce la marque d'une immense démence que d'entreprendre de mesurer l'immensité ! En effet il s'éloigne de l'intelligence du moins en haut par un espace de dignité aussi grand que l'espace qui s'ouvre au parcours de l'intelligence au-dessus d'elle-même, courant graduellement du plus clair vers le plus clair, ainsi qu'à la volonté disposée au meilleur depuis le meilleur. Or cet espace s'ouvre jusqu'à ce que se présente à nous quelque réalité tout à fait immense, laquelle par sa propre infinité impose d'une certaine manière un terme à notre progression infinie.

Dépassée, l'intelligence ne saurait comprendre Dieu ; ce qui laisse la carrière libre à l'expansion de la volonté dont l'acmé advient avec *Du ravissement de Paul*. Dans le dialogue entre Paul et Marsile, le Florentin avertit :

> Laisse de côté les subtilités du second ciel découvertes par Mercure ; laisse de côté les lois du sixième ciel rédigées, comme tu le veux, par Jupiter ; laisse de côté la philosophie du septième ciel offerte, dit-on, aux hommes par Saturne. Voilà qui ne saurait toucher à la vérité, elle-même procréatrice de Mercure, Jupiter et Saturne.

À Saturne, la planète la plus haute et la plus froide, sont attribuées les activités intellectuelles et mathématiques, mais c'est aussi l'astre le plus éloigné du Soleil de Vérité. L'intellect, parce qu'il ramène tout à lui pour comprendre, implique une réduction de l'objet divin qu'il limite à ses propres capacités : l'intellect s'adjoint l'objet, il ne fusionne pas avec lui. La volonté, parce qu'elle est conversion amoureuse à l'objet, s'identifie à l'objet divin au lieu de réduire son immensité comme le fait l'intellect :

> Car que cherche l'intellect sinon à transformer toutes choses en lui-même, en les peignant toutes en soi selon son mode propre ? Derechef, que la volonté s'efforce-t-elle d'opérer sinon de se transformer elle-même en toutes choses, en jouissant de toutes selon une modalité propre à toutes ? L'un s'applique à ce que l'univers devienne d'une certaine façon l'intellect, mais l'autre à ce que la volonté soit l'univers.

L'âme, qui est « une vertu infinie et éternelle », veut d'autant plus ardemment Dieu que ce dernier est incompréhensible à son intellect. La volonté seule, c'est-à-dire l'amour de charité, détermine l'ascension de Paul. À l'opposé des

« philosophes orgueilleux » « égarés par leurs vains raisonnements », Ficin estime que

> il n'y a pas de jugements plus probables, ou de mœurs plus approuvées, ou de vie plus heureuse, que ceux des hommes qui, légitimement, c'est-à-dire pieusement, philosophent, à savoir conjuguent l'étude de la science et de la vérité avec la piété toujours religieuse et véritable. Or cela ne semble être rien d'autre que refuser de disjoindre l'amour de trouver la vérité de l'amour d'honorer la vérité.

Au-dessus de l'intellect, l'amour est antérieur logiquement : il n'est pas possible de trouver Dieu, la Beauté et la Vérité, sans les avoir préalablement aimés. La vision intellectuelle vient après.

Dieu a créé l'univers par un acte de volonté, plus que par un acte d'intellection. La volonté découvre Dieu par la similitude qui l'unit à lui. La volonté et le désir ont l'infini de commun avec Dieu. Dieu se diffusant à toutes choses, depuis les espèces supérieures jusqu'aux espèces inférieures, il n'est pas assigné de limites au désir et à la volonté qui veulent et désirent selon une puissance implantée en eux qui est la puissance de Dieu. Aussi ne peuvent-ils être rassasiés que par la possession d'un bien lui-même infini. L'infini divin est la limite de la progression : la remontée n'est pas sans terme. Telle conversion de l'intellect et de la volonté, qui exige la purgation de l'âme, la réforme de son image et le rétablissement de sa condition originelle, institue entre les hommes une différenciation éthique. Toutes les intelligences sont comparables à la Lune en tant qu'elles réfléchissent la lumière du Soleil ; mais toutes ne réfléchissent pas également et identiquement cette lumière divine. La différence est de l'ordre de l'expression et de sa position dans la hiérarchie. Qui applique son intellect et sa volonté à ne pas se détourner de la lumière divine devient lui-même cette lumière dont il exprime la vertu, la beauté et la joie. Qui laisse son intellect et sa volonté se détourner de la lumière universelle, pour ne suivre que le sensible incertain, devient lui-même inconstant, et n'exprime de cette lumière que l'ombre la plus lointaine dans la matière. Mais le ravissement mystique de Paul au troisième ciel rappelle que Dieu décide seul de ravir et que l'individu, enlevé à lui-même et au monde sensible, ne peut au mieux que se rendre disponible à cette expérience extatique en tournant son intellect et sa volonté vers l'objet divin, qui est la source attrayante du beau, du vrai et du bien infinis. Le ravissement chrétien retrouve la fureur platonicienne par son caractère imprévisible : il est une grâce divine. Si soudain soit-il, il a pour condition nécessaire mais non suffisante la conversion de l'âme tournée vers Dieu, c'est-à-dire une vie droite, vertueuse et honnête. Le ravissement fait de l'homme un *quatenus deus :* sa joie se confond avec celle des bienheureux, et ce d'autant plus que la volonté jouit davantage de Dieu que l'intellect, lequel ne perçoit la divinité que dans une lumière noire, aveuglante et excessive, qui est la nuit de l'intellect spéculatif.

De là le recours aux mystères poétiques d'Orphée, aux mythes et aux fables du paganisme, lesquels mettent en scène Jupiter, Pallas, Prométhée ou Sisyphe, et suggèrent à la façon des oracles une vérité que le logos philosophique ne saurait circonscrire. Ici Ficin mobilise l'imagerie mythologique :

> Nous cherchons à atteindre les sommets les plus hauts du mont Olympe, alors que nous habitons l'abîme de la vallée la plus basse, que nous sommes alourdis par le bagage d'un corps extrêmement pesant, et, pendant que nous haletons sur ce sentier escarpé, tant à cause du poids que des rochers taillés à pic de toutes parts, nous glissons en arrière vers le précipice.

Là, imitant les poètes Orphée, David et Jean, il multiplie les paradoxes et les oxymores : « la divine splendeur dans l'âme des bienheureux, quand on l'appelle nuit, est de loin beaucoup plus claire que tout jour temporel », et encore :

> Où se trouve la plus haute lumière, là sont les plus profondes ténèbres; où se trouvent aussi les plus profondes ténèbres, là est la plus haute lumière. Aussi rien n'est-il davantage connu, et inversement rien davantage ignoré, que cela; rien davantage présent, rien davantage absent, que cela; rien davantage visible, rien davantage invisible. De là cette exclamation de David : « La nuit me devient illumination au milieu des délices »,

et enfin :

> je vois quelque chose composé de certaines ténèbres lumineuses, d'une certaine lumière ténébreuse. Je le sais : ni les ténèbres ne peuvent s'illuminer elles-mêmes, ni la lumière embrassée par les ténèbres briller d'elle-même, sans quoi elle tirerait sa force de soi, et brillerait le plus purement et le plus pleinement. Donc elle brille, je le remarque, d'une lumière où il n'y a pas de ténèbres, ainsi, quand elle brille dans les ténèbres, elle n'est pas embrassée par elles.

Les traditions platonicienne et chrétienne, les sagesses des Mages « sectateurs de Zoroastre », d'Hermès Trismégiste et de Moïse, ne sont pas antinomiques; elles participent d'une philosophie pérenne et elles coïncident dans la vérité du monothéisme et du dogme trinitaire. À ce titre les textes ne diffèrent pas de la réalité émaillée de signes de la Trinité : figure, lumière et mouvement dans la « machine du ciel »; substance, puissance et action dans les « esprit supracélestes »; matière, forme et vertu dans les « composés subcélestes »; mesure, nombre et poids dans les choses, ou puissance, ordre et utilité, ou principe, milieu et fin; mémoire, intelligence et volonté dans l'âme; faculté naturelle, rationnelle et morale dans les sciences. Il n'est pas jusqu'à l'homme-microcosme qui ne récapitule la structure trinitaire, comme l'explique Paul à Ficin :

> de même que tu es un petit monde où se trouvent trois esprits – naturel dans le foie, vital dans le cœur, animal dans le cerveau (lui seul te fait percevoir la lumière finie) –, de même autour de ce monde plus grand se tiennent trois troupes d'esprits divins qui sont comme trois sphères intelligibles, accomplissant leur constante révolution autour du centre divin; mais les unes gouvernent principalement la région du monde sublunaire, les autres les réalités célestes, d'autres volent au-dessus du sommet du ciel.

Exemplaires de la concorde entre Platon et le Christ à laquelle œuvre la pensée ficinienne, les opuscules s'avèrent une propédeutique à la *Théologie platonicienne* publiée en 1482 dont ils synthétisent les avancées sous forme d'argument, de compendium, de résumé, censés affûter la sagacité des

« *conphilosophi* » avec qui Ficin partage une amitié platonicienne. Cette amitié ne diffère pas de l'amour paulinien. Elle consiste en une expérience de l'honnêteté, de la justice et de l'éternité, où l'oubli de soi permet la découverte d'une principe commun : Dieu, qui est la fin ultime de tout amour éclairé par la beauté et le bien. La fin de l'amour excédant les motifs honteux (volupté, intempérance, violence des sens), l'amitié platonicienne se révèle profondément religieuse et justifie l'affirmation de l'immortalité de l'âme contre l'averroïsme padouan. L'amitié platonicienne, « nourrie et accrue dans le sein maternel de la muse Uranie », oriente une pensée de l'harmonie qui veut qu'une âme unique rassemble les amis, tout comme plusieurs textes peuvent consonner autour d'un centre unique. L'attachement de Ficin aux formes brèves obéit à l'intention de condenser le sens et la portée de la doctrine platonicienne. L'intelligence du lecteur y fait elle-même l'expérience de la concentration : elle rentre en soi pour atteindre en sa pointe la vérité. Les opuscules fournissent un éclairage neuf sur la *Théologie platonicienne*, dont ils font varier les axes et les angles de signification comme les critères de la contemplation faisaient osciller la hiérarchie. Pour autant, ces courts traités ne sont pas des annexes conçues à la marge de l'œuvre principale. C'est l'inverse : ils constituent son foyer lumineux, en tant qu'ils concentrent dans l'unité et la simplicité ce qui se développe ailleurs dans l'abondance et la diversité.

Des sens à l'intellect, du corps à l'âme, à l'ange et à Dieu, la lumière remplit une fonction centrale dans la mesure où elle unit les réalités visibles et les réalités invisibles. D'origine divine, elle est l'image visible de Dieu et accompagne la remontée anagogique de l'âme vers son principe créateur selon un modèle trinitaire : depuis la chaleur qui correspond à l'Esprit Saint jusqu'à la lumière obscure et première du Père, en passant par l'éclat lumineux qui manifeste l'intelligence du Christ. Les premiers mots de Ficin à son ami Cavalcanti sont une invitation à se réunir au ciel. Parce qu'elle est le rire du ciel, la lumière ouvre à une joie qui ne rencontre plus de limites. Le rire de Paul est celui des bienheureux, il exprime une plénitude qui donne à l'âme ravie un surcroît d'être. Aux pleurs de l'âme misérable prisonnière du corps succède la joie infinie d'une âme qui atteint à la béatitude. Le rire du ciel est empreint de sérénité. Distinct de l'ironie socratique ou de la mélancolie démocritéenne, il est plutôt le sourire de l'âme rasserénée qui rayonne de lumière, de vitalité, et participe à l'exultation des astres et des anges :

> Que la lumière soit le rire du ciel émanant de la joie des esprits célestes, les hommes l'indiquent qui, toutes les fois qu'ils se réjouissent en esprit et rient avec leur visage, resplendissent assurément de l'intérieur, s'ouvrent par l'esprit et paraissent briller par leur visage, et plus encore par leurs yeux qui sont essentiellement célestes et qui, dans le rire, décrivent un mouvement circulaire à l'instar du ciel.

Associé à l'intelligence qui émane de Dieu et à la volonté qui déborde de joie, le sourire conclut le chemin anagogique et parachève l'élévation vers la lumière divine. La contemplation du rire de l'univers suscite une joie qui ne diffère pas de la joie inscrite de toute éternité dans l'âme. Cette dernière en retrouve la puissance fécondante, dès l'instant où elle suit la lumière pour rencontrer la sienne.

La splendeur de la lumière est une manifestation de la face de Dieu, de sorte que la métaphysique devient une esthétique. Dans l'opuscule sur l'essence de la lumière, Ficin procède à une hiérarchisation des sens depuis les plus matériels vers les plus spirituels. Les sens nobles sont la vue et l'ouïe; les sens vulgaires le toucher, le goût et l'odorat. L'ouïe renseigne sur l'harmonie mathématique de la musique et des chants; cependant que la vue découvre la lumière des corps, le rayon de grâce qui les traverse et leurs belles proportions. Inversement, le toucher, le goût et l'odorat ne sont sensibles qu'aux aspects délétères des corps et à leur dimension ténébreuse. Parmi les sens intellectuels, la vue occupe une place privilégiée, elle est le sens de la progression anagogique qui permet de monter de la lumière visible à la lumière rationnelle, puis à la lumière intelligible et divine. L'éducation du regard est un exercice spirituel, qui acclimate graduellement la vue à la clarté du Père des lumières. L'intelligence peut user librement des sens les plus nobles sans dépendre du corps. Le dernier paragraphe de l'*Argument* évoque l'ouïe intellectuelle qui entend « la cause des sons plus sonante et plus consonante que les sons que l'oreille peut entendre » :

> Selon l'opinion des Pythagoriciens, c'est au rythme du chant des puissances divines joyeuses que les sphères conduisent les chœurs astraux, lesquels produisent ainsi par leurs mouvements très ordonnés et variés une merveilleuse harmonie.

Musique des sphères ou des Anges, lesquels ne sont pas uniquement les miroirs de la splendeur divine et sont aussi musiciens. Les sens ne sont pas non plus absents de la jouissance mystique, ils sont purifiés dans un corps de résurrection qui est un corps de lumière : « corps tempérant, immortel et céleste », auquel croient les Hébreux, les Chrétiens et les Mahométans. Mais la voie anagogique se dépasse dans la théologie négative, qui inscrit la divinité dans l'irreprésentable : « Dieu n'est ni un corps, ni la qualité de ce corps, ni âme, ni ange, ni quelque chose de plus haut qui puisse se concevoir ». La lumière n'est que l'ombre de Dieu, lequel est suressentiel. Ficin use de l'aphérèse, cette méthode d'abstraction, pour soustraire les formes de la matière, les anges du ciel, l'unité pure des substances composées, le concept de l'image et la contemplation mystique des ratiocinations intellectuelles. Inspiré par Denys l'Aréopagite et Nicolas de Cues, le versant négatif de cette esthétique transparaît dans l'aspect fragmentaire de l'écriture ficinienne, qui mêle aux phrases nominales des propositions relatives isolées, qui répète, insiste, multiplie les incises et se perd volontairement en digressions et métaphores, moins pour affiner les explications et faciliter la compréhension que pour cerner un point de réel transcendant qui se dérobe à la représentation verbale. Par ses mouvements incantatoires, ses sauts et ses ruptures dans la construction logique, cette écriture confronte la raison à sa propre limite et attire le lecteur vers les hauteurs de la contemplation, là où la pensée, le langage et l'image défaillent.

MARSILE FICIN

EPISTOLARIUM
LETTRES

LIVRE 2

MARSILIUS FICINUS FLORENTINUS FEDERICO DUCI URBINATI SEMPER INVICTO ET APPRIME SAPIENTI ATQUE CLEMENTI S. D.

Cum epistolas meas undique collectas in libros distinguerem, placuit eas que ad theologiam pre ceteris Platonicam pertinerent, quasi ob materiam ipsam divinas, ab aliis epistolis velut humanis secernere in unumque redigere. Cumque vellem corpori huic, quasi ob materiam divino, caput revera divinum apponere, Federicum Urbinatem ducem pre ceteris libenter adscripsi, cuius divina virtus, ut Platonice loquar, ipsam non solum absoluti viri sed etiam consumati principis adeo implevit ideam, ut si hunc Diogenes ille perspexerit, qui ideas excogitari posse negabat, iam non modo eas intelligi posse animo, sed etiam cerni oculis proculdubio sit confessurus.

MARSILE FICIN LE FLORENTIN À FEDERICO DUC D'URBINO[1] TOUJOURS INVAINCU, ET AVANT TOUT SAGE ET CLÉMENT, SALUT

Comme je divisais mes lettres collectées de toutes parts en livres, il m'a plu que celles qui concernaient plus que le reste la théologie platonicienne et étaient comme divines en raison de leur contenu même, fussent séparées des autres lettres qui sont comme humaines et qu'elles soient ramenées à l'unité[2]. Et comme je voulais ajouter à ce corps pour ainsi dire divin, à cause de sa matière, une tête réellement divine, j'y ai volontiers inscrit plus que tout le reste Federico Duc d'Urbino dont la vertu divine pour m'exprimer à la manière platonicienne, elle qui distingue non seulement un homme achevé mais encore un Prince accompli, remplit à ce point l'idée que si Diogène l'avait examiné, lui qui niait pouvoir se représenter les idées[3], non seulement il aurait avoué les concevoir dans son esprit, mais encore les voir indubitablement de ses yeux.

SECUNDUS LIBER EPISTOLARIUM
MARSILII FICINI FLORENTINI

QUESTIONES QUINQUE DE MENTE

PRIMA : UTRUM MOTUS EIUS IN FINEM ALIQUEM CERTUM DIRIGATUR NECNE.
SECUNDA : UTRUM MOTIONIS EIUS FINIS SIT MOTUS AN STATUS.
TERTIA : UTRUM SIT PARTICULARE QUIDDAM AN UNIVERSUM.
QUARTA : UTRUM OPTATUM FINEM SUUM QUANDOQUE CONSEQUI VALEAT.
QUINTA : UTRUM POSTQUAM ADEPTA EST FINEM, ALIQUANDO INDE DISCEDAT

Marsilius Ficinus conphilosophis suis s. d.

Sapientia, summo Iovis omnium creatoris capite nata, philosophis suis amatoribus precipit ut, si modo re amata potiri quandoque desiderant, summa semper capita rerum potius quam vestigia infima petant. Pallas enim, divina progenies que celo demittitur alto, altas ipsa colit quas et condidit arces ; monstrat preterea non posse nos ad summa rerum capita pervenire, nisi prius in caput anime, mentem, posthabitis inferioribus anime partibus ascendamus ; pollicetur denique, si nos ipsos in fecundissimum caput anime collegerimus, ibi proculdubio ipso capite, hoc est mente, mentem procreaturos ; mentem, inquam, et Minerve ipsius comitem et summi Iovis alumnam.

Ego igitur, optimi conphilosophi mei, qualem nuper in monte Cellano una quadam lucubratione mentem mente creaverim, nunc in medium vobis adducam, ut ipsi, qui longe fecundiores estis quam Marsilius, emulatione quadam, ut ita dixerim, provocati, prolem aliquando Iovis Palladisque conspectu digniorem parturiatis.

SECOND LIVRE DE LA CORRESPONDANCE DU FLORENTIN MARSILE FICIN

CINQ QUESTIONS SUR L'ÂME

LA PREMIÈRE : SI SON MOUVEMENT SE DIRIGE VERS QUELQUE FIN CERTAINE, OU NON.
LA SECONDE : SI LA FIN DE CETTE IMPULSION EST LE MOUVEMENT OU LE REPOS.
LA TROISIÈME : S'IL S'AGIT DE QUELQUE CHOSE DE PARTICULIER OU D'UNIVERSEL.
LA QUATRIÈME : SI ELLE PEUT UN JOUR ATTEINDRE LA FIN VISÉE.
LA CINQUIÈME : SI APRÈS QU'ELLE EUT ATTEINT CETTE FIN, ELLE PEUT PARFOIS S'EN SÉPARER

Marsile Ficin à ses amis philosophes, salut.

La Sagesse, qui naquit du sommet de la tête de Jupiter créateur de toutes choses[4], enseigne à ses amants philosophes que, s'ils désirent un jour s'emparer de l'objet de leur amour, ils doivent toujours chercher la partie la plus haute des réalités plutôt que leurs traces les plus basses. En effet Pallas, divine fille qui provient des hauteurs célestes[5], habite les citadelles élevées dont elle est aussi la fondatrice[6]; elle montre de plus que nous ne pouvons parvenir au point le plus haut des choses, si préalablement notre intelligence, tenant en moindre estime les parties inférieures de l'âme, n'est montée vers le sommet de l'âme; elle promet enfin que, si nous nous sommes recueillis nous-mêmes dans le point le plus fécond de l'âme, là dans ce sommet, à savoir l'intelligence[7], nous procréerons indubitablement l'intelligence; l'intelligence, dis-je, qui est la compagne de Minerve et la rejetonne du souverain Jupiter[8].

Aussi, ô mes meilleurs amis philosophes, ai-je créé il y a peu, à l'occasion d'un travail nocturne sur le mont Celano, une intelligence à partir de l'intelligence, et cette intelligence je vais maintenant l'amener parmi vous, afin que vous qui êtes de loin plus féconds que Marsile, entraînés pour ainsi dire par quelque émulation, vous enfantiez un jour une descendance de Jupiter et de Pallas de plus digne aspect.

NATURALIS CUIUSQUE SPECIEI MOTUS, QUIA CERTO AGITUR ORDINE, IDEO A CERTO QUODAM PRINCIPIO AD CERTUM FINEM DIRIGI ET PROVENIRE COGNOSCITUR

Omnis naturalis speciei cuiusque motus certa quadam ratione procedit. Nam et aliter alia movetur species et species quelibet eundem servat semper suo in motu tenorem, ut ab hoc in istud et ab isto deinceps in illud modo quodam congruentissimo progrediatur semper atque regrediatur. Querimus unde precipue ordinem eiusmodi motus accipiat. Duo sunt apud philosophos motus termini, a quo videlicet effluit, in quem profluit. Ab his terminis suum ordinem adipiscitur. Quamobrem non ab incerto et inordinato in incertum et ordinis expers oberrat, sed a certa quadam et ordinata natura in certum quiddam ordinatumque dirigitur, quod cum natura illa conveniat unde motus incepit. Unumquodque enim ad suum recurrit potius quam alienum, alioquin et dissimiles rerum species nonnunquam similiter et similes sepe dissimiliter moverentur, ac eadem species alias atque alias modo diverso et species diverse sepe modo eodem agitarentur. Adde preterea quod auferretur motionis illa successio, qua gradatim deinceps per plures congruosque gradus formasque decentes certo tempore profluit, certis temporum curriculis refluit. Adde postremo quod non in talem quandam vel regionem vel qualitatem vel substantiam potius quam in quamlibet aliam quisque motus dirigetur.

LE MOUVEMENT NATUREL DE CHAQUE ESPÈCE, PARCE QU'IL SE RÉALISE EN UN CERTAIN ORDRE, EST AINSI CONNU COMME PROVENANT D'UN CERTAIN PRINCIPE ET ÉTANT DIRIGÉ VERS UNE CERTAINE FIN

Tout mouvement naturel de chaque espèce procède d'une raison certaine. Car d'une part différentes espèces se meuvent différemment, et d'autre part n'importe quelle espèce conserve toujours le même cours dans son mouvement, de sorte que le mouvement progresse et régresse toujours de ce lieu-ci vers ce lieu-là, puis de celui-ci vers celui-là, de manière très concordante. Nous nous demandons d'où le mouvement reçoit principalement cet ordre. D'après les philosophes, il y a deux limites du mouvement : précisément l'une à partir de laquelle il découle, l'autre vers laquelle il s'écoule[9]. Ces deux limites confèrent son ordre au mouvement. Aussi ce dernier n'erre-t-il pas d'un état incertain et désordonné vers un autre incertain et dépourvu d'ordre, mais se dirige-t-il depuis une nature certaine et ordonnée vers un état final certain et ordonné, qui convient avec la nature à l'origine du mouvement. En effet, chaque chose retourne à son lieu propre plutôt qu'à un lieu étranger, sinon différentes espèces des choses se mouvraient parfois de façon semblable, et des espèces similaires de manière dissemblable, et une même espèce serait mue tantôt ainsi tantôt autrement, et des espèces diverses seraient mues souvent de la même manière. Ajoute ensuite que cette succession de mouvement disparaîtrait, par où un mouvement s'écoule progressivement à un moment déterminé à travers plusieurs degrés appropriés et formes convenables, puis reflue au bout d'une course temporelle déterminée. Ajoute enfin que s'il en était autrement, chaque mouvement ne serait pas dirigé vers une certaine région, une certaine qualité ou une certaine substance, plutôt que vers n'importe quelle autre.

ORDINATISSIMUS MUNDI MOTUS AD CERTUM FINEM PROVIDENTIA DIVINA DIRIGITUR

Si motus singuli ordine quodam mirabili transiguntur, certe universus mundi ipsius motus ordinis perfectione non caret. Sicut enim ab universo atque ad universum sunt singuli, sic ab universi ordine accipiunt ordinem et ad universi ordinem referuntur.

In hoc ipso communi totius ordine omnia quamvis diversissima una quadam convenientia et ratione reducuntur in unum. Igitur ab uno quodam ordinatore ratione plenissimo cuncta ducuntur, siquidem ordo apprime rationabilis a summa mentis ratione et sapientia manat, in qua necessario prescripti sunt fines singuli ad quos dirigat singula. Prescriptus est finis etiam universi communis, ad quem fines singuli perducantur.

QUOS TERMINOS HABEAT MOTUS ELEMENTORUM ET PLANTARUM ATQUE BRUTORUM

Quos terminos habeat motus elementorum et plantarum animaliumque brutorum non dubitamus. Elementa quidem alia gravitate quadam ad centrum mundi descendunt, alia levitate ad concavum spere superioris ascendunt. Motus quoque plantarum ex virtute nutriendi generandique profectus in plante ipsius sufficiente alimento et generatione plante similis terminatur. Idem accidit virtuti, que nobis ac brutis cum arboribus est communis. Brutorum animalium motus, qui proprie ad sensum attinet, a forma sensibili atque indigentia nature procedit per ea que extrinsecus sentiuntur ad explendam corporis indigentiam. Idem nature illi contingit, quam habemus ipsi cum animalibus quibusque communem. Omnes he quas modo narravimus motiones, quoniam ad particulare quiddam tendunt, a particulari etiam vi provenire noscuntur atque in his quos diximus terminis quietem agunt sufficientem et, quantum earum natura requirit, perficiuntur.

LE MOUVEMENT LE PLUS ORDONNÉ DU MONDE EST DIRIGÉ PAR LA PROVIDENCE DIVINE VERS UNE FIN DÉTERMINÉE

Si les mouvements individuels s'arrangent en un certain ordre admirable, assurément le mouvement universel du monde lui-même n'est pas privé d'un ordre parfait.

En effet de même que les mouvements individuels proviennent de l'univers et participent de l'univers, de même ils reçoivent leur ordre de l'ordre universel et se rapportent à l'ordre universel. Dans cet ordre commun total, toutes choses, si diverses soient-elles, sont reconduites ensemble par une certaine harmonie et raison vers l'unité. Donc toutes les choses sont conduites par un ordonnateur unique des plus rationnels, puisqu'un ordre rationnel suprême émane de la raison et de la sagesse souveraines de l'intelligence, où les fins de chaque réalité sont nécessairement prescrites, et vers lesquelles chacune se dirige [10]. La fin commune de l'univers, elle aussi, est prescrite par l'intelligence, fin vers laquelle chaque réalité est conduite.

DES LIMITES QUE POSSÈDE LE MOUVEMENT DES ÉLÉMENTS, DES PLANTES ET DES BÊTES

Nous ne doutons pas que le mouvement des éléments, des plantes, des animaux et des bêtes ait des limites. Le fait est que certains éléments, en raison de leur poids, descendent vers le centre du monde, d'autres, en raison de leur légèreté, montent vers la voûte de la sphère supérieure [11]. Le mouvement des plantes également, qui a progressé depuis la vertu de nutrition et de génération, est limité dans l'alimentation nécessaire à la plante elle-même et dans la génération d'une plante semblable. La même chose arrive à la puissance que nous et les bêtes avons en commun avec les arbres. Le mouvement des animaux brutes, qui a trait proprement aux sens, procède de la forme sensible et du besoin de la nature, à travers ce qui se sent extérieurement pour combler les besoins corporels. La même chose survient à cette nature que nous avons nous-mêmes en commun avec les animaux. Tous ces mouvements que nous venons de citer, puisqu'ils tendent vers quelque réalité particulière, nous savons qu'ils résultent aussi d'une puissance particulière, et dans ces limites que nous avons évoquées ils produisent le repos qui leur suffit, et ils se perfectionnent autant que leur nature le requiert.

QUESTIONES QUINQUE DE MENTIS MOTU

Superest ut de mentis humane motu queramus : primo, utrum an ad aliquem tendat finem necne ; secundo, utrum motionis eius finis sit motus an status ; tertio, utrum particulare quiddam hoc bonum sit vel universum ; quarto, utrum optatum finem suum, id est summum bonum, quandoque consequi valeat ; quinto, utrum postquam perfectum adepta est finem, aliquando inde discedat.

MENTIS MOTUS CERTUM RESPICIT FINEM

Si cetera non insipienti casu passim oberrant, sed ordine quodam rationabili ad quiddam maxime proprium et convenientissimum diriguntur, quo et prorsus perficiuntur, multo magis mens, que est sapientie receptaculum, que naturalium rerum ordinem et fines intelligit, que res suas quotidie ad finem quendam rationabiliter ordinat, que aliis omnibus quotcunque prediximus est perfectior, multo, inquam, magis naturali instinctu ordinatum finem aliquem respicit, quo et ipsa ad votum perficiatur. Presertim quia, quemadmodum singule vite partes, id est consultationes et electiones et facultates, ad fines singulos referuntur (quelibet enim harum proprium respicit finem tanquam bonum), sic universa vita ad finem bonumque similiter universum. Cum enim partes quelibet serviant toti, sequitur ut ordo, qui partibus inest, invicem sit propter earum ordinem ad ipsum totum maxime pertinentem ; ordo rursus earundem, qui ad fines spectat particulares, a communi quodam dependeat totius ordine, qui ad communem totius finem precipue conferat. Profecto si motor quilibet sui ipsius gratia movet, consentaneum est mentem non ob aliam causam sua quelibet ad fines proprios ducere, nisi ut ad communem mentis finem bonumque conducant. Denique quis adeo mentis inops, ut opinetur mentem anniti tam natura quam proposito singulis diversisque ad unum quiddam ordinem exhibere, nisi ipsa quoque ordinem quendam haberet ad unum ? Nempe cum ultimus communisque finis ubique reliquos moveat – est enim primum quod appetitur, cuius gratia cetera appetuntur –, nimirum, si ultimus ipse communisque absit omnino, reliqui adesse non possunt. Nisi enim absoluta totius edificii forma prescripta sit architecto, nunquam diversi ministri eo ordine qui ad totum ipsum conducat ad diversa opera movebuntur ; immo vero nullo pacto ad ministeria prefinita mittentur ab illo qui non ipse prius communem totius operis terminum habuerit prefinitum.

CINQ QUESTIONS SUR LE MOUVEMENT DE L'INTELLIGENCE

Il nous reste à nous interroger sur le mouvement de l'intelligence humaine [12]. Premièrement, tend-il vers quelque fin ou non? Deuxièmement la fin de cette impulsion, est-ce le mouvement ou le repos? Troisièmement, ce bien est-il quelque chose de particulier ou d'universel? Quatrièmement, peut-il atteindre un jour la fin qu'il désire, à savoir le souverain bien? Cinquièmement, après avoir atteint la fin parfaite, s'en écarte-t-il parfois?

LE MOUVEMENT DE L'INTELLIGENCE SE RETOURNE VERS UNE FIN CERTAINE

Si les autres choses n'errent pas ici où là sous l'effet d'un hasard déraisonnable, mais sont dirigées en un certain ordre rationnel vers quelque réalité qui leur est fort appropriée et tout à fait convenable, et où elles atteignent à une perfection absolue, alors l'intelligence beaucoup plus, elle qui est le réceptacle de la sagesse, qui saisit l'ordre et les fins des choses naturelles, qui ordonne chaque jour ses propres affaires rationnellement vers quelque fin, et qui est plus parfaite que toutes les autres choses que nous avons mentionnées, l'intelligence, dis-je, par une sorte d'instinct naturel, se retourne beaucoup plus vers quelque fin ordonnée, où elle-même se perfectionne à souhait. Car, de même que chaque partie de la vie, c'est-à-dire les délibérations, les choix et les facultés, sont référées à des fins singulières (n'importe laquelle de ces parties se retourne vers la fin qui lui est propre comme vers son propre bien), de même la vie universelle se retourne vers une fin et un bien pareillement universels. En effet, comme toutes les parties sont soumises au tout, il suit que l'ordre présent dans ces parties a grandement trait en retour, à cause de l'ordre de chacune, au tout lui-même; de surcroît, l'ordre des parties, qui regarde vers des fins particulières, dépend d'un certain ordre total commun, tel qu'il se rapporte principalement à une fin commune au tout. Assurément, si n'importe quel moteur met en mouvement pour son propre intérêt, alors il convient que l'intelligence porte quelque chose d'elle-même vers ses propres fins pour aucun autre motif que celui qui veut que ces fins conduisent à la fin commune et au bien de l'intelligence. Enfin qui serait à ce point indigent intellectuellement pour croire que l'intelligence, tant par nature que par dessein, peut s'efforcer de convertir les choses singulières et diverses à la réalité d'un seul ordre, sans que cette intelligence elle-même ne possédât un certain ordre en rapport avec l'un? Bien sûr, comme une fin ultime et commune meut partout toutes les choses restantes – toutes les autres réalités sont effectivement désirées à cause d'une réalité désirée en premier [13] –, si la fin commune et ultime était tout à fait absente, le reste ne pourrait être présent. Car, à moins que la forme parfaite de tout l'édifice ne soit prescrite par un architecte, jamais les différents ouvriers

FINIS MOTIONIS INTELLECTUALIS NON EST MOTUS SED STATUS

Si motionis intellectualis finis est ipse motus, certe movetur ut moveatur, rursusque ut moveatur deinceps sine fine movetur. Hinc efficitur ut in ipso motu iugiter perseverans moveri non desinat ideoque nec vivere desinat unquam neque cognoscere. Forsitan hic ille iugis est animi motus quo semper agi et vivere animus a Platonicis nonnullis existimatur. Puto autem mentem, quandoquidem statum noscit iudicatque ipsum mutatione prestantiorem atque naturaliter appetit illum ultra motum, in habitu quodam stabili potius quam mobili conditione finem bonumque suum optare et denique consequi. Huius rei inditium est quod mens in statu proficit magis quam in motu ; rursus quod familiaria eius obiecta sunt rerum rationes eterne, non mobiles materie passiones. Accedit quod, quemadmodum vite virtus, scilicet intelligentia et voluntas, ultra rerum mobilium fines ad stabiles progreditur et eternas, sic ipsa vita ultra mutationem quamlibet temporalem certe finem bonumque suum in eternitate consequitur; alioquin non posset animus unquam vel intelligendo vel appetendo terminos mobilium transgredi, nisi eos supergredi vivendo valeret. Denique motus semper est imperfectus tenditque ad aliud; ipsius vero finis, presertim summi, ratio est ut neque imperfectus sit neque ad aliud quicquam progrediatur.

MENTIS OBIECTUM ET FINIS EST UNIVERSUM VERUM ATQUE BONUM

Sed nunquid proprium quiddam verum bonumque finis intelligentie voluntatisque dicitur an universum? Universum certe, quoniam intellectus amplissimam quandam eius, quod philosophi ens verumque et bonum nominant, concipit notionem, sub qua quicquid vel est vel esse potest penitus comprehenditur. Hoc ipsum quod ens verumque et bonum dicitur, omnia continens,

ne seront mus en un ordre qui conduise les divers travaux dans le tout lui-même; non, au contraire, ils ne seront aucunement envoyés à leurs tâches définies si personne préalablement n'a en sa possession la fin commune et prédéfinie de l'ouvrage tout entier.

LA FIN DE L'IMPULSION INTELLECTUELLE N'EST PAS LE MOUVEMENT MAIS LE REPOS

Si la fin de l'impulsion intellectuelle est le mouvement lui-même, alors certainement l'intelligence est mue pour pouvoir être mue, et derechef elle est mue pour pouvoir être mue ainsi sans fin. De là il résulte que, persévérant continûment dans son propre mouvement, l'intelligence ne cesse de se mouvoir, et par conséquent elle ne cesse jamais de vivre ni de connaître. Peut-être s'agit-il là de ce mouvement perpétuel de l'âme par où toujours elle est en acte et en vie, comme l'estiment quelques Platoniciens [14]. Cependant, je suis d'avis que l'intelligence, puisqu'elle connaît le repos, juge qu'il est supérieur à la mutation, et désire naturellement le repos au-delà du mouvement, souhaite et atteint finalement, en un certain état stable plutôt que dans une disposition mobile, la fin et le bien qui sont les siens. Telle situation donne preuve que l'intelligence progresse davantage dans le repos que dans le mouvement; et, derechef, que les objets qui lui sont familiers sont les raisons éternelles des choses, non les passions mobiles de la matière. De même qu'il arrive que la vertu de la vie, à savoir l'intelligence et la volonté, progresse au-delà des fins des choses mobiles vers les fins stables et éternelles, pareillement la vie elle-même, au delà de n'importe quelle mutation temporelle, rejoint indubitablement sa fin et son bien dans l'éternité; autrement l'âme ne pourrait jamais, soit en intelligeant soit en désirant, franchir les limites des réalités mobiles, si elle ne pouvait les surmonter en vivant. Enfin, le mouvement est toujours imparfait et tend vers quelque chose d'autre [15]; par contre, la raison de la fin, et surtout de la fin souveraine, est telle qu'elle n'est ni imparfaite ni ne progresse vers quelque réalité autre.

L'OBJET ET LA FIN DE L'INTELLIGENCE SONT LE VRAI ET LE BIEN UNIVERSELS

Mais la fin de l'intelligence et de la volonté est-ce, se demande-t-on, quelque vrai et bien particuliers ou un vrai et un bien universels ? Universels assurément, d'abord parce que l'intellect a une connaissance très grande de ce que les Philosophes nomment l'étant, le vrai et le bien, connaissance sous laquelle tout ce qui est, ou peut être, est absolument compris. Cela même qui se nomme étant, vrai

Peripatetici esse putant commune humani intellectus obiectum, quia sicut obiectum sensus sensibile, sic intellectus ipsius obiectum intelligibile dicitur, intelligibile autem amplitudine sua omnia comprehendit. Rursus intellectus natura afficitur ad totam entis amplitudinem comprehendendam ac in eius notione omnia conspicit vicissimque in omnium notione inspicit ipsum. Preterea sub ratione veri intelligit, sub ratione boni appetit omnia. Hec autem utraque ad rationem entis Peripatetici referunt. Utrum vero bonum ente latius sit, quod Platonici putant, necne, ad propositam questionem nihil referre videtur.

Utamur igitur in presentia tribus his, si placet, nominibus, scilicet ente veroque et bono, tanquam idem significantibus : nam in commentariis *Philebi* diligentius ista discussimus. Querendum videtur imprimis utrum intellectus quicquid sub ente concluditur perspicue possit attingere. Potest utique : dividit enim ipsum in genera decem generalissima rursusque genera decem in genera subalterna gradatim sub ipsis quam plurima ; deinde species quasdam ultimas sub generibus collocat subalternis ; denique speciebus singula subicit, ut ita dixerim, absque fine. Si intellectus potest ens ipsum tanquam totum quiddam describere atque ipsum in cuncta eius quasi membra gradatim dividere eaque tam invicem quam ad totum diligentissime comparare, quis non videat hunc natura entis ipsius universi esse capacem ? Qui enim totum ipsum in sua forma videt eiusque terminos atque gradus per quos propagatur undique prospicit, absque dubio potest singula que illis terminis comprehenduntur media comprehendere. Mitto nunc quod, cum apud Platonicos super ens atque sub ente queat ipsum unum bonumque excogitare, multo magis totam eius latitudinem undique percurrere poterit. Certe post notionem entis (quod vocabulum sepius iam repetimus) etiam quod ab eo diversissimum fingi potest, id est non ens, pro arbitrio cogitat. Si potest ab illo ad hoc infinite inde distans percurrere, multo magis per quelibet que sub illo quasi media continentur. Hinc Aristoteles inquit : Sicut materia, que ultimum est naturalium, omnes potest corporeas induere formas omniaque hoc pacto corporalia fieri, sic intellectum qui, ut ita loquar, supernaturalium ultimum est supremumque naturalium, spiritales omnes rerum omnium formas accipere posse omnesque evadere. Quemadmodum universum sub ratione entis atque veri obiectum est intellectus, ita sub ratione boni est voluntatis obiectum. Quidnam intellectus inquirit, nisi cuncta in se suo modo pingendo transformare omnia in se ipsum ? Quid rursus voluntas annititur, nisi omnibus omnium modo fruendo se ipsam in omnia transformare ? Ille ergo conatur ut universum fiat quodammodo intellectus, hec autem ut voluntas sit universum. Utrinque igitur naturalis ad hoc vergit animi nixus, quemadmodum inquit in *Metaphysicis* Avicenna, ut animus ipse modo suo totus mundus evadat. Videmus enim quemlibet animum naturali instinctu et continuo nixu conari ut et cuncta vera intellectu cognoscat et cunctis bonis voluntate fruatur.

et bien, et qui contient toutes choses, les Péripatéticiens pensent que c'est un objet commun de l'intellect humain, parce que, de même que l'objet des sens est appelé sensible, ainsi l'objet de l'intellect lui-même s'appelle intelligible; or l'intelligible par son ampleur comprend toutes choses [16]. Derechef, l'intellect est disposé par nature à comprendre la grandeur totale de l'étant, et, dans cette connaissance de soi, il contemple toutes choses et à son tour plonge lui-même ses regards dans la connaissance de toutes choses. En outre, sous le régime du vrai, il connaît tout; sous le régime du bien, il désire tout [17]. Les Péripatéticiens rapportent ces deux régimes à celui de l'étant [18]. Mais savoir si le bien est plus large que l'étant, comme l'estiment les Platoniciens [19], ne paraît pas concerner la question proposée.

Aussi pour l'instant usons, s'il vous plaît, de ces trois noms, à savoir l'étant, le vrai et le bien, comme s'ils étaient synonymes, puisque dans notre commentaire du *Philèbe* nous avons discuté de cela plus attentivement [20]. Il faut se demander en premier, semble-t-il, si l'intellect peut atteindre à la claire compréhension de tout ce qui est inclus sous l'étant. Il le peut en tout cas : l'intellect en effet divise l'étant en dix genres très généraux et, derechef, il divise ces dix genres progressivement en genres subalternes aussi nombreux que possible; puis il place certaines espèces ultimes sous des genres subalternes; enfin il met chaque chose sous les espèces et ce, pour ainsi dire, sans fin [21]. Si l'intellect peut délimiter l'étant lui-même comme un tout et le diviser graduellement en quelque sorte dans tous ses membres, qui, de comparer très attentivement ces membres les uns aux autres autant qu'au tout qu'ils forment, ne verrait pas que cet intellect par nature a la capacité de contenir l'étant universel lui-même ? Lui qui effectivement voit le tout lui-même dans sa forme et qui, de toutes parts, en discerne les limites et les degrés à travers lesquels il se propage, peut sans doute aucun comprendre chaque chose comprise entre ses limites. Je passe désormais sous silence que l'intellect, puisqu'il peut découvrir selon les Platoniciens, au-dessus et au-dessous de l'étant, l'un et le bien même [22], combien plus pourra-t-il parcourir de tous côtés l'étendue tout entière de l'étant! Assurément, après la connaissance de l'étant (terme que nous avons déjà répété très souvent), l'intellect peut penser à sa guise et même se représenter ce qui est le plus différent de lui, à savoir le non-étant. S'il peut courir depuis l'étant vers ce qui lui est infiniment éloigné, combien plus le peut-il à travers ces choses qui sont contenues sous l'étant comme leur milieu. De là le propos d'Aristote : de même que la matière, qui est la base des réalités naturelles, peut prendre en charge toutes les formes corporelles et devenir ainsi toutes les choses corporelles, de même l'intellect qui, pour ainsi dire, est la base des réalités supranaturelles et le sommet des réalités naturelles, peut recevoir toutes les formes spirituelles de toutes les réalités et toutes les devenir [23]. Tout comme l'univers sous le régime de l'étant et du vrai est l'objet de l'intellect, ainsi sous le régime du bien il est l'objet de la volonté. Car que cherche l'intellect sinon à transformer toutes choses en lui-même, en les peignant toutes en soi selon son mode propre? Derechef, que la volonté s'efforce-t-elle d'opérer sinon de se transformer elle-même en toutes choses, en jouissant de toutes selon une modalité

ANIMI ORIGO FINISQUE EST SOLUM INFINITUM VERUM ATQUE BONUM

Meminisse vero oportet universum ipsum, quod esse dicimus animi finem, esse penitus infinitum. Finem enim cuiusque precipuum propriumque putamus quod proprie res queque summopere appetit tanquam summum cuique bonum, cuius gratia petit agitque reliqua, in quo tandem quiescit omnino, adeo ut finem nature appetitusque stimulo iam prorsus imponat. Intellectui vero nostro conditio hec innata est, ut rei cuiusque requirat causam rursusque cause causam. Ideo non cessat unquam inquisitio intellectus, nisi eam causam reperiat cuius nulla sit causa, sed ipsa sit causa causarum, id autem solus est Deus immensus. Voluntatis quoque affectus nullo satiatur bono, quatenus putamus bonum preterea aliud superesse; solo igitur eo satiatur bono, ultra quod nihil est boni. Quidem autem hoc aliud est, nisi Deus immensus? Igitur quicquid aut veri aut boni offertur, quod certos habeat gradus quamvis quam plurimos, adhuc plures intellectu requiris et ulterius appetis voluntate; unde nusquam, nisi in vero bonoque immenso, potes quiescere neque finem, nisi in infinito, potes facere. Cum vero res queque in propria eius quiescat origine unde efficitur et ubi perficitur, animus vero noster in solo infinito quiescere valeat, sequitur ut solum quod est infinitum sit propria eius origo. Vocari autem id ipsum proprie debet ipsa infinitas et eternitas potius quam vel eternum quiddam vel infinitum. Quoniam vero effectus cause proximus evadit cause ipsi similimus, consequens est ut anima infinita quodammodo virtus sit et eterna, alioquin ad finem nunquam proprie vergeret infinitum. Hinc nimirum efficitur ut nulli sint inter homines qui contenti sub celo vivant opibusque temporalibus impleantur.

propre à toutes ? L'un s'applique à ce que l'univers devienne d'une certaine façon l'intellect, mais l'autre à ce que la volonté soit l'univers. Dans l'un et l'autre cas donc, le travail d'accouchement naturel de l'âme converge vers cette fin, comme le dit Avicenne en sa *Métaphysique* : que l'âme elle-même en sa propre modalité devienne le monde tout entier[24]. En effet, nous voyons que chaque âme, par un instinct naturel et un effort continu, s'applique à connaître toute vérité avec l'intellect et à jouir de tout bien avec la volonté.

L'ORIGINE ET LA FIN DE L'ÂME NE SONT RIEN D'AUTRE QUE LE VRAI ET LE BIEN INFINIS

Il faut se souvenir que l'univers lui-même, dont nous avons dit qu'il est la fin de l'âme, est absolument infini[25]. En effet, nous pensons que pour chaque chose il y a une fin particulière et propre, parce que chaque chose proprement désire avec le plus grand soin le souverain bien comme s'il était à chacune, ce bien pour lequel elle recherche et opère tout le reste, dans lequel enfin elle se repose entièrement, au point de mettre désormais un terme absolu à l'appétit naturel et à l'aiguillon du désir. Au vrai, pour notre intellect, la condition innée est de rechercher la cause de chaque réalité et en arrière la cause de la cause. Partant, la quête de l'intellect ne cesse jamais, à moins qu'il ne trouve la cause dont rien n'est la cause, mais qui est elle-même la cause des causes, c'est-à-dire Dieu seul en son immensité[26]. L'affect de la volonté pareillement n'est satisfait par aucun bien, tant que nous pensons qu'il y a encore un autre bien au-dessus. Donc la volonté n'est satisfaite que d'un seul bien, au-delà duquel il n'y a plus rien de bon. Or quel peut être ce bien, si ce n'est le Dieu immense[27] ? Quel que soit donc ce qui se présente de vrai ou de bon, et qui possède des degrés déterminés aussi nombreux qu'on voudra, tu recherches encore plus par l'intellect et tu désires au-delà par la volonté ; de là que jamais tu ne puisses te reposer si ce n'est dans le vrai et le bien immenses, ni que tu ne puisses trouver une fin si ce n'est dans l'infini. Et puisque chaque réalité repose dans sa propre origine d'où elle a été produite et où elle a été parachevée, et que notre âme ne peut reposer que dans le seul infini, il suit que seul ce qui est infini constitue son origine propre. Or cette origine doit s'appeler proprement infinité et éternité, plutôt que quelque chose d'éternel et d'infini. Et puisque l'effet le plus proche de la cause devient le plus semblable à cette cause[28], il en résulte que l'âme constitue pour ainsi dire une vertu infinie et éternelle, sans quoi jamais elle ne pourrait incliner vers une fin proprement infinie. Assurément, il en découle qu'il n'y a personne parmi les hommes vivant sous le ciel qui puisse être contenté et comblé par les richesses temporelles.

ANIMUS OPTATUM FINEM BONUMQUE SUUM QUANDOQUE CONSEQUI POTEST

Potest autem perfectum finem suum aliquando rationalis animus assequi. Si enim que minus in natura perfecta sunt naturalem perfectionem suam in quesiti finis habitu consecuntur, multo magis animus qui et perfectissimus est et finis omnium naturalium. Si que finem neque aliis neque sibi ipsa prescribunt aliquando fine congruo potiuntur, multo magis et mens, que finem suum aucupatur et reperit, finem rursus multis instituit, multorum presagit, videt et omnium. Si naturalis potentia in rebus vel minimis non est inanis, certe non est inanis in animo, qui usque adeo magnus existit, ut quanto intervallo minima queque a maximis excedantur examussim dimetiatur. Accedit quod animus haudquaquam finem certum naturaliter sequeretur, nisi posset et assequi. Qua enim alia potentia movetur ad illum, nisi qua potest etiam pervenire? Videmus preterea illum, quando impense contendit, multum in eiusmodi motu proficere. Qua vero virtute proficit, eadem quandoque perficitur. Videmus denique vehementius paulatim vehementiusque moveri, quemadmodum elementum quodlibet quo naturali termino propinquat magis, eo movetur velocius. Ergo sicuti neque elementum, ita neque mens ab alio in aliud semper preter terminum frustra progreditur, sed terminum quandoque attingit sui ipsius gratia exoptatum.

Sunt autem in rebus actionibusque naturalibus et humanis principia quedam, sunt et fines. Contra naturam ipsam rationemque principii est ab alio semper principio ad aliud ascendere sine principio. Contra rationem finis est a fine deinceps in finem descendere sine fine. Omnis actio a summo agente, omnis appetitio a fine summo ducit originem. Quecunque enim propter aliud talia sunt vel talia, ad ipsum quod propter se tale existit necessario reducuntur. Igitur si utrinque summa desunt, neque actio prorsus incipiet ulla, neque appetitus aliquis incitabitur. Denique, cum motor sui ipsius gratia moveat, ubi summus est motor summus finis pariter reperitur, idque et in ordine rerum quolibet verum est et in ordine similiter universi.

L'ÂME PEUT PARFOIS ATTEINDRE SA FIN SOUHAITÉE ET SON BIEN

L'âme rationnelle peut parfois atteindre sa fin parfaite. En effet, si ces réalités qui sont moins parfaites dans la nature atteignent leur perfection naturelle dans la possession de la fin recherchée, combien plus l'âme, qui est la plus parfaite et la fin de toutes les réalités naturelles, atteindra-t-elle sa perfection[29] ! Si ces choses qui ne prescrivent une fin ni à elles-mêmes ni aux autres s'emparent quelquefois de la fin qui leur est conforme, combien beaucoup plus l'intelligence, qui guette et trouve sa propre fin, et de plus établit la fin de maintes choses, prévoit-elle la fin de nombre d'entre elles et voit-elle la fin de toutes ! Si la puissance naturelle n'est pas vaine même dans les réalités les plus minimes[30], il est certain qu'elle n'est pas vaine dans l'âme, laquelle est à ce point grande qu'elle peut mesurer exactement dans quel intervalle les réalités les plus minimes sont dépassées par les réalités les plus grandes. À ceci s'ajoute que l'âme ne suivrait jamais naturellement une fin déterminée, si elle ne pouvait aussi l'atteindre. Car quelle autre puissance la meut-elle vers cette fin, sinon celle qui lui permet aussi d'y parvenir ? En outre, nous voyons que, lorsque l'âme s'efforce énergiquement, elle progresse beaucoup dans ce mouvement qui l'emporte vers la perfection. Or une même vertu la fait avancer et la porte un jour à la perfection. Nous voyons enfin que l'âme se meut progressivement avec de plus en plus de force, tout comme n'importe quel élément qui, plus il se rapproche de son but naturel, se meut avec plus de vitesse[31]. Aussi l'intelligence, comme l'élément, ne progresse jamais en vain d'un point à un autre sans un but déterminé, mais un jour ou l'autre atteint le but qui est désiré par elle seule.

De fait, il existe dans les réalités et les actions naturelles et humaines certains principes et fins. Il est contraire à la nature elle-même et à la raison du principe de toujours s'élever d'un principe à l'autre sans un principe premier. Il est contraire à la raison d'une fin de descendre ensuite d'une fin à l'autre sans une fin dernière. Toute action tire son origine d'un souverain agent, tout désir d'une fin souveraine[32]. En effet, toutes les choses qui sont telles ou telles à cause d'un autre sont nécessairement reconduites vers une réalité qui elle-même est telle en raison de sa nature propre. Donc si le souverain agent et la fin souveraine font défaut, absolument aucune action ne commencera, non plus qu'un quelconque appétit ne sera suscité. Enfin, puisqu'un moteur meut pour son propre intérêt, lorsque le moteur est souverain la fin souveraine est pareillement trouvée, cela est vrai dans n'importe quel ordre de réalités comme dans l'ordre de l'univers.

Sed iuvat rationem de mente superiorem aliquanto latius explicare. Siquis a nobis querat utrum horum perfectius sit, intellectusne an sensus, intelligibilene sive sensibile, promittemus ei nos quod desiderat protinus ostensuros, si modo nobis prius ad hoc unum ipse responderit : « Scis, o amice qui me rogas, esse aliquid in te ipso quod aliquam habet utrorunque notitiam, notitiam, inquam, intellectus ipsius et sensus, rursum intelligibilis atque sensibilis ; eadem enim vis que hec invicem comparat, iam utraque quodammodo videt. Responde igitur, nunquid vis eiusmodi sit intellectus an sensus. Responde, queso, libenter, ut hac ego responsione tua mox tue illi interrogationi respondeam ». Iam igitur te sic audio respondentem : « Virtus eiusmodi non est sensus : omnes enim continue sensibus utimur ac maxime et intentissime utimur. Si igitur sensus videre se posset et illa, vel omnes vel quam plurimi facileque et clare vim ipsam sentiendi et intelligendi atque intelligibilia sensibiliaque cognoscerent. Cum vero paucissimi sint qui ista cognoscant omnia, atque ii quidem vix et non nisi diuturna intelligentie argumentatione cognoscant, certum est sensum nequaquam nosse vel se ipsum vel intellectum et intellectus obiecta ; immo vero hec omnia constat ab intellectu cognosci. Preterea vis illa que de utrisque perquirit, eadem est ac illa que etiam ratiocinando hec invenit et ratione concludit utrum sit inter illa perfectius. Quod autem ratiocinando querit rationemque assignat, ratio est, non sensus. Igitur solus intellectus est qui hec omnia novit ». Igitur et ego priori tue illi questioni iam ita respondeo : « Tanto saltem perfectior intellectus est quam sensus, quanto vis eius latius perfectiusque propagatur agendo. Sensus, ut ipse monstrabas, neque se ipsum neque intellectum intellectusque obiecta potest agnoscere, intellectus autem utraque noscit ».

Accedit alius quidam perfectionis gradus, quippe intellectus, quando se atque sensum ceteraque quantum ad perfectionis attinet gradus invicem comparat, iam summam ipsam perfectionis formam quasi ante oculos habet, ad quam utraque conferens, quod ad ipsam accedit propinquius, idem iudicat esse perfectius. Si summam perfectionis attingit formam, proculdubio ex summa quadam ad eam proportione hanc attingit. Non solum igitur perfectior est quam sensus, sed etiam pene post perfectionem ipsam summe perfectus.

Video tertium insuper perfectionis intelligentie gradum : nam dum querit iudicatque se ipsam, certe reflectitur in se ipsam. Quod autem tale est, etiam in se ipso existit et permanet, est insuper incorporeum penitus atque simplex. Denique

Mais il est utile d'expliquer plus largement la raison supérieure, qui concerne l'intelligence. Si quelqu'un nous demande lequel, de l'intellect ou du sens, de l'intelligible et du sensible, est le plus parfait, nous promettons de répondre immédiatement à son désir, à la condition qu'il réponde d'abord lui-même à cette question suivante : « Tu sais, ô ami qui m'interroges, qu'il y a en toi-même une puissance qui a connaissance de chacun des quatre, une connaissance, dis-je, de l'intellect et du sens, et derechef de l'intelligible et du sensible : la même puissance qui les compare les uns les autres les voit immédiatement les uns et les autres d'une certaine manière. Donc dis-moi si cette puissance relève de l'intellect ou du sens ? Réponds, je t'en prie, sans hésitation, de sorte que moi avec ta réponse je puisse bientôt répondre à ton interrogation ». Déjà je t'entends répondre ainsi : « une vertu de cet acabit ne relève pas du sens : en effet, nous utilisons les sens continûment, nous les utilisons énormément et intensément. Si donc le sens pouvait se voir soi-même et les autres, tous les hommes, ou du moins les plus nombreux, connaîtraient facilement et clairement la puissance même de sentir et d'intelliger, ainsi que les intelligibles et les sensibles. Mais comme très peu nombreux sont ceux qui connaissent ainsi tout, et ceux qui connaissent ne le font qu'à peine et non sans une longue argumentation de l'intelligence, il est sûr que le sens ne connaît rien : ni lui-même, ni l'intellect, ni les objets de l'intellect ; non, au contraire, il est établi que toutes ces choses ne sont connues que par l'intellect[33]. En outre, cette puissance qui s'enquiert concernant le sens et l'intellect est la même que celle qui les découvre aussi par la ratiocination, et qui conclut par la raison lequel des deux est le plus parfait. Or parce que cette puissance cherche en raisonnant et attribue une raison à sa quête, il ne peut s'agir que de la raison et non du sens. Aussi l'intellect est-il le seul qui sache tout ». Donc, pour ma part, je réponds désormais ainsi à ta question de tout à l'heure : « À tout le moins, l'intellect est d'autant plus parfait par rapport au sens que sa puissance se propage plus largement et plus parfaitement en agissant. Le sens, tu l'as montré toi-même, ne saurait connaître ni lui-même, ni l'intellect, ni les objets de l'intellect, alors que l'intellect connaît les uns et les autres ».

Un autre degré de perfection s'ajoute à l'intellect, à savoir que lorsqu'il compare successivement lui-même, le sens et toutes les autres choses sous le rapport du degré de perfection, il a pour ainsi dire déjà devant les yeux la forme souveraine elle-même de la perfection, et, rapportant chaque chose à cette forme, il juge que ce qui en est le plus proche est aussi le plus parfait. Si l'intellect atteint la forme souveraine de la perfection, c'est à n'en pas douter en raison d'une certaine proportion souveraine entre lui et elle. Aussi non seulement l'intellect est-il plus parfait que le sens, mais, après la perfection elle-même, il est aussi presque souverainement parfait.

De surcroît, je vois un troisième degré de perfection propre à l'intelligence : car, cependant que l'intellect se cherche et se juge soi-même, assurément il se réfléchit en soi-même. Or ce qui est tel existe aussi et demeure en soi-même et, de

cum ex se ipso ad se ipsum motu circulari progrediatur, potest utique sempiterne moveri, hoc est agere semper et vivere.

Mitto quod intellectus tanquam perfectior paucioribus est communis, seriusque et rarius exercetur, ac tanquam finis post vegetationis usum sensumque conceditur, dat sensui regulam atque leges finemque prescribit, se ipsum ad agendum pro arbitrio ducit quando ratiocinatur atque consultat; sensus autem, ubi ratio non resistit, instinctu semper nature propellitur.

Mitto quod ratio sepe aliter eligit quam sensus et usus corporis exigat, quia videlicet electionis principium non pendet a corpore, alioquin finis eius semper spectaret ad corpus. Rationem certe in motu suo nequaquam subdi corporibus ex eo perspicitur, quod speculando transcendit corpora, consultando se ad diversa oppositaque extendit, eligendo corporis inclinationi sepe repugnat; quare multo minus in essentia vitaque corporibus ullis subicitur.

Quid quod sensus procedente etate quodammodo hebetari videtur, intellectus vero nequaquam? Potest tamen ab intentione speculationis averti, quando in curando colendoque corpore nimium occupatur. Quid quod sensus ipsius obiectum, quotiens vehementius est, ledit subito sensum atque post illius occursum non potest e vestigio sensus debiliora discernere? Sic offendit oculum splendor exuberantior, sic offendit aures strepitus vehementior. Mens vera contra, ab excellentissimo sui obiecto neque leditur unquam neque confunditur; immo eo cognito inferiora simul clarius veriusque discernit, quod quidem mentis naturam esse significat summopere spiritalem et excellentem. Quid quod sensus solis corporeis terminatur obiectis, intellectus autem secundum intimam actionem ab omnibus emergit corporibus, utpote qui secundum essentiam atque vitam non sit submersus, formas corporales separat a materie passionibus, formas quoque illas, que per se penitus sunt incorporee, discernit a corporalibus, quippe qui ipse a materie passionibus atque a corporalis forme conditionibus sit separatus? Preterea sensus particularibus solum obiectis est contentus, familiaria vero intellectus obiecta rationes ipse rerum sunt universales et sempiterne, quas non aliter quam per precipuam quandam ad ipsas proportionem familiariter potest attingere. Ex quo apparet ipse quoque absolutus et sempiternus, presertim quia rationes eiusmodi per species quasdam attingit, quas ipsemet et facit et suscipit, quas esse necessarium est a materie passionibus absolutas, alioquin rationes ideasque illas referre non possent. Intellectus autem ipse, nisi a materie passionibus liber existeret, species eiusmodi neque hoc pacto facere posset neque suscipere.

plus, s'avère absolument incorporel et simple [34]. Enfin, puisqu'il progresse de soi-même vers soi-même en un mouvement circulaire, il peut en tout cas se mouvoir perpétuellement, c'est-à-dire toujours agir et vivre [35].

Je passe le fait que l'intellect, comme il est plus parfait, est commun à un très petit nombre, qu'il est employé très tardivement et très rarement, et qu'il nous est concédé comme une fin après l'usage de la puissance végétative et du sens, qu'il donne au sens une règle et des lois, lui prescrit une fin, et que, lorsqu'il raisonne et délibère, il conduit son action selon sa décision; mais le sens, quand la raison ne résiste pas, est toujours poussé par l'instinct naturel.

J'omets que la raison souvent choisit autrement que ce que réclament le sens et l'usage du corps, car le principe du choix ne dépend évidemment pas du corps, sinon la fin de ce choix regarderait toujours vers le corps. Il est manifeste que la raison n'est nullement soumise au corps dans son mouvement, parce que, lorsqu'elle se contemple au miroir de sa pensée, elle dépasse les corps, quand elle délibère elle s'étend elle-même aux réalités diverses et opposées, et quand elle choisit elle répugne souvent à incliner au corps; c'est pourquoi l'intellect est beaucoup moins soumis aux corps dans son essence et sa vie.

Que dire du fait que le sens, l'âge avançant, paraît d'une certaine façon affaibli, et qu'il en va nullement ainsi de l'intellect? Pourtant, ce dernier peut être détourné de son intention spéculative, quand il accorde trop d'importance au souci et au culte du corps. Que dire du fait que l'objet du sens lui-même, toutes les fois qu'il est plus violent, blesse subitement le sens, lequel, après cette rencontre, ne peut instantanément plus discerner les réalités plus faibles? De même qu'une lumière trop éclatante heurte l'œil, de même un vacarme trop assourdissant heurte les oreilles. En revanche, l'intelligence n'est nullement blessée par un objet qui lui est plus éminent ni jetée dans la confusion; non, au contraire, une fois connu cet objet, elle discerne les réalités inférieures à la fois plus clairement et plus véritablement, ce qui signifie que la nature de l'intelligence est avec le plus grand soin spirituelle et éminente [36]. Que dire du fait que le sens est limité aux seules réalités corporelles, mais que l'intellect, conformément à son action intime, émerge de toutes les réalités corporelles, vu que, selon son essence et sa vie, il ne saurait être submergé, qu'il sépare les formes corporelles des passions matérielles, distingue également ces formes qui par soi sont absolument incorporelles des formes corporelles, puisque lui-même est séparé des passions matérielles et des conditions de la forme corporelle [37]? En outre, le sens est seulement contenté par des objets particuliers, tandis que les objets familiers de l'intellect sont les raisons universelles et sempiternelles des choses, qu'il ne peut atteindre familièrement sans avoir avec elles une certaine proportion spéciale. Par là, l'intellect apparaît lui-même absolu et sempiternel, surtout parce qu'il atteint ces sortes de raisons à travers certaines espèces que lui-même fait et reçoit, lesquelles sont nécessairement délivrées des passions matérielles, autrement elles ne pourraient renvoyer à ces raisons et idées. Or, à moins que l'intellect lui-même n'existât libre des passions matérielles, il ne pourrait aucunement créer des espèces de ce type ni les recevoir.

MENS MAGIS QUAM SENSUS OPTATUM FINEM CONSEQUI POTEST

Ratio quidem nobis propria est : non enim bestiis eam Deus infudit, alioquin dedisset eisdem sermonem tanquam rationis interpretem, manum insuper tanquam rationis ministrum et instrumentum ; preterea videremus in bestiis aliqua consultationis varietatisque inditia. Nunc autem videmus eas nunquam aliter facere quam impulsu nature ad necessitatem duntaxat corporis impellantur. Omnes aranee similiter texunt telam neque texere discunt neque tempore quamvis longo in melius texendo proficiunt. Postremo apparerent in brutis certa quedam religionis inditia atque opera omnibus manifesta : ubi enim intellectus adest, qui tanquam oculus quidam est ad lumen intelligibile constitutus, ibi quoque intelligibile lumen, qui Deus est, lucet, suspicitur et amatur et colitur.

Quanto intellectus perfectior est quam sensus, tanto saltem homo perfectior est quam brutum. Atque ex hoc ipso est perfectior, quod habet ipse proprium bestiis non commune. Itaque propter intelligentiam tantum perfectior iudicatur, presertim cum intelligentie munere ad infinitam perfectionem, qui Deus est, affectu, speculatione cultuque accedat. Perfectio autem cuiusque precipua in convenientis finis possessione consistit, cuius quidem consecutio tanto facilior est et plenior quanto innata perfectio est uberior. Ubi enim perfectio illa formalis, que innascitur ab initio, prevalet, ibidem nature ordine finalis ipsa perfectio abundantius et facilius feliciusque conceditur, siquidem illa huic obsequitur, hec illius obsequio provenit. Unde concluditur ut multo magis faciliusque ratio quam sensus, homo quam brutum finem congruum optatumque consequi possit.

IMMORTALIS ANIMUS IN CORPORE MORTALI SEMPER EST MISER

Experimur autem in nobis bestiam nostram, id est sensum, finem suum bonumque sepissime consequi, quando scilicet sufficientis obiecti sui consecutione quantum ad ipsum pertinet prorsus impletur ; homo vero noster, id est ratio, quando finem consequatur optatum non experimur. Nam in summis etiam corporis voluptatibus, quando sensus ipse, quantum in se est, impletur omnino, ratio adhuc vehementer solicitatur sensumque solicitat. Sive enim

L'INTELLIGENCE PEUT BEAUCOUP PLUS QUE LE SENS ATTEINDRE LA FIN DÉSIRÉE

Au vrai, la raison nous est propre : en effet, Dieu ne l'a pas répandue parmi les bêtes, sinon il leur aurait donné le discours qui, pour ainsi dire, est l'interprète de la raison, il leur aurait aussi donné la main qui est comme le ministre et l'instrument de la raison[38]; en outre, si les bêtes possédaient la raison, nous verrions en elles quelques signes de délibération et de vérité. Or nous observons maintenant qu'elles ne font jamais rien sans être poussées par un instinct naturel vers une nécessité uniquement corporelle. Toutes les araignées tissent pareillement leur toile, ni elles n'apprennent à tisser ni elles ne deviennent meilleures dans le tissage même après un long temps[39]. Enfin si les bêtes brutes possédaient la raison, certains signes et œuvres de religion avérés apparaîtraient manifestement pour tous : en effet, là où l'intellect est présent, lui qui est comme un œil fixé vers la lumière intelligible, là aussi la lumière intelligible, qui est Dieu, brille, est révérée, aimée et honorée.

L'intellect est plus parfait que le sens, autant que l'homme est plus parfait que la bête brute. Et l'homme est plus parfait, en ce que lui-même détient en propre une faculté qui ne lui est pas commune avec les brutes. Aussi est-ce seulement en raison de son intelligence que l'homme est estimé plus parfait, surtout parce que le don de l'intelligence, ainsi que l'amour, la spéculation et l'adoration, le font accéder à la perfection infinie qui est Dieu. Or la perfection particulière de chaque chose consiste dans la possession de la fin appropriée, dont l'acquisition est d'autant plus facile et pleine que la perfection innée est plus abondante. Effectivement, là où cette perfection formelle, qui est innée dès le commencement, prévaut, là, dans l'ordre naturel, la perfection finale est elle-même accordée avec plus d'abondance, de facilité et de félicité, puisque la perfection finale obéit à la perfection formelle et que la perfection formelle provient d'une soumission à la perfection finale. De là, il est conclu que la raison beaucoup plus facilement que le sens, l'homme beaucoup plus facilement que la brute, peuvent atteindre la fin appropriée et souhaitée.

L'ÂME IMMORTELLE DANS LE CORPS MORTEL EST TOUJOURS MALHEUREUSE

Nous expérimentons que la bête en nous, à savoir le sens, atteint très souvent sa fin et son bien, quand, autant qu'il importe pour elle, elle est absolument comblée par l'appropriation de l'objet qui la satisfait; mais pour l'homme en nous, c'est-à-dire la raison[40], nous expérimentons que c'est lorsqu'il atteint la fin souhaitée qu'advient la satisfaction. Car, lorsque le sens lui-même se trouve dans les profondes voluptés du corps et s'en rassasie autant qu'il lui est possible, la raison est toujours violemment troublée et elle trouble le sens. En effet, soit elle

sensibus obsequi velit, semper aliquid suspicatur, nova machinatur oblectamenta, continue nescio quid ultra requirit; sive sensibus repugnare contendat, vitam reddit laboriosam : utrobique igitur non solum ipsa non est felix, verum etiam sensus ipsius felicitatem penitus interturbat; sive iam domuerit sensum seque in se ipsa collegerit, tunc propria impellente natura rationes rerum causasque perquirit. Ubi aut invenit sepe quod nollet, aut non invenit sepe quod vellet, aut forte non tantum comprehendit quantum cupit et capit, semper certe ambigit et vacillat et angitur. Cum igitur nusquam quieta sit, certe nunquam, dum sic afficitur, vel ipsa fine potitur optato vel sensum presente iam fine suo potiri permittit. Nihil vero irrationabilius fingi potest quam hominem, qui per rationem est animalium, immo omnium que sub celo sunt, perfectissimus, perfectissimus, inquam, quantum ad formalem perfectionem illam spectat, que tributa nobis est ab initio, ob eandem rationem esse omnium imperfectissimum quantum ad finalem illam perfectionem, ad quam consequendam perfectio prima tribuitur.

Hic esse videtur infelicissimus ille Prometheus, qui divina sapientia Palladis instructus ignemque celestem, id est rationem, adeptus, ob hoc ipsum in summo vertice montis, hoc est in ipsa contemplationis arce, ob continuum avis rapacissime morsum, id est inquisitionis stimulum, miserimus omnium merito iudicatur, donec transferatur eodem, unde olim acceperat ignem, ut quemadmodum uno illo luminis superni radiolo nunc assidue stimulatur ad totum, sic toto deinde lumine penitus impleatur.

Homo quam difficile extra habitum naturalem positus felicitatem sequitur, tam facile hanc in naturalem habitum restitutus assequitur

Rationes de facilitate felicitatis humane in superioribus primo nobis adducte veritatem ipsam naturali quodam ordine monstrare perspicue videbantur. Undenam igitur, quemadmodum experientia docet, tanta nobis ad beatitudinem contendentibus opponitur difficultas, ut grande illud Sisyphi saxum per montis ardua sursum volvere videamur? Quid mirum? Summa Olympi montis fastigia petimus, infime vallis habitamus abyssum, onerosissimi corporis sarcina premimur, dum hanelamus in arduum sepe tam ipso pondere quam preruptis undique rupibus in preceps repente relabimur. Quid quod illinc offendicula et

veut obéir aux sens, mais alors elle a toujours des soupçons, machine de nouveaux divertissements et recherche continuellement je ne sais quoi de plus; soit elle s'efforce de résister aux sens, et elle rend sa vie laborieuse : des deux côtés donc non seulement la raison est malheureuse, mais elle perturbe aussi la félicité des sens eux-mêmes profondément; la raison a déjà dompté le sens et se recueille en soi-même, mais alors, sous l'impulsion de sa nature particulière, elle recherche les raisons et les causes des choses. Là où elle trouve souvent ce qu'elle ne voulait pas, ou bien souvent ne trouve pas ce qu'elle voulait, ou bien hasardeusement ne comprend pas autant qu'elle désire et saisit – assurément toujours la raison est incertaine, vacillante et tourmentée. Aussi, puisqu'elle n'est nulle part au repos, il est sûr que jamais, durant le temps où elle est affectée, la raison n'entre en possession de la fin souhaitée ou permette au sens de s'emparer de sa propre fin déjà présente. Or rien de plus irraisonnable ne saurait être imaginé qu'un homme, qui par sa raison fait partie des êtres vivants, mieux, est le plus parfait de tous les êtres vivant sous le ciel, le plus parfait, dis-je, au regard de cette perfection formelle qui nous a été attribuée dès le début, qu'un homme donc soit pour cette même raison le plus imparfait de tous les êtres au regard de cette perfection finale pour la recherche de laquelle la perfection formelle a été accordée.

Cet homme ressemble au très infortuné Prométhée qui, instruit par la divine sagesse de Pallas et ayant acquis le feu céleste de la raison, à savoir la raison, parce qu'il est enchaîné pour son forfait au sommet de la montagne, c'est-à-dire dans la citadelle même de la contemplation, parce qu'il est tourmenté par la morsure continue du plus avide vautour, c'est-à-dire par l'aiguillon de la recherche, est estimé à bon droit comme le plus misérable de tous, jusqu'à ce qu'il soit transféré là même où il avait jadis reçu le feu, de sorte que, de même que maintenant il est stimulé dans sa recherche assidue par ce seul rayon de lumière, de même il soit ensuite profondément comblé par la lumière totale[41].

AUTANT L'HOMME SUIT-IL DIFFICILEMENT LA FÉLICITÉ EN DEHORS DE SA CONDITION NATURELLE, QU'IL L'ATTEINT FACILEMENT QUAND IL EST RÉTABLI DANS SA CONDITION NATURELLE

Les raisons que nous avons d'abord alléguées au sujet de la facilité de la félicité humaine dans les pages précédentes paraissaient montrer clairement la vérité elle-même eu égard à un certain ordre naturel. Aussi d'où vient, comme l'expérience l'enseigne, qu'une difficulté si grande s'oppose à nous qui nous efforçons d'atteindre la béatitude, au point que nous semblons rouler l'énorme rocher de Sisyphe en grimpant à travers les sentiers abrupts de la montagne[42]? Quoi d'étonnant? Nous cherchons à atteindre les sommets les plus hauts du mont Olympe, alors que nous habitons l'abîme de la vallée la plus basse, que nous sommes alourdis par le bagage d'un corps extrêmement pesant, et, pendant que nous haletons sur ce sentier escarpé, tant à cause du poids que des rochers taillés à

obstacula quam plurima detinent, illinc pratorum quorumdam blandimenta noxia demorantur? Sic igitur, heu, miseris, sic extra sublimem patriam religatis in infimo nihil usquam obicitur non valde difficile, nihil occurrit non undique miserum. Quidnam ad ambiguitatem eiusmodi respondebimus? Illinc argumentatio facilitatem summam pollicebatur, hinc experientia summam pariter monstrat difficultatem.

Tantam denique litem sola nobis lex Moysaica dirimet : extra nature prime ordinem positi sumus, preter nature ordinem (proh dolor!) agimus atque patimur; primus homo, quam facile primum omnino conversus ad Deum felicitatem accipere poterat, tam facile deinde illinc aversus ipsam amisit facilitatem. Cuncta igitur parentis primi propago tam difficile extra nature prioris ordinem posita beatitudinem recipit, quam facile in ordinem ipsum restituta reciperet.

Quid vero dicent ad ista philosophi? Magi quidem, Zoroastris Hostanisque sectatores, simile quiddam afferent. Aiunt enim ob antiquam quandam humane mentis infirmitatem omnia nobis infirma difficiliaque contingere ac siquis temperationem anime restituerit, omnia iam fore disposita. Huic quoque non dissonat illud Pythagoreorum atque Platonicorum, animam videlicet iccirco tot in mundo sensibili malis affligi, quia sensibilium bonorum aviditate nimis illecta bona intelligibilis mundi imprudenter amisit. Peripatetici forte dicent hominem potius quam brutum a fine proprio aberrare, quia libero movetur arbitrio, unde hinc atque illinc, prout variis consultando utitur coniecturis, potest prevarici. Animal autem irrationale non ducitur a se ipso, sed ab ipsa nature providentia nunquam errante ad finem sibi convenientem, tanquam ad signum sagitta, dirigitur. Error autem ille noster atque prevaricatio, cum non a nature defectu proveniat, sed varietate rationis et obliquitate consilii, nequaquam disperdit potentiam naturalem, sed turbat potius voluntatem; atque sicut in elemento etiam extra locum proprium posito una cum natura servatur vis atque inclinatio ad terminum proprium naturalis, qua potest aliquando suam repetere regionem, sic in homine, etiam postquam a recto tramite aberravit, restare putant naturalem tum tramitis tum termini repetendi potentiam.

pic de toutes parts, nous glissons en arrière vers le précipice[43]. Que dire du fait que d'un côté des achoppements et des obstacles aussi nombreux que possible nous retiennent, tandis que de l'autre les attraits nuisibles de certaines prairies nous retardent ? Ainsi, hélas, pour nous misérables, pour nous ainsi relégués hors de la patrie sublime dans les régions les plus basses, rien ne se présente à nous quelque part qui ne soit pas grandement difficile, rien n'arrive partout qui ne soit pas lamentable ! Que répondrons-nous à cette ambiguité ? D'un côté, l'argumentation promettait une facilité extrême, de l'autre l'expérience montre pareillement une difficulté extrême.

Seule la loi de Moïse résoudra finalement pour nous cette dispute : nous avons été placés hors de l'ordre de la première nature, nous agissons et souffrons, ô douleur, au-delà de l'ordre de la nature; le premier homme, lorsqu'il était au début absolument tourné vers Dieu, pouvait recevoir la félicité aussi facilement que lorsqu'il perdit ensuite cette facilité même après s'être détourné de Dieu[44]. Aussi toute la descendance du premier homme, établie hors de l'ordre naturel premier, reçoit-elle la béatitude aussi difficilement qu'elle la recevrait facilement une fois rétablie dans cet ordre même.

Mais que diront les Philosophes de cela ? Certes les Mages, sectateurs de Zoroastre et Hostanès, soutiendront quelque chose de semblable. Ils affirment effectivement qu'à cause d'une certaine faiblesse de l'intelligence humaine, tout ce qui est faible et difficile nous tombe dessus, et que, si on rétablissait l'âme dans sa bonne composition, tout rentrerait alors en ordre[45]. Les Pythagoriciens et Platoniciens n'y contredisent pas : l'âme qui réside dans le monde sensible est évidemment affectée de nombreux maux parce que, séduite par un trop grand désir de biens sensibles, elle a perdu imprudemment les biens du monde intelligible[46]. Les Péripatéticiens diront peut-être que l'homme plus que la brute s'écarte de sa fin propre, parce que le libre arbitre le meut – de là que, usant de conjectures diverses dans la délibération, il puisse être de collusion avec l'un et l'autre camp. Au contraire, l'animal irrationnel n'est pas conduit par soi-même, mais dirigé vers la fin appropriée par la providence même de la nature qui jamais ne se trompe, comme la flèche touche la cible[47]. Or notre errance et notre déviation, puisqu'elles ne proviennent pas d'un défaut de la nature mais de la versatilité de la raison et de l'ambiguité de la résolution, ne détruisent nullement la puissance naturelle, mais elles troublent plutôt la volonté ; et, de même que dans un élément, fût-il placé hors de son lieu propre, la puissance et l'inclination naturelle vers la fin propre sont conservées ensemble avec sa nature, grâce auxquelles il peut un jour rejoindre la région qui lui est propre, de même dans l'homme, même après qu'il se fut écarté du droit chemin, le pouvoir naturel demeure, selon eux, de regagner d'abord le chemin et ensuite la fin.

Denique exactissima theologorum examinatio rem omnem breviter ita concludit. Non potest ulla ad motum aliquem inclinatio amplior esse quam motor. Cum igitur animi inclinatio precipue vergat ad infinitum, nimirum dependet solum ab infinito. Si enim a determinata quadam causa post Deum anime motrice quam proxime proveniret, ad finem quoque duntaxat vergeret terminatum, siquidem movendi virtus, quamvis in infinito principio sit infinita, tamen in sequente causa, que determinata est, terminatur ac motus moventis proximi potius quam remoti sequitur qualitatem. Quamobrem motor ipse, qui animum proprie vertit ad infinitum, est ipsamet solum infinita potestas que mentem pro libera voluntatis natura modo quodam movet ad eligendas vias maxime libero; rursus pro infinita moventis potentia ad appetendum finem usque adeo incitat ut non appetere nequeat.

Si motus eiusmodi non potest quo dirigitur pervenire, nullus utique poterit. Ubi infinita viget potentia, ibidem infinita sapientia atque bonitas dominatur. Hec autem neque quicquam movet incassum neque bonum ullum pretermittit alicui quod accipi iam possit et debeat.

Proinde cum homo tum ob rationis contemplationisque usum ad angelos beatissimos, tum ob divinum cultum ad Deum beatitudinis fontem multo propinquius accedat quam bestie, necesse est eum aliquando posse in optati finis possessione fore multo beatiorem, ut qui supernis similior est tam voluntatis ardore quam intelligentie lumine, similiter sit vite felicitate similior, siquidem a vite virtute intelligendi volendique virtus et excellentia proficiscitur. Nunc vero in corpore hoc, tum propter corporis ipsius imbecillitatem infirmitatemque et rerum omnium indigentiam, tum propter continuam mentis anxietatem, est longe miserior. Quapropter quam difficile felicitatem suam in corpore terreno, intemperato, caduco animus celestis et immortalis continue sequitur, tam facile hanc vel a corpore liber vel in corpore temperato, immortali, celesti consequitur.

Non videtur autem finis ipse naturalis existere nisi in habitu naturali. Habitus autem sempiterni animi maxime naturalis esse videtur, ut suo in corpore vivat iam sempiterno. Hinc necessaria ratione concluditur immortalitatem claritatemque animi posse ac debere quandoque in corpus proprium effulgere, in quo quidem statu solum summa hominis beatitudo completur. Atque hec quidem Prophetarum theologorumque sententia a Magis et Mercurialibus philosophis et Platonicis confirmatur.

Enfin l'examen très minutieux des Théologiens conclut brièvement toute la réflexion ainsi. Il ne saurait exister d'inclination vers quelque mouvement plus importante que le moteur[48]. Comme l'inclination de l'âme se dirige donc clairement vers l'infini, elle dépend assurément du seul infini. En effet, si l'inclination de l'âme provenait immédiatement d'une certaine cause déterminée qui meuve l'âme après Dieu, alors elle inclinerait aussi vers une fin déterminée et pas au-delà, pour ce motif que, même si la puissance de mouvoir est infinie dans son principe infini, cependant elle est limitée dans une cause subséquente déterminée, et le mouvement suit la qualité du moteur le plus proche plutôt que celle du moteur éloigné. C'est pourquoi le moteur lui-même, qui tourne proprement l'âme vers l'infini, ne saurait être que la puissance infinie elle-même, laquelle, conformément à la libre nature de la volonté, meut l'intelligence d'une manière tout à fait libre vers les chemins à élire; derechef, conformément à la puissance infinie motrice, elle pousse l'intelligence à désirer la fin jusqu'au point où elle ne puisse plus désirer.

Si ce mouvement ne peut parvenir à la fin vers laquelle il est dirigé, nul mouvement ne le pourra en tout cas. Là où la puissance infinie est active, là dominent une sagesse et bonté infinies. Et cette puissance ne meut aucune chose en vain, ni n'omet pour quelque chose que ce soit le bien que déjà elle puisse et doive recevoir.

Par conséquent puisque l'homme, d'une part à cause de l'usage de la raison et de la contemplation et d'autre part du culte divin, vient beaucoup plus près que ne le peuvent les bêtes des anges les plus heureux ainsi que de Dieu, fontaine de béatitude, il est nécessaire qu'un jour il puisse avec un plus grand bonheur être en possession de la fin désirée[49], étant donné que celui qui est plus semblable aux célestes, tant par l'ardeur de la volonté que par la lumière de l'intelligence, pareillement est plus semblable à la félicité de la vie, puisque la vertu et l'excellence de l'intelliger et du vouloir proviennent de la vertu de la vie. Mais maintenant l'âme est de loin très misérable, à cause d'un côté de la faiblesse et de l'infirmité du corps lui-même et de la pauvreté de toutes choses, et d'un autre côté de l'anxiété ininterrompue de l'intelligence. Aussi est-il autant difficile pour une âme céleste et immortelle de chercher à atteindre continûment la félicité dans un corps terrestre, intempérant et caduc, qu'il est facile pour elle de l'atteindre quand elle est libérée du corps, ou dans un corps tempérant, immortel et céleste[50].

La fin naturelle ne paraît pas exister ailleurs que dans une condition naturelle. Or la condition la plus naturelle de l'âme sempiternelle semble être de vivre dans son corps désormais sempiternel. De là on conclut par une raison nécessaire que l'immortalité et la clarté de l'âme peuvent et doivent un jour briller dans le corps propre, le seul état où la béatitude souveraine de l'homme est vraiment complète. La doctrine des Prophètes et Théologiens est assurément confirmée par la sagesse des Mages et des Philosophes hermétiques et platoniciens[51].

MENS ADEPTA BEATITUDINEM NUNQUAM AMITTIT

Quando vero infinitum attingit anima finem, cum ea precipue ratione hunc attingat, qua hinc afficitur et trahitur et perducitur, attingit utique sine fine. Si potuit ex finito quodam gradu, qui infinite distat, ad immensum quandoque resurgere, potest etiam in ipso immenso infinite manere, presertim quia eadem infinita potestas, que tam longe traxerat ad se ipsam, vehementius quam explicari possit in se proxime retinet. In bono autem infinito neque quicquam fingi mali potest et quicquid boni fingi optarique potest plenissime reperitur. Illic igitur eterna via, clarissimum intelligentie lumen, status mutatione carens, habitus privationis expers, secura tutaque totius possessio boni, gaudium undique plenum.

FINIS *QUINQUE QUESTIONUM DE MENTE*

L'INTELLIGENCE QUI A ATTEINT LA BÉATITUDE NE LA PERD JAMAIS

Au vrai, quand l'âme atteint la fin infinie, comme elle l'atteint pour cette raison principale qu'elle est affectée, entraînée et conduite par cette fin, elle l'atteint en tout cas sans fin. Si l'âme a pu un jour s'élever de nouveau depuis un échelon fini, qui en est infiniment distant, vers l'immensité, elle peut aussi demeurer infiniment dans l'immensité même, surtout que la même puissance infinie qui avait entraîné si loin l'âme vers soi la retient au plus près de soi, avec plus de force qu'il n'est loisible de l'expliquer [52]. Or en un bien infini, rien de mal ne saurait s'imaginer, et tout ce qui saurait s'imaginer ou désirer de bien s'y trouve abondamment. Aussi là sont la vie éternelle, la lumière la plus brillante de l'intelligence, le repos sans mutation, la condition sans privation, la tranquille et sûre possession du bien, la joie partout pleine [53].

FIN DES CINQ QUESTIONS SUR L'INTELLIGENCE

SUPER SENSUM EST INTELLECTUS

SUPER SENSIBILE EST INTELLIGIBILE.
SUPER MENTES NOSTRAS SUNT ALIE MENTES.
SUPER FORMAS CORPORALES SUNT FORME INCORPORALES

Marsilius Ficinus Florentinus conphilosophis s. d.

Quid in rebus tam naturalibus quam humanis verius meliusve sit quotidie ratiocinando et consultando querimus atque invenimus. In quo quidem discursu communibus incorporeisque quibusdam veritatis bonitatisve regulis utimur, atque ea de quibus agitur ad incorpoream communemque et summam veritatis bonitatisve formam comparando referimus, ut quod ad ipsius gradum inter alia propius videtur accedere, id esse ceteris verius ac melius iudicetur. Hoc autem totum non sensu facimus sed ratione : sola enim in hominibus ratio est, que rerum rationes assignat atque ratiocinando communibus regulis ad communem formam singula comparat.

Hinc duo precipue concluduntur. Primum, rationem sensu veriorem admodum melioremque existere, siquidem sola hec in nobis ad summam veritatem et bonitatem tam discursu quam affectu se confert; et cum de ipsa veritate sensus et bonitate, qualiscunque illa sit, agitur, hoc ipsum non sensus ullo pacto, sed ratio perficit. Secundum, quod quanto ratio verior et melior est quam sensus, tanto saltem que rationis obiecta dicuntur veriora melioraque sunt quam sensus obiecta; presertim quia, quotiens de rerum sensibilium veritate vel bonitate perquiritur, non aliter hoc ipsum vel indagari potest vel inveniri quam virtute quadam et luce intelligibilium rationum atque formarum. Quamobrem intelligibilia hec, que intellectus obiecta dicuntur, id est rationes ipse rerum incorporales atque forme a materie passionibus absolute, verius meliusque sunt, ideoque magis in rerum natura videntur existere, quam forme corporum que sensibus offeruntur. Accedit ad hec quod quemadmodum sensibile movet sensum, sic quodammodo intelligibile intellectum. Si non possumus que infra nos sunt

AU-DESSUS DU SENS, SE TROUVE L'INTELLECT

AU-DESSUS DU SENSIBLE, L'INTELLIGIBLE. AU-DESSUS DE NOS INTELLIGENCES, LES AUTRES INTELLIGENCES. AU-DESSUS DES FORMES CORPORELLES, LES FORMES INCORPORELLES

Marsile Ficin le Florentin à ses amis philosophes, salut.

Grâce à une réflexion et une délibération quotidiennes, nous cherchons et nous découvrons ce qui est le plus vrai et le meilleur dans les réalités naturelles autant que dans les réalités humaines. Du moins dans cette sorte de discours utilisons-nous des règles pour déterminer parmi les choses communes et incorporelles lesquelles relèvent de la vérité ou de la bonté, et nous rapportons par comparaison les réalités dont il est question à la forme incorporelle, commune et souveraine de la vérité ou de la bonté, afin, semble-t-il, de nous rapprocher du degré de chaque réalité parmi d'autres, c'est-à-dire de le juger exactement et mieux que tous les autres. Or ce n'est pas par le sens mais par la raison que nous accomplissons tout cela : la raison seule est effectivement capable dans l'homme d'assigner des raisons aux choses et, réfléchissant à partir de règles communes, de comparer chaque réalité à une forme commune [54].

Deux énoncés en résultent principalement. D'abord que la raison a une existence absolument plus vraie et meilleure que le sens, puisqu'elle seule en nous se porte, tant par le discours que par l'affection, vers la vérité et bonté souveraines; et lorsque le sens traite de la vérité et de la bonté elles-mêmes, de quelque nature qu'elles soient, ce n'est aucunement le sens lui-même, mais bien la raison qui opère d'un bout à l'autre. Ensuite que la raison est plus vraie et meilleure que le sens, d'autant plus que les objets de la raison, du moins comme on le dit, sont plus vrais et meilleurs que les objets des sens; surtout parce que, toutes les fois qu'on cherche la vérité ou la bonté concernant les réalités sensibles, il est impossible de les découvrir ou de les trouver autrement que par une certaine vertu et lumière des raisons et des formes intelligibles [55]. Aussi ces intelligibles, qu'on appelle les objets de l'intellect, c'est-à-dire les raisons incorporelles des choses et les formes détachées des passions matérielles, sont plus vrais et meilleurs, par conséquent ils paraissent davantage exister dans la nature des choses que

percipere, nisi ab illis per species quasdam, quodammodo moveamur, multo minus possumus quicquam super nos concipere, nisi ita moveamur ab ipso, ut mens eius semine pregnans prolem inde parturiat prestantioris substantie similem. Mens enim virtute omnino propria nihil ederet unquam nisi vel inferius vel aequale. Ergo quando mens ad ipsum intelligibile surgit, tam sensibili verius quam sepe ipsa mente prestantius, necesse est eam ad ipsum supra se ipsam illius virtute penitus elevari. Hoc ipsum nisi esset quicquam, nisi verius existeret quam sensibile, certe verius intellectum movere non posset quam sensibile sensum. Nunc autem longe verius movet, quandoquidem magis perducit tam ad verum quam ad veritatis cuiuslibet rationem. Quid enim verum sit propria ratione et quid ipsa sit ratio veritatis ac vicissim veritas rationis haud sensu sed ratione percipimus.

Siquis autem dixerit mentem ab alienis vel extrinsecis ad intelligentiam non moveri, sed ipsammet propria et mirabili quadam virtute suas sibi species, sua obiecta concipere, dicemus ex eo sequi mentem esse incorpoream penitus et eternam ; si nequaquam ab alio, sed a se ipsa movetur suaque virtute, species sive rationes concipit incorporeas et eternas. Vera enim cuiusque ratio, cum aliter aliquando se habere non possit, est sempiterna.

Ceterum istis addemus : si non deest menti simplicissima quedam forma et perfectissima, immo adest, per quam et ad quam de simplicitate perfectioneque rerum omnium disserit, ac se ipsam multis simpliciorem perfectioremque, multa quoque ipsa simpliciora et perfectiora esse concludit ; si, inquam, non deest menti talis quedam forma, sed adest, multo minus universo deest, immo vero multo magis inest, ac mens ab illa vim accipit, qua moveatur ad illam. Addemus preterea humanam mentem summam quidem esse in formarum genere naturalium, quoniam formas concipit sive suscipit puriores, veriores, perfectiores, quarum comparatione naturales nihili pendat; verum non esse in mentium ordine summam, quoniam non sit verissima, id est summe veridica, cum noxii saltem vitio corporis sepe ambigat et fallatur. Mens vero illa videtur esse verissima, que nihil unquam admittit falsi, nihil prorsus ambigui. Quoniam vero quicquid verius est, id est et magis potentiusque existit, sequitur supra mentem nostram mentes

les formes corporelles offertes aux sens. À ceci s'ajoute que, de même que le sensible meut le sens, de même l'intelligible meut en quelque sorte l'intellect[56]. Si nous ne pouvons percevoir ce qui nous est inférieur, à moins d'y être poussés par lui au moyen de certaines espèces, encore moins pouvons-nous concevoir ce qui nous est supérieur, à moins d'y être poussés par lui, de telle manière que l'intelligence, grosse de la semence qui vient d'en haut, engendre alors une postérité semblable à la substance qui la précède. L'intelligence effectivement par sa vertu propre ne mettrait absolument rien au monde, si ce n'est une réalité inférieure ou égale. Quand donc l'intelligence s'élève vers l'intelligible lui-même, lequel est d'autant plus vrai par rapport au sensible qu'il est souvent supérieur à l'intelligence même, il est nécessaire qu'elle soit élevée entièrement au-dessus d'elle-même vers l'intelligible par la vertu de ce dernier[57]. Si l'intelligible n'était pas une réalité, s'il n'existait pas plus véritablement que le sensible, assurément il ne pourrait mouvoir l'intellect avec plus de vérité que le sensible ne meut le sens[58]. Désormais il meut avec beaucoup plus de vérité, puisqu'il conduit davantage tant vers le vrai que vers la raison de n'importe quelle vérité. Que le vrai appartienne à la raison propre, et qu'elle-même soit la raison de la vérité et inversement la vérité de la raison, nous le percevons non par le sens mais par la raison.

Mais si quelqu'un énonce que la faculté intellectuelle n'est pas mue vers l'intelligence par un agent autre ou extérieur, mais conçoit elle-même par une vertu personnelle et admirable ses propres espèces, ses propres objets, nous répondrons qu'il suit que cette intelligence est absolument incorporelle et éternelle ; si elle n'est aucunement mue par une autre mais se meut de soi-même et par sa vertu propre, elle conçoit des espèces ou des raisons incorporelles et éternelles[59]. En effet la raison de chacune, comme elle ne saurait être parfois autrement, est perpétuelle.

D'ailleurs ajoutons : s'il ne manque pas à l'intelligence une forme des plus simples et parfaites, mieux, si cette forme est présente, par laquelle et pour laquelle on disserte sur la simplicité et la perfection de toutes choses, alors se tire la conclusion qu'elle-même est plus simple et parfaite que beaucoup de choses et aussi qu'elle-même est beaucoup plus simple et parfaite ; si, dis-je, ne manque pas à l'intelligence une telle forme, mais qu'elle est bien présente, encore moins manque-t-elle à l'univers, mieux, elle s'y trouve beaucoup plus, et la faculté intellectuelle reçoit de cette intelligence la puissance par quoi elle est mue vers elle. Ajoutons en outre que l'intelligence humaine souveraine réside dans le genre des formes naturelles, bien qu'elle conçoive et recueille des formes plus pures, plus vraies et plus parfaites, en comparaison desquelles les formes naturelles ne pèsent pas lourd ; mais l'intelligence humaine ne figure pas au sommet dans l'ordre des intelligences, puisqu'elle n'est pas la plus vraie, c'est-à-dire souverainement véridique, d'être souvent confrontée du moins à l'incertitude et la tromperie à cause des vices d'un corps nuisible. Au contraire, il semble que l'intelligence supérieure soit la plus vraie dans la mesure où elle n'admet jamais rien de faux ni d'incertain. Or, puisque tout ce qui est plus vrai est aussi davantage et existe plus puissamment, il découle qu'il y a au-dessus de notre intelligence d'autres

alias esse admodum veriores, que a falso remotiores sint quam nostra, ac denique super omnes quandam esse summam atque verissimam, in qua non aliud sit mens quam veritas, non aliud intelligere sit quam esse, non aliud agere sit quam velle; que cum fecundissima sit, immo ipsa fecunditas, mentes deinceps quam plurimas tanquam filias procreet, servet, illustret.

Veriores autem mentes veriores quoque rerum possident rationes, verissima vero verissimas. Unde concluditur rationes rerum incorporales, que ab humana ratione pro arbitrio cogitantur, non esse figmenta quedam – sicut illis, qui sensibus potius quam ratione vivunt atque res iudicant, forsitan videretur –, immo vero super nos in divina quadam mente tanquam supercelesti Sole verissima rationum omnium lumina clarissime perlucere, unde in mentes alias, que inter illam et nostram quasi medie esse videntur, ceu in stellas superiores et quodammodo immutabiles, atque etiam in nostram, ceu in Lunam iam quasi mutabilem, veri rationum radii demittantur.

MENS SEMPITERNA EST, QUIA RADIO DESUPER ACCEPTO UTITUR AD ETERNA

Quoniam vero mentis acies non aliter per eiusmodi radios agit, hoc est videt et appetit, quam substantia ipsa mentis eos acceperit, iccirco clarissima vere rationis luce concludimus, omnibus vel infimis mentium gradibus a prima mente, immo a summo mentium lumine, eternitatem vite ipsius esse tributam, quandoquidem omnibus naturalis eternitatis agnitio quedam et appetitio veneratioque conceditur.

MENS DEI RADIO REFLEXO INTELLIGIT CREATA, RECTO CREATOREM

Luna hec nostra, id est mens, prout in Solem suum magis minusve, aliter atque aliter convertitur vel avertitur, luminis et umbrarum quarundam diversitate et vicissitudine variatur. Nunquam tota luminis recipiendi facultate privatur, nunquam tamen tota undique fulget: pars enim ratione carens, utpote que sit quodammodo densior, id est ineptior, non refulget. Luna, inquam, hec nostra radios quibus stellas supercelestes, id est angelos, suspicit, eosque certa ratione celestibus longe prestantiores esse discernit vehementiusque amat et colit, radios,

intelligences absolument vraies, qui sont plus éloignées du faux que la nôtre, et enfin qu'au-dessus de toutes les intelligences il y a l'intelligence la plus haute et la plus vraie, dans laquelle l'intelligence ne diffère pas de la vérité, où intelliger ne diffère pas d'être, où agir ne diffère pas de vouloir; elle qui, comme elle est la plus féconde, est la fécondité même, qui ensuite procrée, préserve et éclaire de si nombreuses intelligences comme s'il s'agissait de ses filles.

Les intelligences très vraies possèdent aussi les raisons très vraies des choses, et les intelligences les plus vraies les raisons les plus vraies. De là se conclut que les raisons incorporelles des choses, que la raison pense selon son jugement, n'ont pas été fabriquées – de même que cela se verrait peut-être chez ceux qui vivent et jugent plus par les sens que par la raison –, bien au contraire, au-dessus de nous dans la divine intelligence qui est comme un Soleil supracéleste, transparaissent fort clairement les lumières les plus vraies de toutes les raisons, lesquelles font descendre les rayons vrais des raisons vers les autres intelligences qui se trouvent, semble-t-il, entre l'intelligence divine et la nôtre, comme vers les étoiles supérieures et pour ainsi dire immuables, puis vers notre intelligence comme vers la Lune déjà quasi muable [60].

L'INTELLIGENCE EST PERPÉTUELLE PARCE QUE, UNE FOIS REÇU LE RAYON D'EN HAUT, ELLE EN USE POUR SE TOURNER VERS CE QUI EST ÉTERNEL

Puisque la pointe de l'intelligence par l'intermédiaire de ces rayons n'agit, c'est-à-dire voit et désire, pas autrement que la substance même de l'intelligence lorsqu'elle les a reçus, nous en concluons à la faveur de la lumière rationnelle la plus claire ceci : depuis la première intelligence, mieux, depuis la lumière souveraine des intelligences, l'éternité de la vie même est attribuée à tous les degrés mêmes les plus infimes des intelligences, car à toutes choses sont accordées une certaine connaissance, appétence et vénération d'une éternité naturelle.

L'INTELLIGENCE DIVINE GRÂCE À LA RÉFLECTION DU RAYON INTELLIGE LES CRÉATURES ET LE CRÉATEUR CORRECTEMENT

Cette Lune qui est la nôtre, c'est-à-dire l'intelligence [61], selon qu'elle se tourne ou se détourne plus ou moins, de telle façon ou de telle autre, vers son Soleil, varie en fonction de la différence et de la succession de la lumière et des ombres [62]. Jamais elle n'est privée de l'entière faculté de recevoir la lumière, jamais pourtant elle ne resplendit totalement de toutes parts : en effet, la part dépourvue de raison ne renvoie pas la lumière, comme il est naturel à cette partie qui est plus épaisse, c'est-à-dire plus déraisonnable. Notre Lune, dis-je, lève les yeux vers les rayons qui appartiennent aux étoiles supracélestes, c'est-à-dire aux anges, elle voit d'une raison certaine qu'ils sont de loin supérieurs aux réalités célestes, et elle les aime et les honore avec plus de véhémence; ces rayons, dis-je,

inquam, eiusmodi ab ipsis celi sideribus, que neque intellectum neque affectum altius quam ad ipsamet erigere possunt, habuisse non potest.

Potest tamen eos a stellis angelicis, immo vero a supercelesti Sole per stellas angelicas, accepisse. Omne stellarum lumen, ut communis fert opinio, a Sole atque in Solem; omne mentium lumen a Deo pariter et in Deum. Luna hec nostra, quando ita divinum prospicit Solem, ut esse illum infinitum et qua ratione sit talis prorsus aspiciat, et quia sit infinitus, ideo infinito penitus intervallo angelos asserat antecedere, ipsosque angelos illius comparatione nihili pendat. Radium eiusmodi, quo et super angelos et infinite progreditur et ipsos pene pro nihilo habet, certe ab angelis non accepit, neque rursus a Deo ipso per angelos : nam radius, dum per angelum transit determinatum, determinatur et ipse, unde nequit ad proprium immensi, in quantum immensum est, vel prospectum erigere vel affectum. Virtute enim proprie infinita opus est ad motum illum qui, ad infinitum proprie vergens terminum, sic absque fine progreditur, ut in termino infinito duntaxat finem facere valeat. Igitur solius immensi Dei purus radius est quo immensum esse Deum agnoscimus; quem, nisi noverimus, semper ultra perquirimus. Solius quoque immensi Dei flamma videtur, qua sic ardemus immensum, ut liquor nullus preter immensum sitim possit extinguere, immo (ut rectius loquar) implere.

Forsitan opere pretium erit similitudinem illam de Sole Platonicam, quemadmodum in libro *De amore* et in *Theologia* latissime explicavimus, hic quoque aliquanto latius quam superius explicare. Inter omnia sensuum instrumenta purissimum oculus est, inter omnes anime vires purissimum intellectus; in mundo visibili summum visibile Sol, in mundo intelligibili summum intelligibile Deus. Igitur quemadmodum se ad visibile visus habet, sic pene ad intelligibile intellectus. Visus visibilia omnia, id est colores, in summi visibilis, id est Solis, fulgore discernit. Intellectus intelligibilia omnia veraque cuncta in summi intelligibilis veritatisque ipsius lumine conspicit. Ac tanto magis intellectus quilibet eiusmodi indiget lumine quam visus illo, quanto magis omnis intellectus et quodvis intelligibile a supremo et infinito intelligibili dependet quam visus et visibile quodlibet ab ipso Sole, qui finitus est et a causis superioribus producitur et servatur.

Quicquid videtur usquam sive ab oculis animalium quorundam, que innato quodam radiolo noctu vident, sive ab aliis ad ignis stellarumve lumen, totum hoc Solis ipsius splendore videtur. Sicut enim omne calidum a summe calido, sic omne lucidum a summe lucido efficitur et servatur. Servatur, inquam, quia etsi

il est impossible de considérer que la Lune les a eus des astres du ciel, lesquels ne sauraient élever l'intellect et l'affect plus haut que vers eux-mêmes.

Toutefois ces rayons, elle peut les avoir reçus des étoiles angéliques, mieux du Soleil supracéleste à travers les étoiles angéliques. Toute la lumière des étoiles, comme le rapporte l'opinion commune, provient du Soleil et retourne au Soleil; toute la lumière des intelligences provient pareillement de Dieu et retourne à Dieu. Notre Lune, lorsqu'elle regarde vers le Soleil divin de façon à apercevoir qu'il est infini et pourquoi il est tel absolument, soutient que c'est parce qu'il est infini qu'il précède les anges eux-mêmes qui, comparés à lui, ont peu d'importance. Ce rayon par lequel on progresse au-dessus des anges infiniment et les considère eux-mêmes comme presque rien n'est assurément pas reçu des anges, ni inversement de Dieu lui-même à travers les anges: car le rayon, cependant qu'il transite par un ange déterminé, se détermine aussi lui-même; de là qu'il ne puisse élever la vue ou l'affect vers ce qui est propre à l'immensité en tant qu'elle est sans limites. En effet il est besoin d'une vertu proprement infinie pour ce mouvement qui, inclinant vers un terme particulièrement infini, progresse sans fin, de sorte qu'il puisse seulement atteindre sa fin dans un terme infini. Donc seul le pur rayon du Dieu immense nous permet de reconnaître l'immensité de Dieu[63], lui que, si nous ne le connaissons pas, nous cherchons toujours au-delà. Seule la flamme du Dieu immense fait également que nous désirons ardemment l'immensité, si bien qu'aucun liquide ne saurait étancher notre soif hormis l'immensité, mieux ne saurait, pour parler plus correctement, nous remplir.

Peut-être vaudrait-il la peine, comme nous l'avons fait abondamment dans notre *De l'Amour* et notre *Théologie platonicienne*[64], d'expliquer ici aussi plus profondément cette comparaison platonicienne avec le Soleil[65]. Parmi tous les instruments sensoriels, l'œil est le plus pur, parmi toutes les puissances de l'âme, l'intellect est le plus pur; dans le monde visible le Soleil visible est le sommet, dans le monde intelligible Dieu intelligible est le sommet. Aussi, de même que la vue se porte vers le visible, de même l'intellect vers l'intelligible. La vue discerne toutes choses visibles, c'est-à-dire les couleurs, dans l'éclat de la plus haute lumière visible, c'est-à-dire le Soleil[66]. L'intellect contemple toutes choses intelligibles et véritables dans la lumière la plus haute de l'intelligible et de la vérité eux-mêmes[67]. Et n'importe quel intellect a d'autant plus besoin de cette lumière intelligible que la vue a elle-même besoin de la lumière sensible, et tout intellect et n'importe quel intelligible dépendent d'autant plus de l'intelligible suprême et infini que la vue et n'importe quel visible dépendent du Soleil lui-même, lequel est la fin, et tire sa production et sa conservation de causes supérieures.

Tout ce qu'on voit en quelque lieu, qu'il s'agisse des yeux de certains animaux qui voient dans la nuit grâce à un rayon inné ou d'autres yeux qui se tournent vers la lumière du feu ou des étoiles, ce tout on le voit par la splendeur du Soleil lui-même[68]. En effet, de même que toute chaleur est produite et conservée par la chaleur la plus haute, de même tout ce qui est lumineux est produit et

cause aequales – id est que in eadem specie sunt qua et effectus – in generatione effectus, non tamen in conservatione necessarie sunt, tamen superiores cause in effectu etiam conservando sunt necessarie. Eadem ratione quicquid intelligitur usquam, sive insito quodam et naturali lumine tanquam familiari oculi radio, sive infirmorum radiis angelorum tanquam igne, sive supernorum angelorum luminibus tanquam stellis, universum hoc infiniti ipsius intelligibilisque Solis radiis intelligitur. Presertim quia Sol eiusmodi ubique totus viget et implet intrinsecus universa, magisque inde cuncta tam in conservando quam in nascendo dependent quam imagines in speculis a corporibus.

Radio quidem Solis per alia passim reflexo cernere possumus alia, Solem vero ipsum, nisi recto quodam ipsius radio rectoque in eum aspectu, suspicere non valemus. Atque hoc quidem radio, qui profluit extra Solem ideoque miscetur quodammodo et minuitur, oculus quam purus et quam magnus sit Sol discernere nequit; quod si puritatem magnitudinemque illius agnoscimus, non oculis istud, qui longe falluntur, sed ratione metimur. Oporteret autem oculum sic a natura institutum fuisse ut ipsi Solis globo quam proxime adhereret, quo propriam eius puritatem magnitudinemque perspiceret. Sic radius, qui ex Deo emanans rebus creatis infunditur, creata solum proprie nobis ostendit; Deum vero nobis ipsum ostendit magis qui in mentem ipsam dirigitur, in Deum vere directam; veruntamen, quoniam a mente pro mentis qualitate et capacitate perspicitur, puritatem infinitatemque Dei monstrare non potest; ideoque per ipsum nunquam Deum esse actum purum omnino infinitumque cogitare possemus. Nihil autem supra mentem intus habemus quod queat mentis fallaciam redarguere.

Certa tamen ratione consideramus divine puritatis et infinitatis abyssum: rationemque infinitatis atque vicissim rationis infinitatem animadvertimus quando, etiam super supremos angelos per innumerabiles perfectionis gradus magis deinceps magisque gradatim progredientes, qua ratione divinus actus progressum eiusmodi pene infinitum infinite supereminent cogitamus. Quamobrem non solum divini Solis radius oculo mentis inest, sed etiam Sol ipse divinus adest sub ipsa infinitatis sue, ut ita dixerim, ratione, per quam videat appetatque tum infinitatis verissimam rationem, tum rationis ipsius infinitatem. Adest, inquam, ubique et adest semper, quandoquidem ubique mentes, quotiens expedite sunt, attentiusque ad hoc opus incumbunt, divinum actum hac ratione considerant infinitum, quia neque subiecti alicuius limitibus ullis cohibeatur,

conservé par le plus lumineux. Est conservé, dis-je, parce que même s'il y a des causes égales – c'est-à-dire qui se trouvent dans la même espèce qui contient aussi l'effet – dans la génération de l'effet, elles ne sont toutefois pas nécessaires dans sa conservation, par contre les causes supérieures sont nécessaires aussi dans l'action de conserver l'effet. Par le même raisonnement, tout ce qui est intelligé en quelque lieu, soit par une certaine lumière implantée naturellement et comme familière au rayon de l'œil, soit par les rayons des anges inférieurs qui sont comme le feu, soit par les lumières des anges supérieurs qui sont comme des étoiles, cet ensemble est intelligé grâce aux rayons du Soleil infini et intelligible lui-même. Surtout parce que le Soleil tout entier partout vivifie et remplit intérieurement l'univers[69] : de là que, dans la conservation autant que dans la génération, toutes choses soient plus dépendantes que les images dans les miroirs par rapport aux corps[70].

Le certain est que, une fois le rayon solaire réfléchi de toutes parts à travers les autres réalités, nous pouvons voir ces dernières, mais nous ne pouvons lever les yeux vers le Soleil lui-même, si ce n'est à la faveur d'un rayon solaire en ligne droite et grâce à une vision dirigée droit sur lui. Et par ce rayon qui s'écoule hors du Soleil, et ainsi se mélange et se réduit d'une certaine manière, l'œil ne saurait voir combien pur et grand est le Soleil; et si nous en connaissons la pureté et la grandeur, ce n'est pas grâce aux yeux qui se trompent beaucoup, mais grâce à la raison qui permet de les mesurer. Or il faudrait que l'œil ait été naturellement conformé de manière à adhérer le plus près possible au globe solaire, pour en percevoir la pureté et la grandeur propres. Ainsi le rayon, qui émanant de Dieu se répand dans les réalités créées, nous montre-t-il seulement les créatures en particulier; mais Dieu lui-même, nous le montre davantage le rayon qui se dirige vers l'intelligence même, laquelle est tournée droit vers Dieu; néanmoins, puisque l'intelligence perçoit proportionnellement à sa qualité et sa capacité intellectuelle, elle ne saurait montrer la pureté et l'infinité de Dieu; par conséquent, jamais nous ne pourrions penser par ce rayon que Dieu est un acte pur et absolument infini[71]. Au-delà de l'intelligence, nous ne possédons rien intérieurement qui puisse montrer l'erreur de l'intelligence.

Pourtant, nous considérons d'une raison certaine l'abîme de la pureté et de l'infinité divines : nous reconnaissons la raison de l'infinité et inversement l'infinité de la raison lorsque, progressant graduellement au-dessus même des anges suprêmes à travers d'innombrables niveaux successifs et croissants de perfection, nous concevons la raison qui fait que l'acte divin surpasse infiniment cette progression presqu'infinie. C'est pourquoi, non seulement le rayon du divin Soleil est contenu dans l'œil de l'intelligence, mais encore le Soleil divin lui-même se trouve, pour ainsi dire, sous la raison elle-même de son infinité, cette raison par laquelle il voit et désire tantôt la raison la plus vraie de l'infinité, tantôt l'infinité de la raison elle-même. Il est présent, dis-je, partout et toujours présent, puisque partout les intelligences, toutes les fois qu'elles sont rendues disponibles et s'appliquent avec plus d'attention à cette tâche, considèrent grâce à cette raison

neque permixtione qualitatis inficiatur, neque cause superioris excellentia superetur, neque vel temporum intervallis vel locorum spatiis excedatur, neque numeratis virtutis gradibus, quamvis quam plurimis, terminetur, ne forsitan terminetur supereturque a mente, que ultra quemlibet numerum atque finem tam fingendo quam affectando sine fine progreditur. Videt mens infinito Dei actui infinitam subesse materie (ut ita dixerim) passionem, tempus quodammodo interminatum, motum semper aequalem spatiumque immensum (ut ita loquar) atque quodammodo perpetuam generationis successionem, indefessam mentis discursionem; videt ipsum purum nihilum infinite considerari negando et immensum ibi malum excogitari; videt ipsum purum ens (ut ita dicam) infinite affirmari ratiocinando bonumque esse prorsus immensum, quia sit virtus immensa. Aliud enim est virtus quelibet, aliud est numerus atque mensura, ac prius est virtus quelibet ordine quodam quam mensuretur. Numerus igitur vel mensura, quotiens virtuti accedit, extrinsecus posteriusque contingit. Nihil tale Dei ipsius virtus admittit. Non igitur numerum vel mensuram habet qui omnia numero perficit et mensura, si non intra se admittit neque etiam circa se patitur. Ergo sicut infinite se replicat intus, sic infinite se explicat extra, unde fit ut ubique sit et semper, cuncta facilime faciat et perficiat, cunctis et facilime adsit et insit. Sicut enim si qua esset infinita dimensio immensum spatium occuparet, sic si qua sit infinita potestas se ipsam undique sine fine diffundit atque etiam absque principio et fine vivit in evum.

Platonici philosophi opinantur ubi est visibile summum, ibidem summum existere visum; iccirco Solis globo non modo vitam tribuunt, verum etiam videndi virtutem omnium perspicacissimam atque certissimam. Orpheum in hoc potissimum imitari videntur, qui Solem « mundi oculum » nominat, quo et quem omnium oculi videant. Opinantur Solem stellasque vivificas et viventes iactis per omnia radiis quicquid mundo continetur inspicere.

l'acte infini divin, et ce dans la mesure où ni il ne peut être empêché par quelques limites subjectives, ni être corrompu par le mélange de la qualité, ni être surpassé par l'excellence d'une cause supérieure, ni être dépassé par des intervalles de temps ou des distances de lieux, ni être déterminé par des degrés dénombrés de vertu, si nombreux soient-ils, ni limité et dépassé par l'intelligence, laquelle progresse sans fin au-delà de n'importe quel nombre ou limite tant dans l'action de se représenter que dans celle d'affecter. L'intelligence voit qu'à l'acte infini de Dieu sont pour ainsi dire soumis la passion infinie de la matière, le temps en quelque sorte illimité, le mouvement toujours égal, l'espace sans bornes et, d'une certaine manière, la succession perpétuelle de la génération et la course infatigable de l'intelligence; elle voit que, quand on le nie, lui-même est considéré infiniment comme un pur néant et imaginé alors comme un mal sans bornes; elle voit que, quand on raisonne, lui-même est affirmé infiniment comme un être pur (pour ainsi dire) et un bien absolument sans bornes, parce que la vertu est sans limites. En effet une chose est la vertu, une autre chose le nombre et la mesure, et n'importe quelle vertu est avant d'être mesurée par un certain ordre. Aussi le nombre ou la mesure, toutes les fois qu'ils arrivent à la vertu, ne l'atteignent qu'extérieurement et postérieurement. La vertu de Dieu lui-même n'admet rien de tel. Il n'a ni nombre ou mesure celui qui accomplit toutes choses dans le nombre et la mesure[72], à la condition qu'il ne les admette à l'intérieur de lui non plus qu'il ne les tolère autour de lui. Donc, comme il se replie infiniment au dedans, ainsi il se déplie infiniment au dehors – de là qu'il soit partout et toujours, fasse et achève si facilement toutes choses, soit présent si facilement pour toutes choses et en toutes choses. En effet, de même que s'il y avait une dimension infinie elle occuperait l'immensité de l'espace, de même s'il y a une puissance infinie elle se diffuse elle-même de toutes parts sans fin et même vit sans commencement ni terme à travers les siècles.

Les philosophes platoniciens sont d'avis que là où le principe souverain est visible, là existe aussi la souveraine vision[73]; c'est pour cela qu'ils attribuent au globe solaire non seulement la vie mais encore la vertu de voir toutes choses le plus clairement et le plus certainement. Sur ce point, ils paraissent imiter principalement Orphée qui appelle le Soleil « l'œil du monde », par qui et vers qui regardent tous les yeux[74]. Ils croient que le Soleil et les étoiles vivifiées et vivantes, grâce aux rayons projetés à travers toutes choses, voient tout ce qui est contenu dans le monde.

DEUS OMNIA VIDET ET CURAT

Peripatetici putant summum intellectum summumque intelligibile idem penitus esse. Sane summus intellectus summum possidet modum intelligendi; non igitur intelligendo respicit extra sed intus neque eius intelligentia ab alio quam a se ipso dependet. Quod etiam quod summum intelligibile est summus sit intellectus ex eo patet, quod inter intellectum atque intelligibile maxima quedam proportio esse debet. Cum igitur id maxime fiat intelligibile, quod a materie passionibus longissime separatur, maxime et verissime intellectus est quod maxime est abstractum. Preterea non esset intelligibile summum, nisi tale sibi quoque esset intelligereturque etiam a se ipso. Denique si intelligibile excellentiam quandam super intellectus communes significat – movet enim eos et illuminat et format et perficit –, nihil in intellectu secundum participationem aut formam reperitur boni, quin in ipso summo intelligibili secundum causam virtutemque agentem reperiatur.

Igitur anime rationales intellectus quidam secundum participationem esse dicuntur, angeli vero intellectus secundum formam existimantur, intelligibile summum, id est Deus, intellectus secundum causam est; intellectus, inquam, super intelligentiam cogitabilem, intellectus quolibet intellectu infinite prestantior.

Si Solis lumen, quo Solem videt oculus, haberet oculum, certe, dum oculus noster ipsum videt, ipsum quoque et multo clarius, quia omnis ab eo claritas emanat, oculum mutuo nostrum inspiceret. Et dubitamus adhuc, utrum divinus ille oculus, quo etiam proxime et quem passim mentium nostrarum vident oculi, nostros ipse vicissim videat oculos? Nisi nos ipse videret, qui nos continue videndo nos semper illuminat atque illuminando vim nobis videndi actumque largitur, certe nusquam aliquid videremus. Qui certe nihil aliud intelligimus preter intelligibilis summi lumen, intelligibilis cuiuslibet rationibus undique plenum, sicut neque videmus quicquam nisi Solis lumen, rerum omnium coloribus figurisque depictum. Et dubitamus adhuc, utrum immensa bonitas nos amet nobisve provideat, que etiam absque medio nos fovet tanquam filios et ubique ac semper amplectitur? Et dubitamus adhuc, utrum infima quadam corporeaque scintilla an potius incorporea luce atque superna sublimes formarum radios ab infimis materie tenebris secernamus? Argumentemur superiora, inferiora passim redarguamus; quam parva sint terrena, quam magna celestia,

DIEU VOIT TOUT ET PRÉSERVE TOUT

Les Péripatéticiens estiment que l'intellect souverain et le souverain intelligible sont profondément identiques[75]. Assurément, l'intellect souverain possède le mode souverain d'intelliger; donc, en intelligeant, il ne regarde pas à l'extérieur mais à l'intérieur de soi, et son intelligence ne dépend pas d'autre chose que de soi-même. C'est que, parce que l'intelligible souverain est aussi l'intellect souverain, il est patent qu'entre l'intellect et l'intelligible doit exister la plus grande proportion. Comme donc devient plus grandement intelligible ce qui s'est séparé le plus loin des passions matérielles, est plus grandement et plus véritablement l'intellect ce qui s'est le plus grandement abstrait. En outre, l'intelligible ne serait pas souverain s'il n'était tel pour soi-même et ne s'intelligeait aussi soi-même. Enfin si l'intelligible signifie une certaine excellence au-dessus des intellects communs – c'est lui qui, effectivement, les meut, les illumine, les forme et les parachève –, rien n'est trouvé de bon dans l'intellect selon la participation ou la forme, qui ne soit pas trouvé dans l'intelligible souverain lui-même selon la cause et la vertu agente.

Aussi les âmes rationnelles sont-elles dites être l'intellect selon la participation, mais les anges sont estimés être l'intellect selon la forme, et l'intelligible souverain, c'est-à-dire Dieu, est l'intellect selon la cause; je parle de l'intellect supérieur à l'intelligence qui conçoit, car cet intellect l'emporte infiniment sur n'importe quel intellect.

Si la lumière du Soleil, grâce à laquelle l'œil voit le Soleil, avait un œil, assurément, pendant que notre œil voit le Soleil, lui-même verrait aussi et beaucoup plus clairement notre œil en retour, parce que toute clarté émane de lui. Et doutons-nous encore que cet œil divin, par la proximité duquel et vers lequel les yeux de nos intelligences regardent de tous côtés, voie lui-même nos yeux en retour? Si lui-même ne nous voyait pas, lui qui, nous voyant continûment, nous illumine toujours et, nous illuminant, nous dispense la puissance et l'acte de voir, nous ne verrions indubitablement rien nulle part. Il est sûr que nous n'intelligeons rien d'autre excepté la lumière de l'intelligible souverain, plein de toutes parts des raisons de n'importe quel intelligible, de même nous ne voyons rien si ce n'est la lumière du Soleil dépeinte dans les couleurs et les figures de toutes choses. Et doutons-nous encore que l'immense bonté nous aime et veille à nos besoins, elle qui aussi, sans intermédiaire, nous entoure comme des fils de ses prévenances et nous embrasse partout et toujours? Et doutons-nous encore si c'est par une certaine étincelle inférieure et corporelle, ou plutôt par une lumière incorporelle et supérieure, que nous séparons les rayons sublimes des formes des ténèbres si inférieures de la matière? Donnons pour preuve les réalités supérieures, montrons partout l'erreur des réalités inférieures; mesurons combien sont petites les choses terrestres, combien sont grandes les choses célestes, combien sont

quam immensa supercelestia metiamur. Nemo magis videtur ubique mentiri quam qui maxima queque confidit pusillo corporalis sensus digitulo potius quam maxima mentis mensura metiri. Nemo profundius in tenebras vel clam ipse delabitur vel precipitatur invitus quam qui adeo et sibi superbus et Soli superno evadit ingratus, ut absque illius lumine, cuius est omne lumen, videre lumen profiteatur, perinde ac siquis celestia lumina oculi duntaxat sui radio, non celesti splendore, videre se credat. Hinc Paulus apostolus contra philosophos nonnullos superbiores exclamat : « Qui cum Deum cognovissent, non sicut Deum glorificaverunt neque gratias egerunt, sed evanuerunt in cogitationibus suis, et obscuratum est insipiens cor eorum, et putantes esse se sapientes, stulti facti sunt ». Horum mens passa videtur eclipsim, quando superbe nimium defecit a Deo, immo vero miserabiliter admodum a se ipsa. Tunc enim nos ipsi deserimus infeliciter, quando ipsum, sine quo esse nullo modo possumus, stulte deserimus. Heu, quisquis hunc misere relinquit tutorem, haudquaquam relinquit omnino : simul enim in eundem recidit, sed ultorem. Heu, quisquis patrem aspernatur benigne lucentem, interim eundem tanquam iudicem experitur urentem : ut in qua luce bonum suum infinitum venerari neglexit, in eadem, nisi dilexerit aliquando quod neglexit, malum suum sentiat infinitum atque ob oculorum impuritatem sub lucis illius radio doleat semper qui non purgavit oculos et erexit ut semper tota luce gauderet. Quando impiorum mens philosophorum imprudenter defecit a Deo, tunc sensus in eis impudenter deficit a mente, corpus, etsi libenter, impotenter tamen secutum est sensum. Illinc monstruosissime quedam opiniones, isthinc mores orti sunt omnium immanissimi, hinc vita undique misera. Contra vero nullorum vel sententie probabiliores vel mores probatiores vel vita beatior quam eorum qui legitime, id est pie, philosophantur, hoc est scientie veritatisque studium cum religiosa semper veraque pietate coniungunt. Hoc autem nihil aliud esse videtur quam nolle ab inveniende veritatis amore seiungere honorande veritatis amorem.

immenses les choses supracélestes. Personne partout ne paraît davantage mentir que celui qui confie les réalités les plus grandes au doigt tout petit du sens corporel, plutôt que de mesurer les réalités les plus grandes avec la mesure de l'intelligence. Personne ne tombe plus profondément dans les ténèbres, ou s'y précipite à son insu malgré lui, que celui qui, orgueilleux et ingrat, se détourne du Soleil supérieur au point de déclarer, alors qu'il est éloigné de cette lumière source de toute lumière, voir la lumière, comme quelqu'un qui imaginerait voir les lumières célestes seulement grâce au rayon de son œil, et non grâce à la splendeur céleste. De là que l'apôtre Paul s'exclame contre quelques philosophes orgueilleux : « Aussi les hommes sont-ils inexcusables, parce que, tout en connaissant Dieu, ils ne lui ont pas donné la gloire qui lui est due, et ils ne lui ont pas rendu grâces ; mais ils se sont égarés dans leurs vains raisonnements, et leur cœur sans intelligence a été rempli de ténèbres »[76]. Leur intelligence, semble-t-il, a été victime d'une éclipse lorsqu'elle s'est détachée par excès d'orgueil de Dieu, ou plutôt s'est misérablement détachée d'elle-même. En effet, nous nous abandonnons alors nous-mêmes malheureusement, quand nous abandonnons stupidement Dieu, sans qui nous ne pouvons être d'aucune sorte. Hélas, quiconque laisse misérablement son protecteur ne laisse absolument rien : dès qu'il retombe en lui-même, il rencontre son punisseur. Hélas, quiconque rejette cette lumière paternelle bienveillante, dans le même temps il s'éprouve comme un juge qui le tourmente : de sorte que, dans cette lumière où il a négligé de vénérer son propre bien infini, dans cette lumière, s'il n'a pas un jour chéri ce qu'il a négligé, il ressente son propre mal infini et que, à cause de l'impureté de ses yeux, il souffre toujours sous le rayon de cette lumière, lui qui n'a pas purifié et élevé ses yeux pour toujours se réjouir de la lumière totale. Quand l'intelligence des philosophes impies se détache imprudemment de Dieu, alors les sens en eux se détachent impudemment de l'intelligence, le corps, même de bon gré, ayant suivi pourtant de façon impuissante les sens. De là vient l'origine de certaines opinions les plus monstrueuses, de là les mœurs les plus barbares de toutes, de là une vie en tout point misérable. Mais à l'opposé, il n'y a pas de jugements plus probables, ou de mœurs plus approuvées, ou de vie plus heureuse, que ceux des hommes qui, légitimement, c'est-à-dire pieusement, philosophent, à savoir conjuguent l'étude de la science et de la vérité avec la piété toujours religieuse et véritable. Or cela ne semble être rien d'autre que refuser de disjoindre l'amour de trouver la vérité de l'amour d'honorer la vérité.

ELEMENTA MOVENTUR MOBILITER

CELESTES SPERE MOVENTUR STABILITER,
ANIME STANT MOBILITER,
ANGELI STANT STABILITER,
DEUS EST IPSE STATUS

Marsilius Ficinus Florentinus Iohanni Francisco Hippolyto utriusque iuris doctori, Gazolti comiti clarissimo s. d.

Videmus elementa a terra usque ad celum moveri mobiliter; mobiliter, inquam, quoniam a rectissima motionis norma nonnunquam vel ob impedimentum vel ob aliam quandam causam quodammodo dimoveri videntur. Celestia vero corpora moventur quidem sed stabiliter: nam in ipsorum naturali motu continue perseverant. Proinde status motu longe perfectior iudicatur : motus enim statu necessario indiget, sed non contra. Quamobrem si motus motu nobis ab inferioribus ad superiora nunc ascendentibus perfectior gradatim occurrit, atque ille est perfectior qui stabilior est, multo magis status ipse statu gradatim perfectior debet occurrere. Itaque, sicuti status ab elementis in celum usque adeo crevit, ut iam modus standi, quod « stabiliter » nominatur, sit repertus, longe magis adeo crescere debet super celum, ut status ipsius substantia quedam reperiatur. Illic igitur erit aliquid quod stet quidem semper, licet mobiliter. He vero rationales anime sunt, quarum substantia semper est eadem neque motum patitur ullum, sed affectus et actio variatur.

Quoniam vero mutatio quelibet indigentiam quandam significat, ob quam quod movetur ad id quod non habet omnino solet percurrere, atque super id quod est indigum necesse est esse aliquid quod sit plenum, quo substineantur regantur que mobilia, quo recurrant alia ut impleantur, ideo sunt super animas angeli, qui et stant quidem semper et stant stabiliter, quia et substantia et actio in eis semper est eadem.

LES ÉLÉMENTS SE MEUVENT DE MANIÈRE MOBILE

LES SPHÈRES CÉLESTES SE MEUVENT DE MANIÈRE STABLE, LES ÂMES SE TIENNENT DE MANIÈRE MOBILE, LES ANGES SE TIENNENT DE MANIÈRE STABLE, DIEU EST L'ÉTAT STABLE LUI-MÊME

Marsile Ficin le Florentin à Giovanni Francesco Ippoliti[77]*, docteur dans les deux droits et Comte de Gazzoldo des plus célèbres, salut.*

Nous voyons que les éléments se meuvent de manière mobile depuis la terre jusqu'au ciel[78]; de manière mobile, dis-je, puisqu'ils paraissent s'écarter quelquefois de la loi la plus droite du mouvement, soit en raison d'un obstacle soit en raison d'une autre cause. Les corps célestes se meuvent certes mais de façon stable : car ils persévèrent continûment dans le mouvement qui leur est naturel. Aussi l'état stable est-il jugé de loin plus parfait que le mouvement : en effet, le mouvement a besoin nécessairement de l'état stable, mais non l'inverse[79]. C'est pourquoi, si le mouvement se présente à nous (nous qui maintenant nous élevons de l'inférieur vers le supérieur) plus parfait graduellement que le mouvement antérieur – et plus parfait est le mouvement qui est le plus stable –, l'état stable lui-même doit se présenter beaucoup plus parfait graduellement que l'état précédent. Aussi, de même que l'état stable s'est accru depuis les éléments jusqu'au ciel, à tel point que soit trouvé un mode de maintien qui se nomme « de manière stable », de même, au-dessus du ciel, cet état stable doit croître beaucoup plus encore, au point que soit trouvée la substance de l'état stable lui-même[80]. Là donc il y aura quelque chose de toujours fixe, même s'il est de manière mobile. Or telles sont les âmes rationnelles, dont la substance est toujours identique et qui ne pâtit d'aucun mouvement, mais dont l'affection et l'action sont variées.

Or puisque n'importe quelle mutation signifie un certain manque (pour ce motif que ce qui se meut a pour habitude de courir vers ce qui ne possède absolument rien), et qu'au-dessus de ce qui est manquant il y a nécessairement quelque réalité complète, afin que les corps mobiles soient soutenus et dirigés et que les autres reviennent pour s'y remplir, il suit qu'au-dessus des âmes il y a les anges qui se tiennent dans la perpétuité et la stabilité, parce que la substance et l'action sont toujours identiques.

Corpora spirituum umbre sunt, spiritus contra sunt lumina corporum. Tria vero sunt corpora, tres ergo sunt spiritus. Corpus ex elementis compositum tam secundum totum quam secundum partes e suo statu mutatur. Elementorum spere, etsi vicissim mutantur in partibus, tote tamen ipse permanent incorrupte. Celestes denique spere tam secundum partes quam secundum totum indissolubiles perseverant. Spiritus ratione vacui forte mutantur omnino, rationales autem in tota substantia et actione precipua permanent, quamvis secundum particulas quasdam, id est vires actionesque infimas, quadam vicissitudine permutentur; angelici spiritus iidem et similes in utrisque consistunt.

Immo vero, ut melius exprimam, si corpora multa reperiuntur que, quamvis dispositione mutentur, semper tamen eadem substantia permanent – atque hec quidem sunt quorum proprius est circuitus, id est celestia – multo magis multi sunt spiritus, etsi quadam dispositione mutabiles, substantia tamen penitus immutabiles. Tales vero sunt qui prediti ratione circuitum quendam rationalem a se ipsis in se ipsos intrinsecus agunt, quando se ipsos animadvertunt et colunt. Agunt rursus extrinsecus tum consultando a fine rerum agendarum ad principia atque converso, tum disserendo a propositionibus quibusdam ad conclusiones atque contra, tum speculando ab effectu ad causam rursusque a causis ad effectum; rursus quando particularia in universalia ipsa resolvunt ac vicissim universalia in particularia dividunt componendo. Omnis vero vis ad circuitum naturalis esse sempiterna censetur, tum quia a se per suum centrum non recedit, tum quia, si opus fuerit, per suam circumferentiam in se redit, et in quovis puncto inchoat semper a fine principium. Maxime vero ubi fit circuitus spiritalis : ibi enim iungitur circumferentia centro. Atque huiusmodi substantia simplex vim suam replicat in se ipsam et auget replicando sibique innitens semet ipsa conservat.

Meminisse vero oportet, ubi discursio rationis efficitur, innata esse principia quedam stabilia discurrendi, id est communes quasdam manifestasque notiones, a quibus incipientes quasi radiis queramus ignotiora atque ad easdem comparando diiudicemus. Meminisse preterea decet, quoniam principia illa necessaria sempiternaque sunt, ideo vim anime, que illarum subiectum est, esse similiter sempiternam. Discursionem quidem illam tanquam nature nostre propriam possidemus, fundamenta vero discursionis nobis cum angelis sunt communia : illa quidem parte celestes sumus, ex ista supercelestes.

Les corps sont les ombres des esprits, en revanche les esprits sont les lumières des corps. Triples sont les corps, donc triples sont les esprits. Le corps, qui est composé d'éléments, est modifié hors de son propre état tant au niveau du tout que des parties[81]. Les sphères des éléments, même si elles sont à leur tour modifiées quant à leurs parties, restent cependant inchangées quant au tout. Enfin les sphères célestes demeurent indissolubles selon les parties autant que selon le tout. Une raison sans hasard meut entièrement les esprits, mais ils restent rationnels dans la substance tout entière et dans l'action principale, bien que, au niveau de certaines particules, c'est-à-dire des puissances et des actions infimes, une certaine vicissitude les altère; les esprits angéliques se tiennent identiques et semblables à la fois dans la substance et l'action.

Ou plutôt, pour mieux m'exprimer, si on trouve maints corps qui, quoique modifiés dans leur disposition, demeurent pourtant toujours dans la même substance – et ce sont des corps qui ont pour propriété de tourner, c'est-à-dire des corps célestes –, bien plus nombreux sont les esprits, lesquels, même s'ils sont sujets au changement dans leur disposition, sont toutefois profondément immuables dans leur substance. Or tels sont ceux qui, dotés de raison, accomplissent intérieurement une espèce de circuit rationnel d'eux-mêmes vers eux-mêmes, quand ils se tournent vers eux-mêmes et se cultivent eux-mêmes. En revanche, ils agissent extérieurement tantôt lorsqu'ils délibèrent depuis la fin des réalités à accomplir vers leur principe et inversement, tantôt lorsqu'ils dissertent depuis certaines propositions vers les conclusions et en sens contraire, tantôt lorsqu'ils spéculent depuis l'effet vers la cause et en retour des causes vers l'effet; derechef quand, en les disposant, ils dissolvent les réalités particulières dans les réalités universelles et, inversement, divisent les réalités universelles en réalités particulières. Or toute puissance qui décrit naturellement un cercle est estimée sempiternelle, tantôt parce qu'elle ne s'éloigne pas de soi par son centre, tantôt parce que, si besoin est, elle revient vers soi par sa propre circonférence, et en n'importe quel point le principe commence toujours par la fin. Et plus encore lorsque le cercle devient spirituel : là, effectivement, la circonférence se joint au centre[82]. Cette substance simple replie sa puissance vers soi-même, et, se repliant, elle s'augmente et se conserve soi-même en s'attachant à soi-même.

Or il faut se souvenir que, là où le discours rationnel est effectif, il y a certains principes stables du discourir qui sont innés, c'est-à-dire certaines notions communes et manifestes à partir desquelles, commençant comme si elles étaient des rayons, nous cherchons les réalités plus inconnues et les distinguons en les comparant aux notions. Il convient en outre de se souvenir que, puisque ces principes sont nécessaires et sempiternels, il découle que la puissance de l'âme, qui en est le sujet, est pareillement sempiternelle. Nous possédons le discours comme s'il s'agissait d'une propriété de notre nature, et les fondements du discours nous sont communs avec les anges : le fait est que nous sommes célestes en cette part, et supracélestes en l'autre.

Duo mundani corporis sunt extrema, terra scilicet celumque empyreum. Utrunque videtur immobile, sed altera alterum ratione : terra quoniam non adepta est virtutem aliquam ad circuitum, empyreum vero celum quia iam omnem corporum virtutem est adeptum. Medie vero spere sempiterna quadam virtute, sed mobili, requirunt ulterius nescio quid permanens et eternum. Quod de tribus his gradibus diximus, idem penitus de sensu, ratione, mente, rursus bestia, homine, angelo intellige dictum.

Elementa quoniam non solum corpora sunt, verum etiam ex materia infima componuntur, ideo mobiliter agitantur. Celestia vero, quia eiusmodi materia carent atque sunt quasi non corpora, iccirco stabiliter aequaliterque discurrunt suoque ordine errores elementorum cohibere videntur. Quia tamen motibus oppositis contrariisque feruntur, si propriis ferantur naturis, oportebit contrarias illis inesse naturas. Nulla tamen est contrarium dissonantia qualitatum, unde omnis abest pernities omnisque transgressio. Moventur igitur temperatione quadam, qua ipsa superior causa regit potenter suaviterque perducit. Uniformis natura est que tam multa conducit in unum; est etiam omniformis que illa ad terminos effectusque redigit omniformes. Non est autem corporea forma, alioquin uniformis simul et omniformis esse non posset, atque omne corporeum, dum movet, necessario permutatur, ideoque perfectissimus motor esse non potest; et quia in movendo non permanet, iccirco solum virtute sua nequit permanentem in motu servere tenorem. Quamobrem globi celestes a substantia quadam spiritali rationalique moventur atque illa quidem sempiternam habente infatigabilemque virtutem, qua tandiu moles tantas tam aequaliter, tam celeriter volvere valeat ordinemque mirifice rationalem pulcherimumque conficere.

Rationales anime, quia nullo modo sunt corpora, sed ad corpora iam affectu quodam naturali declinant, iccirco manent quidem essentia vitaque semper, sed quasi mobiliter, innata vero virtute propriaque moventur.

Angeli vero, cum neque corpora sint neque ad corpora vivificanda declinent, et stant quidem et stabiliter, ut in superioribus disputavimus.

Quemadmodum omnia mobilia ad motum unum tempusque primum, sic stabilia cuncta ad unum primumque statum eternitatemque necessario reducuntur tanquam cardinem sive centrum, cui quecunque stant pro viribus innitantur, quod et ambiant quecunque moventur, cuius unione res tam multe, tam diverse unam quandam pariant harmoniam. Motus tempusque sunt pene idem, status et

Les deux mondes du corps se situent aux extrêmes : la terre naturellement, et le ciel empyréen. L'un et l'autre paraissent immobiles, mais chacun pour une raison différente : la terre parce qu'elle n'a pas acquis une quelconque capacité au mouvement circulaire, et le ciel empyréen parce qu'il a déjà acquis toute cette vertu des corps. Les sphères médianes, par une certaine vertu sempiternelle mais mobile, requièrent plus loin je ne sais quoi de permanent et d'éternel. Ce que nous avons dit de ces trois degrés, conçois que cela vaut aussi du sens, de la raison, de l'intelligence, et derechef de la bête, de l'homme et de l'ange.

Puisque les éléments sont non seulement des corps mais aussi des composés de matière infime, il suit qu'ils sont activés de manière mobile. Mais les réalités célestes, parce qu'elles sont dépourvues de cette matière et sont presqu'incorporelles, il s'ensuit qu'elles se déplacent de façon stable et égale et paraissent empêcher, par leur ordre, l'errance des éléments. Pourtant, parce que les réalités célestes sont portées par des mouvements opposées et contraires, si elles sont portées par des natures qui leur sont propres, il faudra que des natures contraires résident en elles. Toutefois, il n'y a aucune dissonance de qualités contraires, de là que toute destruction et toute transgression soient absentes. Elles sont donc mues par une certaine combinaison bien proportionnée, grâce à laquelle une cause supérieure les régit efficacement et les conduit en douceur. Il y a une nature uniforme qui ramène des choses si nombreuses vers l'un ; il y a aussi une nature omniforme qui redirige ces réalités vers des limites et des effets omniformes. Elle n'est pas une forme corporelle, sans quoi elle ne pourrait être à la fois uniforme et omniforme, et toute réalité corporelle, pendant qu'elle meut, étant nécessairement modifiée, il découle qu'elle ne saurait être le moteur le plus parfait ; et parce que dans la mise en mouvement elle n'est pas permanente, il résulte qu'elle ne peut seule par sa vertu propre conserver dans le mouvement son cours permanent. Aussi les globes célestes sont-ils mus par une certaine substance spirituelle et rationnelle, qui possède la vertu sempiternelle et infatigable grâce à laquelle elle peut si durablement faire tourner de telles masses avec tant d'égalité [83], et peut réaliser si vitement cet ordre admirablement rationnel et ô combien beau.

Les âmes rationnelles, parce qu'elles ne sont nullement des corps mais inclinent vers les corps par une certaine affection naturelle, demeurent donc toujours en essence et en vie mais de manière presque mobile, et elles sont mues par une vertu qui leur est innée et propre [84].

Et les anges, bien qu'ils ne soient ni des corps ni n'inclinent à vivifier les corps, se tiennent du moins de façon stable, comme nous en avons discuté plus haut.

De même que toutes les réalités mobiles sont ramenées vers un seul mouvement et un temps premier, de même toutes les réalités stables sont ramenées nécessairement vers un état et une éternité uniques et premiers, comme s'il s'agissait d'un pôle ou d'un centre auquel n'importe quelle réalité qui se maintient selon ses forces est rattachée, qui entoure tout ce qui est mu, et par l'union duquel des réalités si multiples et si diverses engendrent une seule harmonie. Le mouvement et le temps sont presqu'identiques, l'état et

eternitas sunt penitus idem : que enim in inferioribus disiuncta videntur, in superioribus mirifice coniunguntur. Quicquid stare dicitur sive in se sive in alio, primum quidem ipso statu stat, deinde compositionem aliquam quodammodo suscipit. Verum super id, quod aliquo pacto compositum est, extat aliquid necessario simplicissimum a quo cetera pendeant, uniantur et componantur, presertim quia quod primum est in natura, cum ultra primum esse suum nihil capiat aliunde, compositum aliquo pacto cogitari non potest.

Sit igitur super pigram naturam mobilis, super vagum motum motus sit constantior, super stabilem conditionem substantia stabilis cum quadam conditione mutabili; super hanc natura penitus stabilis collocetur, super stabilem naturam status ipse omnium simplicissimus. Ubi summa simplicitas, ibi summa unitas; unicus igitur Deus existit, qui revera absoluta unitas est, atque, ut Platonicis placet, est etiam quodammodo mentis unitas atque cardo, quemadmodum et mens cardo unitasque anime, et anima unitas et cardo nature, natura denique corporum.

Deus sicut est purus status mutatione carens, sic est pura unitas imperfecte multitudinis expers. Quoniam status est purus, ideo omni est motu celerior : iam enim ab eterno ipse in se est id omne quod ex parte quadam minima vix et paulatim et universo tempore universus motus assequitur. Et quicquid dividuus motus nature dividue dividuo facit temporis intervallo, id totum status indivisibilis individuo, prout vult, momento eternitatis individue perficit. Ubi enim virtus constantissima dominatur, ibi actio editur omnium velocissima; ubi vero instabilis natura vacillat, fit motio tardior. Rursus, quoniam Deus est pura unitas, multitudinis infinite principium, ideo infinita multitudine rerum est infinite potentior; si innumerabilis inde potest numerus emanare tempore sempiterno, ipse iam actu est innumerabilis numerus, immo unitas infinita et immensa potestas. Et quecunque infinite dispersa infinite, ut ita dicam, debilitantur, ipse immensa unitate potenter colligit in immensum. Quoniam vero nulla omnino difficultas actionis adest, unde mensura virtutis abest, cui resistere dimensa natura non potest, iccirco Deus infinite facilius feliciusque quam cogitari possit omnia perficit, adeo ut, si statuerit, cuncta simul efficiat – qui est omnia simul, a quo et ad quem velut a centro et ad centrum singula tanquam linee punctaque dependent – ut uno stabilique nutu singula queat pro natura cuiusque vibrare.

l'éternité sont entièrement identiques : en effet, les réalités qui paraissent disjointes en bas se conjoignent étonnamment en haut. Tout ce qui se maintient est, dit-on, en soi-même ou en un autre, d'abord parce qu'il se tient dans son état même, ensuite parce qu'il supporte d'une certaine façon quelque composition. À la vérité, au-dessus de ce qui est composé en un certain mode, il existe nécessairement quelque réalité très simple vis-à-vis de laquelle toutes les autres réalités sont dans un rapport de dépendance, d'union et de composition, et cela surtout parce que ce qui est premier dans la nature, comme au-delà du premier rien ne saurait prendre son être d'ailleurs, ne peut être aucunement conçu tel un composé.

Donc que soit au-dessus de la nature indolente le mobile, au-dessus du mouvement erratique le mouvement plus constant, au-dessus de la condition stable la substance stable avec une certaine condition variable ; que soit établie au-dessus de cette substance la nature entièrement stable, au-dessus de la nature stable l'état lui-même le plus simple de tout. Où se tient la simplicité souveraine, là se tient la souveraine unité ; un Dieu unique existe donc, qui est réellement l'unité absolue et, comme il plaît aux Platoniciens[85], il est aussi pour ainsi dire l'unité et le pôle de l'intelligence, de même que l'intelligence est également le pôle et l'unité de l'âme, et l'âme l'unité et le pôle de la nature, et la nature enfin le pôle et l'unité des corps.

De même que Dieu est un pur état exempt de mutation, de même il est une pure unité dépourvue des imperfections du multiple. Puisque l'état est pur, il découle qu'il est plus rapide que tout mouvement : en effet, lui-même est en soi depuis l'éternité tout ce que le mouvement universel atteint difficilement et progressivement pour la part la plus minime, et dans un temps universel. Et tout ce que le mouvement divisé dans la nature divisée fait en un intervalle de temps divisé, tout cela, l'état indivisible le fait indivisiblement, selon sa volonté, dans l'instant indivis de l'éternité indivise[86]. Là où domine effectivement la vertu la plus constante, là se produit l'action la plus véloce de toutes ; mais là où la nature instable vacille, le mouvement se fait plus lent. En revanche, puisque Dieu est la pure unité et le principe de la multitude infinie, il résulte qu'il est infiniment plus puissant que la multitude infinie des choses[87] ; si un nombre innombrable peut émaner de cette source dans un temps sempiternel, c'est qu'elle-même est déjà le nombre innombrable en acte, mieux l'unité infinie et la puissance sans limites. Et tout ce qui, s'étant infiniment dispersé, s'est pour ainsi dire infiniment affaibli, elle-même par son unité immense le rassemble puissamment dans son immensité. Or puisque ne se présente à lui absolument aucune difficulté d'action, et par conséquent qu'est absente toute limite à sa vertu, lui à qui ne peuvent résister les dimensions naturelles, il suit que Dieu accomplit infiniment toutes choses avec plus de facilité et de félicité qu'il n'est possible de le concevoir, à un point tel que, s'il l'a décidé, il réalise simultanément toutes choses – lui qui est simultanément toutes choses, à qui et vers qui comme à un centre et vers un centre est suspendue chaque réalité singulière à l'instar des lignes et des points –, de sorte que chaque réalité selon sa nature puisse vibrer d'un mouvement unique et stable.

FORMA CORPOREA DIVIDITUR ET MOVETUR AB ALIO

ANIMA RATIONALIS NON DIVIDITUR,
SED EX SE IPSA MOVETUR.
ANGELUS NEQUE DIVIDITUR NEQUE MOVETUR,
SED ALIUNDE IMPLETUR.
DEUS EST PLENITUDO UNA, SIMPLEX, IMMENSA

Marsilius Ficinus Nicholao episcopo Vaciensi et Francisco Bandino s. d.

Forma que ex se ipsa primoque talis quedam aut talis existit, in eo genere plenissime talis esse debet. Quod enim ex se primoque calet et lucet, summopere calet et lucet. Quod igitur non est perfectissime tale, ab alio quodam superiore dependet.

Forma corporea. Forma omnis que cum materia vel dimensione dividitur et mutatur ab alio, formarum omnium imperfectissima est. Nam subiecti dimensionisve ipsius indiget adminiculo, quippe que a se ipsa non sit, quandoquidem non est vel in se ipsa vel secum; neque etiam a subiecto precipue nascitur, quod propria natura iudicatur informe, neque rursus a quantitate, que non per se ipsam quicquam agit, sed per qualitatem. Preterea propter extensionem dispersionemque forma illa fit debilis, denique propter motum apparet egena. Neque igitur propria virtute agit aliquid vel movetur, postquam vim non possidet integram atque propria virtute neque substinetur neque subsistit.

Anima. Quapropter a prestantiore quadam forma dependet, que in se sine subiecto atque secum sine dimensione consistere possit, id est ab anima, que quamvis ex se ipsa quodammodo moveatur, quia proxime qualitates omnino mutabiles antecedit, non tamen cum materia vel quantitate ullo pacto dividitur. Quod ex eo precipue patet : tum quia individuas formas a dividuis ipsa perspicue dividit secumque coniungit, tum quia convertitur in se ipsam, quod forma divisibilis facere nequit. Ubi enim pars altera distat ab altera, nondum totius in se

LA FORME CORPORELLE EST DIVISÉE ET MUE PAR UN AUTRE

L'ÂME RATIONNELLE N'EST PAS DIVISÉE,
MAIS SE MEUT À PARTIR DE SOI-MÊME.
L'ANGE N'EST NI DIVISÉ NI MÛ,
MAIS IL EST REMPLI DEPUIS UN AILLEURS.
DIEU EST LA PLÉNITUDE UNE, SIMPLE, IMMENSE

Marsile Ficin à Nicholas évêque de Vacs[88] *et à Francesco Bandini*[89]*, salut.*

La forme qui existe de soi-même et avant tout, qu'elle soit telle ou telle, doit être telle qu'elle est dans son genre le plus complètement. En effet, ce qui brûle et brille à partir de soi et avant tout brûle et brille avec le plus grand soin. Ce qui n'est pas tel le plus parfaitement dépend d'une autre réalité supérieure.

La forme corporelle. Toute forme qui avec la matière et la dimension est divisée ou modifiée par un autre, est la plus imparfaite de toutes les formes. Car elle a besoin du soutien du sujet ou de la dimension eux-mêmes, de fait elle n'est pas elle-même à partir de soi puisqu'elle n'est elle-même ni en soi ni avec soi ; elle ne provient pas non plus principalement du sujet, lequel, estime-t-on, est informe quand on le prend dans sa nature propre, ni inversement de la quantité qui met en mouvement quelque chose non par soi-même mais par la qualité. En outre, à cause de cette extension et de cette dispersion, cette forme s'affaiblit, enfin, à cause du mouvement, elle apparaît indigente. Aussi n'est-ce pas de sa vertu propre qu'elle met en mouvement quelque chose ou se meut, comme elle ne possède pas une puissance intacte et personnelle, non plus qu'elle ne se soutient ni ne subsiste de sa propre vertu[90].

L'âme. C'est pourquoi la forme dépend d'une forme plus éminente telle qu'elle peut consister en soi sans sujet et avec soi sans dimension, c'est-à-dire de l'âme qui, bien qu'elle se meuve en quelque manière à partir de soi-même[91], parce qu'elle devance de très près les qualités absolument variables[92], n'est pourtant aucunement divisée avec la matière ou la quantité[93]. Ceci est particulièrement patent : tantôt parce qu'elle sépare elle-même clairement les formes indivisibles des formes divisibles et se conjoint avec soi-même, tantôt parce qu'elle se tourne vers soi-même, ce que la forme divisible ne saurait faire. En effet, là où

ipsum est facta conversio. Quod vero anima rationalis ex se ipsa libere moveatur, tunc apparet potissimum, quando et res corporeas modo potius suo quam rerum intelligit et contra earum impetum quod ipsa prestare censuerit pro arbitrio eligit sepenumero, motusque suos in plurimas oppositasque partes edit assidue, utpote que non determinata vel nature vel obiecti qualitate trahatur, sed consilii sui potius varietate ducatur.

Angelus. Quoniam autem movetur quodammodo atque iccirco quasi indiga iudicatur, cum nulla res motu querere soleat quod iam possidet, iccirco super animam est immobilis angelus, immobilis, inquam, quia iam undique plenus.

Deus. Quemadmodum vero ab eo quod haudquaquam omnino plenum est ad illud quod plenissimum est ascenditur, sic ad plenitudinem ipsam ascenditur a plenissimo, quia videlicet a plenitudine ad minus plenum ordine quodam per plenissimum fit descensus. Profecto cause omnis in agendo intentio est aliquid sibi pro viribus similimum generare, et quo potentior causa est, eo id magis faciliusque consequitur.

Generatio in Deo, creatio a Deo. Hinc efficitur ut causa illa, qua nulla potest potentior cogitari, aliquid generet sibimet usque adeo simile, ut similius quicquam cogitari non possit; non reperitur alicubi talis quedam similitudo, nisi ubi generantis genitique substantia est penitus eadem. Sed mittamus in presentia quod Deus generet in se ipso, consideremus que procreat extra se ipsum. Nam hic quoque consentaneum est Deum similima quedam gradatim minusque similia procreare, ut nullus in gradibus ordo rationalis possit a nobis considerari qui non prius a ratione summa et consideratus fuerit et impletus. Nempe a tali quodam ordine Dei et naturales cause eiusmodi servant ordinem in effectibus producendis et mentes ratiocinando similiter ordinem et artificiosum tenent et naturalem divinumque inveniunt. Quorsum hec? Ut super animas nondum plenissimas plenissimos iam esse angelos concludamus, super angelos qui implentur esse fontem cuius liquoribus impleantur.

Deus unus et simplex. Plenissimi quidem esse multi et possunt et debent, ut in Dei opere perfectissimo partes abundent undique perfectissime. Plenitudo autem ipsa simplex – qua plena sunt quecunque plena et, quia plena, ideo composita nuncupantur –, plenitudo, inquam, summa, nisi una esse non potest. Siquis duas summas induxerit plenitudines, queremus utrum inter se penitus differant vel

une partie diffère d'une autre, la conversion du tout en soi-même n'a pas encore été faite[94]. Or que l'âme rationnelle se meuve librement de soi-même apparaît alors surtout quand elle intellige selon son mode propre les réalités corporelles plutôt que selon leur mode à elles et, contre leur assaut sur lequel elle a estimé elle-même l'emporter, qu'elle choisit souvent selon son propre jugement, produit continuellement ses propres mouvements dans des parties plurielles et opposées, comme il convient à ce qui n'est pas traîné de manière déterminée par la qualité de la nature ou de l'objet, mais est conduit par sa propre résolution plutôt que par la variété[95].

L'ange. Puisque l'âme se meut d'une certaine façon et, pour cela, est estimée presque manquante, comme aucune chose n'a coutume de chercher dans le mouvement ce qu'elle possède déjà, il suit qu'au-dessus de l'âme se trouve l'ange immobile, immobile, dis-je, parce qu'il est plein de tous côtés[96].

Dieu. Or de même qu'on s'élève de ce qui n'est pas absolument plein vers ce qui est le plus plein, de même on s'élève du plus plein vers la plénitude même, parce que la descente depuis la plénitude vers le moins plein se fait selon un certain ordre à travers le plus plein. Assurément, dans l'action de toute cause, il y a l'intention de générer suivant ses forces quelque réalité très similaire à soi, et plus la cause est plus puissante plus cela s'obtient plus aisément.

La génération en Dieu, la création par Dieu. De là vient que cette cause, par rapport à laquelle rien de plus puissant ne peut se concevoir, génère quelque réalité qui lui est si semblable que rien de plus semblable ne peut se concevoir; une telle similitude ne se trouve nulle part, sinon là où la substance du générant et la substance du généré sont totalement identiques. Mais passons désormais sur ce que Dieu génère en soi-même, et considérons ce qu'il procrée hors de soi-même. Car il convient ici aussi que Dieu procrée graduellement certaines réalités qui lui sont très semblables et d'autres moins semblables, de sorte que nous ne pouvons considérer aucun ordre rationnel parmi ces degrés qui n'ait été préalablement envisagé et rempli par une raison souveraine[97]. Bien sûr, c'est l'ordre de Dieu qui fait que les causes naturelles conservent cet ordre dans la production des effets et que les intelligences, en raisonnant, maintiennent pareillement l'ordre artificiel et naturel et trouvent le divin[98]. Vers quoi tend ce discours? À la conclusion que, au-dessus des âmes qui ne sont pas encore les plus pleines, se tiennent les anges qui sont déjà les plus pleins, et que, au-dessus des anges qui sont comblés, se trouve la source qui les comble pleinement par sa liqueur[99].

Dieu est un et simple. De nombreux anges peuvent et doivent être les plus pleins, si bien que, dans l'œuvre la plus parfaite de Dieu, les parties sont partout en abondance le plus parfaitement. Or la plénitude est elle-même la plus simple – elle qui remplit toutes les réalités pleines et, parce qu'elles sont remplies, sont ainsi appelées composées –, la plénitude souveraine, dis-je, ne saurait être qu'une. Si quelqu'un suppose qu'il y a deux plénitudes souveraines, demandons-nous si elles diffèrent profondément entre elles ou conviennent de toutes parts, ou plutôt si elles conviennent en partie et diffèrent en partie. Si l'une et l'autre plénitude sont similaires, elles ne peuvent entièrement différer; si on dit qu'elles

omni ex parte conveniant, an potius partim conveniant quidem, partim etiam discrepent. Si utraque similiter est plenitudo, omnino differre non possunt; si convenire dicantur, omnino unum sunt non duo : quod in presentia volumus. Si parte congruerent altera, parte altera discreparent, primum quidem utraque composita esset atque ex partibus et simplici quodam componente dependens; deinde neutra esset ipsa quam querimus plenitudo, quippe quo altera differt ab altera non reperiretur in altera. Adde quod in plenitudine summa nihil debet esse, ut ita loquar, non plenum. Si autem partes diversas haberet, nulla pars esset vel idem quod et alia vel idem quod et totum. Nulla igitur pars plenissima foret. Quamobrem plenitudo, ut idem sepius repetam, unica esse debet ac penitus individua. Adde et infinita.

Deus infinitus. Profecto quemadmodum in eo quod purum, vacuum vacuitatemque ipsam cognominamus nihil quod adsit fingi potest, sic in plenitudine pura, quam extare oportet, vacuitati pure prorsus oppositam, nihil in infinitum fingi potest quod non adsit. Undenam prima mundi materia et universus mundi cursus et mentis cuiusque discursus hoc habent, ut naturaliter ultra quemlibet terminum impleri conentur, nisi ab ipsa plenitudine, que et exuberat ultra terminum et mentes mundumque atque materiam allicit super terminum ?

Habitus universi perfectus. Quoniam vero immensa plenitudo in vacuum non potest allicere, recte vaticinamur materie nixum et mundi cursum mentisque discursum ipsa quandoque plenitudine summa prorsus impleri. Tunc mundani stabilitas centri sperarum quoque circumferentiis se prorsus communicabit et pura circumferentie claritas se ad centrum usque diffundet. Tota prorsus machina mundi flammis empyrei celi vestietur innoxiis ; corpora sensusque, naturalia animarum rationalium instrumenta, fulgebunt animorum radiis beatorum; animi salubribus vitalisbusque Seraphinorum radiis feliciter accendentur, tota spirituum multitudo felicium infinita plenitudine infinite gaudebit in evum.

conviennent, c'est qu'elles sont absolument unes, et non deux : ce que nous voulons désormais. Si elles s'accordaient en une autre partie, elles se désaccorderaient en une autre partie : d'abord, l'une et l'autre seraient composées, et dépendraient aussi partout de quelque composant simple; ensuite ni l'une ni l'autre ne seraient la plénitude elle-même que nous recherchons, du fait qu'une partie différant d'une autre ne se retrouverait pas en l'autre. Ajoute que dans la plénitude souveraine rien ne doit être, pour ainsi dire, incomplet. Or si elle avait des parties différentes, aucune partie ne serait identique : soit parce qu'elle serait aussi autre, soit parce qu'elle serait aussi un tout. Aucune partie donc ne serait la plus pleine. C'est pourquoi la plénitude, pour le répéter encore une fois, doit être unique et absolument indivise [100]. Ajoute aussi infinie.

Dieu infini. Assurément, de même que dans ce ce qui est le pur, le vide et la vacuité même, nous ne nommons rien dont on puisse se représenter qu'il soit, de même dans la plénitude pure, qui existe nécessairement et s'oppose absolument à la pure vacuité, rien ne peut se représenter qui ne soit pas dans l'infini. Car d'où la matière première du monde, le cours universel du monde et le parcours de chaque intelligence, possèdent-ils la capacité d'être ainsi disposés naturellement à se remplir au-delà de toute limite, sinon de cette plénitude même qui déborde au-delà de la limite et attire les intelligences, le monde et la matière, au-dessus de la limite ?

Constitution parfaite de l'univers. Or puisque la plénitude immense ne peut attirer vers le vide, nous prophétisons à bon droit que l'effort de la matière, le cours du monde et le parcours de l'intelligence, se rempliront un jour entièrement de la plénitude souveraine [101]. Alors la stabilité au centre du monde se communiquera aussi absolument à la circonférence des sphères, et la pure clarté de la circonférence se diffusera jusqu'au centre. La machine du monde sera totalement revêtue des flammes inoffensives du ciel empyréen; les corps, les sens et les instruments naturels des âmes rationnelles étincelleront des rayons des bienheureux; les âmes s'embraseront joyeusement sous les rayons salubres et vitaux des Séraphins; la multitude entière des âmes en félicité se réjouira infiniment de la plénitude infinie pour l'éternité [102].

COMPENDIUM PLATONICE THEOLOGIE MARSILII FICINI FLORENTINI

ASCENSUS A SUBSTANTIA CORPOREA AD INCORPOREAM, SCILICET AD ANIMAS ANGELOSQUE ET DEUM.

Marsilius Ficinus conphilosophis suis s. d.

Substantia quoniam accidentis omnis fundamentum est, nature ordine quodam prior est accidente potestque, cum sit prior ac forme virtute non careat, alicubi sine accidente consistere; accidente, inquam, precipue corporali, quod ad communem accedens substantie rationem non tam profectum affert quam defectum. Profecto substantia, si absque corporeo accidente consistat, tam ob puritatem verior erit quam ob ipsam individue nature simplicitatem unitatemque potentior. Quamobrem iam est actu substantia quedam seorsum a quantitatis divisione qualitatisque corporalis permixtione, ne vana sit semper in universo potentia illa tam rationabilis tamque bona, vel falsa prorsus vel imbecillis omnino natura illa que verior potentiorque quam substantia quelibet corporalis existimatur.

PRIMUS INCORPORALIS SUBSTANTIE GRADUS EST VITA QUEDAM, ID EST ANIMA

Incorporalis autem illa substantia idem atque vita quedam esse videtur, quandoquidem vite proprium est vis quedam ad penetrandum, uniendum, movendum corpus valde mirabilis. Talem vero vim habet imprimis substantia prorsus incorporalis. Vite quedam huiusmodi in rerum ordine iam existunt: magis enim dependet corpus vivens a vita sibi coniucta quam a corpore vita; nam corpus inde formatur et substinetur, regitur et movetur. Quare quemadmodum infra coniunctionem istam corporis atque vite corpora quedam reperiuntur, saxa

ABRÉGÉ DE THÉOLOGIE PLATONICIENNE DE MARSILE FICIN

ASCENSION DEPUIS LA SUBSTANCE CORPORELLE JUSQU'À LA SUBSTANCE INCORPORELLE, À SAVOIR VERS LES ÂMES, LES ANGES ET DIEU

Marsile Ficin à ses amis philosophes, salut.

Dans la mesure où elle est le fondement de tout accident, la substance est à cause d'un certain ordre naturel antérieure à l'accident et elle peut, puisqu'elle est antérieure et qu'elle n'est pas privée de la vertu de la forme, consister en quelque endroit sans accident[103]; je dis sans accident surtout corporel, lequel, lorsqu'il s'approche de la raison commune de la substance, apporte non pas tant un progrès qu'un déclin. Assurément la substance, si elle consiste sans accident corporel, sera d'autant plus vraie à cause de sa pureté qu'elle sera plus puissante à cause de la simplicité et de l'unité même de sa nature indivise. C'est pourquoi, elle est une substance en acte, séparée de la division qu'implique la quantité et du mélange qu'induit la qualité corporelle, afin que ne soit pas vaine cette puissance si rationnelle et si bonne qui toujours agit dans l'univers, et qu'on n'estime pas absolument fausse ou entièrement débile cette nature qui est plus vraie et plus puissante que n'importe quelle substance corporelle.

LE PREMIER DEGRÉ DE LA SUBSTANCE INCORPORELLE EST UNE CERTAINE VIE, C'EST-À-DIRE L'ÂME

Cette substance incorporelle paraît être identité et vie, puisque le propre de la vie est une certaine puissance des plus merveilleuses qui consiste à pénétrer, unir et mouvoir le corps. Telle est la puissance que possède avant tout la substance absolument incorporelle[104]. Certaines vies de cette sorte existent déjà dans l'ordre de la réalité : en effet, le corps vivant dépend plus de la vie qui s'est conjointe à lui que la vie ne dépend du corps ; car c'est de là que le corps est formé et soutenu, est dirigé et mu. Aussi, de même que, en deçà de cette conjonction du

scilicet et metalla ceteraque generis eiusdem que possunt absque vita manere, sic et multo magis forte etiam plures existunt vite, que sine aliquo corporis adminiculo substinere se possunt. He vero partim sunt rationales anime, partim angeli.

Super animas sunt angeli

Verum nunquid super corpora et animas necessarium est angelos esse? Est utique necessarium. Sane intellectus ipsius, in quantum est intellectus, natura hec esse videtur, ut potius seorsum a corpore quam ut in corpore vivat. Intelligit enim abstractione quadam formarum a singulis corporum passionibus et quanto ab eisdem ipse magis abstrahitur, tanto discernit clarius et efficacius, agit vivitque beatius, quasi ille sit mentis habitus potissimum naturalis, coniungere vero corpori mentem forte nihil aliud sit quam eam ab ipsius origine longe seiungere. Quod autem naturalius est, id in ipso rerum ordine existit ut plurimum. Igitur super intellectus eos qui corporibus adsunt, id est animas rationales, nimirum mentes quam plurime sunt a commertio corporum segregate.

Quemadmodum puri intellectus ipsius proprietas est seorsum a corpore vivere, sic et natura puri sensus esse cum corpore. Spiritus igitur, in quo solus cum vita est sensus, solum, ut videtur, vivit in corpore; spiritus autem, in quo intellectus solus, extra corpus tantum agit vitam. Sed ubi intellectus sensusque coniungitur, quod homini convenit, eiusmodi spiritus ea preditus est natura, ut et in corpore vivere possit et extra. At quoniam intellectus in hoc est pars quedam in anima partes insuper alias continente, est et ambiguus et quodam spiritali motu ab alio in aliud intelligendo discurrit; iccirco super eum extare oportet mentem perfectiorem, que neque ad capacitatem anime contrahatur neque inferioribus partibus misceatur neque actionem suam tempore distrahat, sed in se ipsa absoluta meraque sit et undique clara actionemque suam non discurrendo peragat sed manendo.

corps et de la vie, on trouve certains corps : les rochers, les métaux et tous les autres de ce même genre, qui peuvent demeurer sans vie ; de même, et beaucoup plus peut-être encore, existent de très nombreuses vies qui, sans l'aide d'un quelconque corps, peuvent se soutenir. Il s'agit pour une part des âmes rationnelles et pour une autre des anges.

AU-DESSUS DES ÂMES SE TROUVENT LES ANGES

Mais est-il nécessaire qu'au-dessus des corps et des âmes il y ait les anges ? Cela est à tout prix nécessaire ! La nature angélique est, semble-t-il, caractéristique de l'intellect lui-même (autant qu'il y a de l'intellect), de sorte que ce dernier vit plutôt séparé du corps que dans le corps. En effet, il intellige en abstrayant les formes de chacune des passions corporelles, et plus lui-même s'en abstrait plus il discerne avec plus de clarté et d'efficacité, agit et vit avec plus de bonheur, comme s'il était l'état le plus naturel possible à l'intelligence, au point que conjoindre l'intelligence au corps n'est peut-être rien d'autre que le disjoindre loin de son origine propre. Or ce qui est plus naturel, cela existe beaucoup plus dans l'ordre même de la réalité. Donc, au-dessus des ces intellects présents dans les corps, c'est-à-dire les âmes rationnelles, combien sont très nombreuses les intelligences séparées de tout commerce corporel [105] !

De même que la propriété de l'intellect pur est de vivre sans le corps, de même aussi la nature du sens pur est d'être avec le corps. Là où seul le sens est avec la vie, l'esprit vit donc, semble-t-il, seulement dans le corps ; et, là où l'intellect est seul, l'esprit vit uniquement hors du corps. Mais, là où l'intellect et le sens se conjoignent (ce qui convient à l'homme), cet esprit est disposé naturellement à pouvoir vivre dans et hors du corps. Et puisque l'intellect (il y a dans ce dernier une certaine partie résidant dans l'âme, laquelle contient par ailleurs d'autres parties) s'avère ambigu et que, sous l'effet d'un mouvement spirituel, il court en intelligeant tantôt vers le corporel tantôt vers l'incorporel, il suit que, au-dessus de lui, il doit exister une intelligence plus parfaite qui ne se réduise pas à la capacité de l'âme ni ne se mêle aux parties inférieures, ni ne dissolve son action dans la temporalité, mais se tienne en soi-même absolue, pure et totalement claire, et accomplisse entièrement son action, non pas en décourant mais en demeurant.

SUPER MENTEM IN ANIMA EST MENS IN SE IPSA, SUPER ILLAM EST DEUS

Confert ad idem ratio illa Platonica. Si anima secundum formam rationemque suam esset intellectus, certe tota prorsus anima intellectus esset, intellectus, inquam, absolutissimus et anima quelibet appareret intelligentie compos. Cum vero se res aliter habeat, perspicuum est animam non secundum formam proprie principalem, sed secundum participationem quandam intelligentiam possidere. Quemadmodum vero super animarum mentes, que participatione tales esse dicuntur, sunt mentes multe secundum formam, id est angeli, ita super mentes secundum formam est mens una secundum causam efficacemque virtutem, id est Deus.

MULTI SUNT INTELLECTUS HUMANI, MULTI ANGELICI, UNICUS EST DIVINUS

Quod multi sint secundum participationem intellectus patet ex eo, quod anime rationales sunt plurime atque in mentibus hominum diversorum momento eodem apparent opiniones, affectus, habitus inter se penitus repugnantes. Quod sint multi etiam intellectus secundum formam in superioribus declaravimus, quando diximus ad mentis ipsius rationem spectare magis seorsum a sensibus corporeque vivere quam cum ipsis. Quod super mentes omnes, que forma ipsa sunt tales, sit unicus secundum causam intellectus inde probamus, quod cum spiritalis individuarum mentium multitudo ordinata magis unitaque sit quam corporum multitudo, necessarium est unionem eiusmodi ab una quadam causa proficisci.

Res enim diverse, sive ille quidem corporales sunt sive incorporales, ea ipsa ratione qua diverse sunt in unum vel opus vel ordinem finemve conspirare non possunt, sed in quantum unum quiddam illis inest commune. Atque hoc ipsum, quod commune dicitur universis, a nullo illorum proprie que continentur in ordine provenit : illi enim duntaxat aut certe suis quibusdam proprium esset, non commune pariter universis. Neque etiam a cunctis ex propria variaque ipsorum virtute communis illa qualitas proficiscitur : que enim diversa sunt, ut diximus, in quantum diversa sunt non pariunt unionem. Sed nunquid natura, que cunctis inest communis, ex se ipsa prorsus existit ? Nequaquam : maius enim est existere ex se ipso quam in se ipso consistere. Cum igitur natura eiusmodi non in se sed in turba consistat, certe ex se ipsa non potest existere. Igitur ab unitate quadam, que super

AU-DESSUS DE L'INTELLIGENCE DANS L'ÂME SE TROUVE L'INTELLIGENCE EN SOI, ET AU-DESSUS D'ELLE-MÊME DIEU

La raison platonicienne contribue à la même démonstration. Si l'âme, selon sa forme et sa raison propres, était l'intellect, assurément l'âme tout entière serait l'intellect, l'intellect dis-je le plus absolu, et n'importe quelle âme apparaîtrait en possession de l'intelligence [106]. Or comme il en est autrement, il est évident que l'âme ne possède pas l'intelligence selon sa forme proprement principale mais suivant une certaine participation. De même que, au-dessus des intelligences des âmes, qui sont appelées ainsi par participation, se trouvent de nombreuses intelligences selon la forme, c'est-à-dire les anges, de même, au-dessus des intelligences selon la forme, se trouve une intelligence unique selon la cause et la vertu efficace, à savoir Dieu [107].

NOMBREUX SONT LES INTELLECTS HUMAINS, NOMBREUX LES INTELLECTS ANGÉLIQUES, UNIQUE EST L'INTELLECT DIVIN

Que nombreux soient les intellects selon la participation est patent du fait que les âmes rationnelles sont les plus nombreuses, et que dans les intelligences des divers hommes apparaissent au même moment des opinions, des affects et des états profondément contradictoires entre eux. Que les intellects selon la forme soient eux aussi nombreux, nous l'avons montré plus haut lorsque nous avons dit que mieux vaut contempler la raison de l'intelligence elle-même séparée des sens et du corps que vivre avec eux. Qu'au-dessus de toutes les intelligences, qui sont telles par la forme, il y ait un intellect unique selon la cause, nous le prouvons par ce fait : comme la multitude spirituelle des intelligences indivisibles est plus ordonnée et unie que la multitude des corps, il est nécessaire que cette union provienne d'une cause unique [108].

Effectivement, des réalités diverses, qu'elles soient corporelles ou incorporelles, par cette raison même qu'elles sont diverses, ne sauraient conspirer dans une œuvre, un ordre ou une fin uniques, mais seulement dans la mesure où quelque chose d'un réside communément en elles. Et cette chose qui est dite commune universellement ne provient en particulier d'aucune de ces réalités qui sont contenues dans l'ordre : en effet, si elle appartenait en propre seulement, ou du moins certainement, à quelques-unes de ces réalités, elle ne serait plus au même degré communément universelle. Cette qualité commune n'émane pas de toutes choses non plus à partir de leur vertu propre et variable : les choses qui sont diverses, comme nous l'avons dit, dans la mesure où elles le sont, n'engendrent pas d'union. Mais la nature, qui est communément présente dans toutes choses, existe-t-elle absolument à partir de soi-même ? Nullement : il est mieux d'exister

omnium numerum in se ipsa consistit, unio illa omnium proficiscitur, et quia unitas illa sublimis nulli propria est, ideo, sicut unitas numeralis ubique omnibus adest numeris et punctum lineis, sic ipsa quoque indivisibilis permanens omnibus ubique spiritibus corporibusque pariter adest ac aeque ligat invicem universa; que ex hoc ipso mutua quadam convenientia conducunt ad unum, quoniam ducuntur ab uno. Sicut igitur omnia mundi corpora ad unum summumque corpus continens movensque omnia rediguntur, sic spiritus omnes ad unum summumque spiritum omnia complectentem perque spiritus sibi subditos corpora vivificantem atque moventem.

RES NEQUE CIRCULO CONFUNDUNTUR NEQUE AD PRINCIPIA PLURA AEQUALIA REDUCUNTUR NEQUE SURSUM ABSQUE FINE PROGREDIUNTUR

Hic, ut videtur, triplex potissimum excluditur error. Primus eorum qui aiunt cuncta sic circulo invicem dependere ut, quemadmodum hoc ab illo, ita illud vicissim ab isto dependeat, sic utique idem ad idem comparatum esset et causa et effectus, prius quoque atque posterius, superius et inferius. Secundus eorum qui plura in latus principia introducunt. Foret enim numerus quidam principiorum ex communi natura proprietatibusque compositus. Nullum igitur illorum esset revera principium, quia nullum simplex existeret et ab altiore unitate cuncta ligante singula provenirent. Tertius illorum qui sursum absque fine a principio alio ad aliud semper ascendunt; sed illi dum innumerabilia principia curiosius affectare videntur, cum nusquam reperiant primum, nullum prorsus principium assecuntur.

Cogitare profecto deberent quicquid dependet ab alio suapte natura pendere ac, nisi ab alio quod non dependet aliunde substineatur, penitus vacillare. Quapropter si omnia ab aliis absque fine dependent, cuncta undique vacillabunt, perinde ac si liquida liquidis hereant nec usquam solida dentur que liquida sistant; nullus erit in rebus status, ordo, circuitus, perseverantia et restitutio nulla; non erit in rebus aliud prestantius alio, cum ubi non datur summum, ibi alia aliis ad summum propius non accedant. Manifeste vero videmus alia in natura facere, alia

à partir de soi-même que de consister en soi-même. Comme la nature donc consiste non pas en soi mais dans le désordre, assurément elle ne saurait exister à partir de soi. Aussi est-ce d'une certaine unité, qui au-delà du nombre de toutes choses consiste en soi-même, qu'émane cette union de toutes choses, et parce que cette unité sublime n'appartient en propre à aucune réalité, il suit que, de même que l'unité numérale est partout présente dans tous les nombres et le point dans toutes les lignes, de même l'unité elle aussi indivisiblement permanente est partout présente à la fois dans tous les esprits et les corps[109], et elle lie équitablement et réciproquement tous les univers; et ces derniers, par ce fait même, conduisent au moyen d'une mutuelle convenance vers l'un, puisqu'ils sont tirés de l'un. Aussi de même que tous les corps du monde sont ramenés vers le corps unique et souverain qui contient et meut toutes choses, de même tous les esprits sont ramenés vers l'esprit unique et souverain qui embrasse, vivifie et meut, par l'intermédiaire des esprits qui lui sont soumis, la totalité des corps.

NI LES RÉALITÉS NE SONT ENVELOPPÉES DANS UN CERCLE, NI ELLES NE SONT RECONDUITES VERS UNE PLURALITÉ DE PRINCIPES ÉGAUX, NI ELLES NE PROGRESSENT EN REMONTANT SANS FIN

Ici, semble-t-il, une triple erreur est par-dessus tout exclue. La première erreur vient de ceux qui affirment que toutes choses dépendent mutuellement d'un cercle, de sorte que, de même que ceci dépend de cela et, inversement, cela de ceci, ainsi en tout cas, par assimilation, on comparerait la cause et l'effet, et aussi l'antérieur et le postérieur, le supérieur et l'inférieur. La deuxième erreur vient de ceux qui introduisent à côté une pluralité de principes. En effet, il y aurait un certain nombre de principes composé d'une nature commune et de propriétés. Donc aucun d'entre eux ne serait vraiment principe, parce qu'aucun n'existerait simplement et chacun proviendrait d'une unité supérieure à laquelle tous seraient liés individuellement. La troisième erreur vient de ceux qui soutiennent qu'on s'élève toujours d'un principe vers un autre principe, en remontant sans fin; mais pendant qu'ils semblent approcher avec grande curiosité des principes innombrables, comme ils ne trouvent nulle part de principe premier, ils n'atteignent absolument aucun principe.

Assurément, ils devraient penser que tout ce qui dépend d'un autre est aussi dépendant quant à sa propre nature et que, s'il ne se soutient pas d'un autre qui ne dépend pas d'ailleurs, alors il vacille entièrement. C'est pourquoi, si toutes choses dépendent d'autres choses sans fin, toutes choses vacilleront de toutes parts, comme si le liquide succédait au liquide et que, nulle part, il n'y ait quelque chose de solide susceptible de résister à la liquidité générale; il n'y aura dans les choses aucun état fixe, aucun ordre, aucun circuit, aucune constance et aucun rétablissement[110]; parmi les choses, il n'y en aura aucune qui sera supérieure à une autre, puisque, là où un principe souverain n'est pas donné, là les unes

fieri, illa quidem antecedere dignitate, ista succedere ; causarum preterea multitudinem latitudinemque in effectibus quoque numerum amplitudinemque producere. Itaque si absque termino a causis in causas ascendatur, similiter preter terminum ad effectus ab effectibus descendetur. Nulla erunt extrema, sed omnia media, omnia infinita. Siquidem res quelibet ab innumerabilibus antecedentibus vires accipiet et succedentibus innumeris vires dare valebit, innumerabilia erunt infinita. Quod est absurdum. Res quelibet cuilibet apparebit aequalis, quod nihilominus iudicatur absurdum. Nusquam reperietur corpus infimum quod est terra, nusquam materia infima, que est potentia una puraque formarum capax, nisi sit summus spiritus usquam, nisi sit forma suprema, actus purus fonsque formarum ; nunquam incipient effectus aliqui fieri, quia nunquam medie incipient cause facere, que non prius faciunt quam ab omnibus superioribus moveantur – quod sit ab innumeris et per immensum intervallum expectetur motionis exhordium, nunquam accipietur – ; nulla erit effectus alicuius scientia, quia nequaquam erit innumerabilium comprehensio causarum. Quid plura ? Singuli in rebus humanis naturalibusque motus ideo ad certos terminos diriguntur, quoniam a principio certo reguntur : nisi enim regerentur inde, illuc nunquam dirigerentur. Cum igitur universi mundi motus ordinatior sit quam singuli qui ad illius ordinem referuntur, ideoque magis ad certum terminum sese conferat, id est ad commune cunctis bonum atque pulchrum, necessarium est ab uno quodam certoque principio, id est bonitate ipsa summaque pulchritudine, proficisci.

VERITAS EST SUPER MENTEM

Verum ne forte, dum infinitum progressum amputare contendimus, ipsi quoque intervallo pene infinito ab ipso disputationis nostre proposito dementer digrediamur, iam, si placet, regrediamur ad mentem. Quod est in corpore oculus et in oculo visus, id ferme est intellectus in anima. Quod rursus Solis lumen ad visum, hoc lumen veritatis ad mentem. Aliud Solis lumen est, aliud oculus ; similiter aliud ipsa veritas est, aliud intellectus, alioquin et omnis mens omnino esset veridica et res quelibet particeps veri similiter esset intelligentie particeps.

n'accèdent pas plus près du principe souverain que les autres. Or nous voyons clairement que les unes font dans la nature et que les autres y sont faites, les unes l'emportent en dignité et les autres se situent dessous [111]; en outre, une multitude et une étendue de causes produisent aussi dans les effets le multiple et l'extension. C'est pourquoi, si on remontait sans fin de causes en causes, pareillement sans fin on descendrait d'effets en effets. Il n'y aura plus d'extrêmes, mais toutes choses seront moyennes, toutes choses infinies. Si vraiment n'importe quelle chose reçoit sa puissance d'innombrables réalités antérieures et peut transmettre sa puissance à d'innombrables réalités postérieures, alors ces réalités innombrables seront infinies : ce qui est absurde. N'importe quelle chose apparaîtra égale à n'importe quelle autre, ce qui n'est pas moins estimé absurde. Nulle part on ne trouvera un corps inférieur, qui est la terre, nulle part une matière inférieure, qui est une puissance une et pure capable de contenir toutes les formes, à moins qu'il n'y ait quelque part l'esprit souverain, la forme suprême, l'acte pur et la source des formes ; jamais certains effets ne commenceront à advenir, parce que jamais des causes moyennes ne commenceront de faire, elles qui ne peuvent faire avant que toutes les réalités supérieures ne les aient mises en mouvement – et si on attend de ces réalités innombrables et à travers un intervalle sans limites un début de mouvement, jamais on ne le recevra non plus – ; jamais il n'y aura une science d'un quelconque effet, parce qu'il n'y aura aucunement de compréhension des causes innombrables. Que dire de plus ? Parmi les réalités humaines et naturelles, chaque mouvement est ainsi dirigé vers des termes certains puisque tous les mouvements sont gouvernés par un principe certain : en effet, s'ils n'étaient pas gouvernés depuis ce principe, jamais ils ne s'y dirigeraient. Donc comme le mouvement du monde tout entier est plus ordonné que chaque mouvement singulier qui se rapporte à l'ensemble, il suit que ce mouvement universel se porte davantage vers un terme certain, c'est-à-dire vers le bien et le beau communs à toutes choses, et il est nécessaire qu'il provienne d'un principe unique et certain, c'est-à-dire de la bonté elle-même et de la souveraine beauté.

LA VÉRITÉ EST AU-DESSUS DE L'INTELLIGENCE

Mais afin que peut-être, cependant que nous nous efforçons de couper cette progression infinie, nous ne digressions pas nous-mêmes follement du sujet même de notre discussion dans un intervalle presqu'infini, revenons désormais, s'il plaît, à l'intelligence. Que l'œil est dans le corps et la vue dans l'œil, on peut presque le dire de l'intellect dans l'âme [112]. Derechef que la lumière du Soleil se dirige vers la vue, on peut presque le dire de la direction de cette lumière de vérité vers l'intelligence. La lumière du Soleil est une chose, l'œil en est une autre ; pareillement la vérité elle-même est une chose et l'intellect une autre, sinon toute intelligence serait entièrement véridique et n'importe quelle réalité participant du vrai participerait semblablement de l'intelligence. Ton œil, parce qu'il est

Oculus tuus, quia pars est alterius, id est corporis, neque clare videt omnia prorsus neque sua omnia simul. Si totum corpus tuum oculus unus efficiatur, simul undique cuncta videbit, nondum tamen idem erit oculus atque lumen. Similiter mens tua, quoniam pars est anime, ideo neque clare neque momento eodem intelligit omnia. Si totus animus tuus intellectus unus evadat, iam ex animo fiet angelus, clare cuncta perspiciet neque temporali discursu amplius tum hoc tum illud aucupabitur, sed cuncta simul perspicue contuebitur. Adhuc tamen aliud veritas ipsa, aliud ipsa mens erit, que nihil est aliud quam oculus spiritalis ad ipsum veritatis lumen bonitatisque calorem intelligentia et voluntate percipiendum.

VERITAS ET BONITAS IDEM SUNT

Verum perscrutandum esse videtur, nunquid unum idemque sit ipsa veritas atque bonitas. Mittamus quid relationes ille dialectice machinentur. Si in rerum ordine falsum atque malum, falso esse atque male esse inter se re ipsa non discrepant, sequitur ut eodem in ordine verum et bonum, vere esse et bene esse revera non differant. Quapropter super rerum omnium ordinem idem in substantia est veritas atque bonitas, presertim quia quousque se veritatis eousque et bonitatis atque vicissim se dilatat imperium. Quicquid enim veri idem et boni particeps reperitur atque converso. Hoc ipsum tamen, quod veritas et bonitas nominatur, mentem quamlibet supereminet, quia mens non in sui ipsius natura sed in veri et boni possessione quiescit ac latius se veritatis bonitatisque vestigia quam intelligentie propagant : ubi enim nullum apparet intelligentie munus, veri tamen bonique nonnihil latere videtur. Quid ergo dicemus ? Deus omnia ad sue artis exemplar in specie quadam propria puraque collocat, deinde ad sue largitatis exemplar omnibus ordinem usumque aliquem ad aliquid benigne distribuit. In illo quidem actu vera, in hoc bona efficit omnia. Rursus Deus quando intelligentie lucet veritas, quando voluntati calet bonitas appellatur. Ibi intelligentia illustratur et adolescit, hic voluntas blande allicitur et impletur.

partiellement autre, c'est-à-dire corporel, ne voit pas absolument tout avec clarté ni simultanément tout ce qui lui appartient. Si ton corps entier était fait d'un seul œil, il verrait à la fois tout de toutes parts, et pourtant l'œil et la lumière ne seraient pas encore identiques. De même ton intelligence, puisqu'elle est une part de l'âme, il suit qu'elle n'intellige pas tout avec clarté ni au même moment. Si ton esprit entier finit par devenir un seul intellect, alors d'esprit il deviendra ange, il percevra tout avec clarté et ne sera pas à l'affût, dans le décours temporel, de telle ou telle réalité plus importante, mais il contemplera tout à la fois avec évidence. Néanmoins, la vérité elle-même encore sera une chose et l'intelligence elle-même une autre chose, laquelle n'est rien d'autre qu'un œil spirituel créé pour percevoir la lumière même de la vérité et la chaleur de la bonté grâce à l'intelligence et à la volonté[113].

La vérité et la bonté sont identiques

Or il faut, semble-t-il, approfondir si la vérité et la bonté sont unes et identiques. Laissons de côté pourquoi ces relations se combinent dialectiquement. Si dans l'ordre de la réalité le faux et le mauvais, ce qui est dans le faux et ce qui est dans le mauvais, ne discordent pas entre eux lorsqu'ils sont dans une même chose, il découle que, dans ce même ordre de réalité, le vrai et le bon, ce qui est vrai et ce qui est bon, ne diffèrent vraiment pas. Aussi, par-dessus l'ordre de toutes les réalités, la vérité et la bonté sont-elles identiques dans la substance, surtout parce que jusqu'où s'étend l'empire de la vérité là également s'étend l'empire de la bonté et inversement[114]. En effet, tout ce qui se trouve participer du vrai participe aussi du bien et inversement. Cependant, ceci qu'on appelle la vérité et la bonté surpasse n'importe quelle intelligence, parce que l'intelligence ne repose pas dans sa propre nature, mais dans la possession du vrai et du bien, et les traces de la vérité et du bien se propagent plus largement que celles de l'intelligence : en effet, là où aucun office de l'intelligence n'apparaît, rien de vrai ou de bon ne paraît toutefois se cacher. Que dirons-nous de plus ? Dieu établit tout suivant le modèle de son art propre dans une certaine espèce propre et pure ; ensuite, suivant le modèle de sa propre largesse, il distribue à tout avec bienveillance quelque ordre et utilité pour quelque chose. Certes dans cet acte-là il fait que tout soit vrai, et dans cet acte-ci que tout soit bon. En revanche, on parle de Dieu quand brille la vérité pour l'intelligence, et quand brûle la bonté pour la volonté[115]. Là l'intelligence est éclairée et croît, ici la volonté est attirée et comblée avec douceur.

DEUS MENTEM IMMENSO SUPEREMINET INTERVALLO

Metiamur preterea, si mensurari potest, postquam Deus supereminet mentem, quam longo spatio eam supereemineat. Ha quam immense dementie est conari immensa metiri! Tanto enim dignitatis spatio saltem sursum distat a mente, quantum spatii mentis discursui patet super se gradatim a clariori in clarius percurrenti et voluntati a meliori melius affectanti. Id vero eousque patet, quousque nobis aliquid occurrat prorsus immensum, quod infinitate sua imponat infinito quodammodo progressui terminum.

DEUS EST IPSA CERTITUDO ET IPSUM GAUDIUM

Quamvis autem extreme dementie videatur mente comprehendere velle quod mentem insuperabiliter mentisque stimulum, id est voluntatem, exsuperat, non tamen dementis est ullo pacto ab ipso saltem velle plenissime comprehendi. Forte enim quod incomprehensibile est comprehendere nihil est aliud quam ab ipso feliciter comprehendi. Quid ergo? Volumusne a summa increataque forma, que nos hactenus clam complectitur, manifestissime comprehendi, id est ita comprehendi, ut nos hoc ipsum minime lateat? Apprehendamus, quoad possumus, que in formarum genere creatarum summa nobis occurrunt. Summa vero in iis sunt que absque medio ad summam increatamque formam sese convertere possunt ob id ipsum, quod ab eadem sine medio processerunt. Eiusmodi autem omnes mentium species esse videntur, siquidem omnes divinitatem summam non in rebus aliis tantum, sed etiam ceteris omnino posthabitis in ipsa, ut ita dicam, eius excellentia quadam querere, considerare, colere quotidie possunt. Summa igitur in universo post summum universi principium sunt mentes tanquam specula summi.

Capiamus que in mente sunt summa, id est intellectum ipsum et voluntatem; rursus quod in intellectu est voluntateque summum. In illo quidem supremum est intelligere, in hac autem velle. Verum quid est ulterius in intelligendo supremum? Quid iterum in volendo? In illo quidem claritas summa, id est exactissima verorum omnium certitudo; in hoc autem plenissimum gaudium, id est integra bonorum omnium securaque fruitio. Nihil ulterius possumus vel

DIEU SURPASSE L'INTELLIGENCE PAR UN INTERVALLE SANS LIMITES

De plus mesurons, s'il est possible de le mesurer, puisque Dieu surpasse l'intelligence, combien est long l'espace par lequel il la dépasse. Hélas, combien est-ce la marque d'une immense démence que d'entreprendre de mesurer l'immensité ! En effet il s'éloigne de l'intelligence du moins en haut par un espace de dignité aussi grand que l'espace qui s'ouvre au parcours de l'intelligence au-dessus d'elle-même, courant graduellement du plus clair vers le plus clair, ainsi qu'à la volonté disposée au meilleur depuis le meilleur. Or cet espace s'ouvre jusqu'à ce que se présente à nous quelque réalité tout à fait immense, laquelle par sa propre infinité impose d'une certaine manière un terme à notre progression infinie [116].

DIEU EST LA CERTITUDE ET LA JOIE MÊMES

Mais bien que c'est une extrême folie, semble-t-il, de vouloir comprendre par l'intelligence ce qui surpasse d'une manière insurmontable l'intelligence et l'aiguillon de l'intelligence, à savoir la volonté [117], ce n'est toutefois pas démence de vouloir en quelque sorte du moins être compris pleinement par lui. En effet comprendre d'aventure ce qui est incompréhensible n'est rien d'autre qu'être compris avec bonheur par lui. Pourquoi donc ? Ne voulons-nous pas que cette forme souveraine et incréée, qui nous embrasse jusqu'à ce moment secrètement, nous comprenne le plus ouvertement, c'est-à-dire nous comprenne de manière à ne nous être absolument pas cachée ? Appréhendons, autant que nous le pouvons, lesquelles dans le genre des formes créées se présentent à nous comme les plus hautes. Or les plus hautes parmi ces dernières sont celles qui, depuis le centre, peuvent se tourner vers la forme souveraine incréée, par cela même qu'elles en ont procédé sans médiation. Toutes les espèces des intelligences paraissent être de cet acabit, puisque toutes peuvent journellement chercher, considérer et cultiver la souveraine divinité non seulement dans les autres réalités mais aussi, une fois toutes les autres réalités placées en seconde ligne, dans sa propre excellence pour ainsi dire. Aussi les intelligences sont-elles dans l'univers, après le souverain principe de l'univers, comme les miroirs souverains du souverain.

Saisissons que dans l'intelligence se trouvent les réalités les plus hautes, c'est-à-dire l'intellect lui-même et la volonté ; en retour qu'il y a dans l'intellect et la volonté la réalité la plus haute : dans l'intellect, le plus haut est d'intelliger, et dans la volonté de vouloir. Au vrai, quoi de plus suprême dans le fait d'intelliger ? Derechef, quoi de plus suprême dans le fait de vouloir ? Dans le premier se trouve la souveraine clarté, c'est-à-dire la certitude la plus exacte de tout ce qui est vrai ; dans le deuxième la joie la plus pleine, c'est-à-dire la fruition entière et sûre de

fingere vel optare. Quid ergo Deus est? Certe quantum in mente ipsius speculo refulget, ex eo Deus est clarissima et certissima veritas, omnium fons verorum, verissima quoque claritas claritatum; rursus bonitas infinita, que, dum se ipsa gaudet, bonis gaudet innumeris, gaudium quoque immensum se ipso bonum, perque se ipsum faciens ut alia bona sint quibus gaudere quis possit.

IPSA CERTITUDO VEL CLARITAS IDEM EST ATQUE IPSUM GAUDIUM

Quando dicimus Deum claritatem esse vel gaudium, non claritatem in intellectu vel gaudium in voluntate ponimus, sed in se ipsis; neque volumus illic claritatem a gaudio discrepare, ubi veritas a bonitate non discrepat. Est itaque claritas gaudens gaudiumque clarum; claritas, inquam, gaudio non tanquam re alia gaudens, sed se ipsa, gaudium non alia claritate clarum quam se ipso.

SICUT LUMEN NON INDIGET OCULO, SIC VERITAS NON INDIGET MENTE

Aliud quidem oculus est, aliud radiolus quidam ingenitus oculo, aliud rursus amplissimum Solis lumen. Radiolus ille propria est oculi claritas et in oculo, lumen vero illud communis est omnium claritas, claritas non egens oculo qui ad ipsam percipiendam est institutus. Similiter aliud mens, aliud eius propria claritas, id est radius ei insitus ab initio. Aliud Deus supereminens, claritas claritatum, claritas proprie mente non indigens, que ad ipsam percipiendam procreata videtur; gaudium gaudiorum omnium que a voluntate qualibet sentiuntur, gaudium non indigens voluntate qua gaudeat, siquidem ipso duntaxat gaudet unaqueque voluntas.

tous les biens[118]. Nous ne pouvons rien imaginer ou souhaiter de plus au-delà. Pourquoi Dieu est-il? Assurément, autant qu'il resplendit dans le miroir de l'intelligence elle-même[119], il suit que Dieu est la vérité la plus claire et la plus certaine, la source de tout ce qui est vrai, et aussi la clarté la plus vraie de toutes les clartés; derechef, il est la bonté infinie qui, pendant qu'elle se réjouit soi-même, se réjouit des biens innombrables, une joie qui est aussi un bien immense en soi-même, à travers lequel lui-même fait que soient tous les autres biens grâce auxquels chacun peut se réjouir[120].

IDENTITÉ DE LA CERTITUDE ELLE-MÊME, OU DE LA CLARTÉ, ET DE LA JOIE ELLE-MÊME

Lorsque nous disons que Dieu est la clarté ou la joie, nous ne plaçons pas la clarté dans l'intellect ou la joie dans la volonté, mais en elles-mêmes; non plus que nous ne voulons là désaccorder la clarté de la joie, là où la vérité ne diffère pas de la bonté. C'est pourquoi, la clarté est joyeuse et la joie est claire; la clarté, dis-je, ne se réjouit pas pour ainsi dire d'une joie qui viendrait d'une autre réalité qu'elle-même, et la joie n'est pas claire d'une clarté autre qu'elle-même.

DE MÊME QUE LA LUMIÈRE NE FAIT PAS DÉFAUT À L'ŒIL, DE MÊME LA VÉRITÉ À L'INTELLIGENCE

Certes, autre est l'œil, autre le petit rayon inné à l'œil, autre derechef la lumière si étendue du Soleil. Ce petit rayon est propre à la clarté de l'œil et réside dans l'œil, mais la lumière est cette clarté commune à toutes choses[121], et la clarté ne fait pas défaut à l'œil qui a été créé pour la percevoir. Pareillement, autre est l'intelligence et autre la clarté qui lui est propre, à savoir le rayon implanté en elle depuis le commencement[122]. Autre est le Dieu suréminent, clarté des clartés, clarté à laquelle ne fait pas particulièrement défaut cette intelligence qui, semble-t-il, a été procréée pour se percevoir elle-même; joie de toutes les joies, que n'importe quelle volonté éprouve, joie à qui ne manque pas cette volonté par laquelle elle se réjouit, puisque chaque volonté se réjouit seulement de la joie elle-même[123].

Summe certitudini nihil est incertum

Si Solis lumen esset non solum in causa visus visibilisque ipsius, sed etiam omnium causa causarum, ac visus ipse foret prestantissimus Solis effectus et proximus, cum perfectio a defectu dari non possit, immo vero opus sit visu perfecto ad indigum generandum, certe quicquid in visu bonum precipue optandumque apparet, id totum ac multo excellentius esset in lumine. Optimum vero optabilissimumque est oculo, ut neque lumen lateat ipsum, neque cum patet offendat, immo vehementer oblectet. Lumen igitur, etsi non haberet oculum, tamen suo quodam pacto, id est se ipso, tanquam sublimiore visu sese clare videret coloresque omnes in se fonte colorum intueretur; videret quoque se id esse, quod omnes vident oculi omnesque per ipsum videntes passim ipsum quoque videret. Mitto nunc quod Platonici putant lumen cuncta videre. Deus autem tota mentis causa est et proxima ac mens opus est Dei summum. Quicquid ergo summopere menti est optandum tanquam optimum, totum hoc iam habet Deus modo supra quam dici possit prestantiore. Quid vero vel intellectui optabilius quam verorum omnium certitudo vel voluntati quam gaudium omnibus gaudens bonis ? Non satis esset menti (eam interroga), non satis esset ipsi veritatis tota possessio, si eam veritas ipsa quam possidet lateat; non satis omne bonum, nisi iocundum occurrat et gaudeat omni. Claritas ergo divina, quamvis intellectu proprie non utatur, se tamen ipsam minime latet; neque latet eam alicubi quicquam, quando per ipsam ubique omnia patent. Quid enim alicui posset esse certi, si certitudini ipsi, per quam sunt certa omnia, non esset certum ?

RIEN N'EST INCERTAIN POUR LA SOUVERAINE CERTITUDE

Si la lumière du Soleil était non seulement dans la cause de la vue et du visible lui-même, mais aussi la cause de toutes les causes, et la vue elle-même l'effet le plus éminent et le plus proche du Soleil, comme la perfection ne saurait se donner à partir d'un défaut et que, au contraire, il est besoin d'une vue parfaite pour générer ce qui est manquant, assurément tout ce qui, dans la vue, apparaît principalement bon et souhaitable se trouverait tout entier et beaucoup plus éminemment dans la lumière. Pour l'œil, le meilleur et le plus souhaitable est que ni la lumière ne se cache elle-même ni ne blesse lorsqu'elle est visible, mais au contraire qu'elle récrée vivement. Donc, si même elle n'avait pas l'œil, la lumière toutefois, d'une manière qui lui est propre, c'est-à-dire par soi-même, se verrait clairement grâce à une vue pour ainsi dire sublime, et regarderait toutes les couleurs en elle-même qui est la source des couleurs ; elle verrait aussi qu'elle est ce que tous les yeux voient, et verrait encore que tous, par son intermédiaire, la voient également partout. Je laisse de côté que les Platoniciens pensent que la lumière voit tout [124]. Au vrai, Dieu est la cause totale [125] et la plus proche de l'intelligence, et cette dernière est l'œuvre souveraine de Dieu [126]. Aussi tout ce qui participe avec le plus grand soin de l'intelligence est-il souhaitable comme le meilleur, dès maintenant Dieu possède cette totalité selon une modalité plus éminente qui dépasse ce qui peut se dire. Mais quoi de plus souhaitable pour l'intellect que la certitude de tout ce qui est vrai, ou pour la volonté que la joie jouissant de tous les biens ? Ne suffirait pas à l'intelligence (interroge-la), ne lui suffirait pas la possession totale de la vérité si la vérité elle-même cachait la certitude qu'elle possède ; ne lui suffirait pas non plus tout le bien, si elle ne rencontrait ce qui est agréable et ne se réjouissait de tout. La clarté divine donc, bien qu'elle ne se serve pas particulièrement de l'intellect, ne se cache absolument pas elle-même ; non plus qu'aucune réalité ne la cache quelque part, puisque toutes choses sont visibles partout par sa médiation. En effet, à quoi bon être certain pour quelque chose si, pour la certitude elle-même, par laquelle toutes choses sont certaines, on n'était pas certain ?

UBI PRECIPUUS MENTIUM FINIS, IBIDEM EST EARUM PRINCIPIUM

Sed repete hunc in modum superiora : effectus quilibet impellente natura causam appetit ut, unde efficitur, ibi quoque perficiatur; causam quidem proximam, si talis sit, ut in se remotarum omnium causarum munera colligat, appetit proprie atque sub huius forma remotam : propriam enim distinctamque formam a proxima potius causa quam a remota sortitur. Igitur in proxima illa quam dixi, unde proprium principium habuit, proprium quoque collocat finem, sicut ignis in concavo Lune potius quam in Sole vel Marte terminum assequitur naturalem, et aer in ignis concavo, non in Venere vel in Iove.

Cum igitur mens quelibet natura duce, sive in summa ipsa omnium certitudine summe gaudente, sive in summo omnium gaudio summopere certo, duntaxat proprium precipuumque finem statuat tanquam in causa proxima, quis non videat Deum ipsum, qui proxima est mentium causa, esse summam ipsam, ut ita dixerim, certitudinem gaudiumque supremum ? Certitudinem, inquam, non alicuius vel in aliquo vel ad aliquid, sed sui ipsius in semet ipsa et ad se ipsam, alioquin neque pura simplexque esset neque summopere summa. Cum igitur nulla ex parte terminum ullum mensuramque accipiat, immensa relinquitur. Quapropter nihil prorsus admittit incerti. Nihil igitur sive in ea sive extra vel esse vel fingi unquam potest quod ipsi certitudini sit incertum, que dum supereminet omnia, supereminenter est omnia. Neque aliunde in essendo agendoque dependet, sed inde alia in utroque dependent, in qua cum non aliud sit esse ipsum atque certam esse, immo certitudinem esse, nimirum, dum sui ipsius est, similiter sui ipsius est certa, immo, ut loquar rectius, certitudo ; ac dum sui ipsius, que cuncta mirabili virtute complectitur, certa est, proculdubio est certa cunctorum, immo vero omnium certitudo.

Proinde lumen quodcunque videtur nihil est aliud quam pure efficacisque forme spiritalis quedam amplificatio. Ubi igitur forme puritas efficaciaque minime terminatur, ibi lux pululat infinita, inde lumen emanat prorsus immensum. Profecto quod est in corporibus perspicuitas, hoc est in spiritibus perspicacia; quod rursus in corporibus visibile lumen, hoc in spiritibus est perspectio, unde corpora que ad spiritum magis accedunt facilius uberiusve

LÀ OÙ SE TROUVE LA FIN PRINCIPALE DES INTELLIGENCES, LÀ EST LEUR PRINCIPE

Mais regagne ainsi les réalités supérieures : n'importe quel effet cherche à atteindre sous l'impulsion de la nature sa cause, de sorte que, de là où il est fait, là aussi il est parfait ; du moins cherche-t-il à atteindre particulièrement la cause la plus proche, si elle est telle qu'elle rassemble en soi les produits de toutes les causes éloignées et aussi, sous cette forme, la cause éloignée : en effet, on obtient une forme propre et distincte à partir d'une cause très proche plutôt qu'à partir d'une cause éloignée. Donc dans cette cause très proche dont j'ai parlé, à l'endroit d'où l'effet a eu son principe propre, il place aussi sa fin propre, de même que le feu parvient à son terme naturel dans la concavité de la Lune plutôt que dans le Soleil ou Mars, et l'air dans la concavité du feu et non pas dans Vénus et Jupiter[127].

Comme donc n'importe quelle intelligence, sous la conduite de la nature, soit dans la souveraine certitude même de toutes choses qui se réjouissent souverainement, soit dans la souveraine joie de toutes choses qui sont certaines le plus soigneusement, établit seulement sa fin propre et principale dans la cause la plus proche, qui ne verrait pas que Dieu lui-même, qui est la cause la plus proche des intelligences, est pour ainsi dire la souveraine certitude même, et la joie suprême[128] ? La certitude, dis-je, non pas de quelque chose, ou dans quelque chose ou pour quelque chose, mais de soi-même, en soi-même et pour soi-même, autrement elle ne serait ni pure, ni simple, ni souveraine avec le plus grand soin. Aussi, comme elle ne reçoit nulle part de mesure ou de terme, elle est laissée sans limites. C'est pourquoi, elle n'admet absolument rien d'incertain. Donc rien en elle ou hors d'elle ne peut jamais être ou s'imaginer qui soit incertain pour la certitude même, elle qui, cependant qu'elle surpasse toutes choses, est toutes choses suréminemment. Elle ne dépend pas non plus d'une autre réalité dans l'être et l'agir, mais d'elle dépendent les autres réalités dans l'être et l'agir, elle en qui, comme ne diffèrent pas le fait d'être et d'être certain, est plutôt la certitude – assurément, pendant qu'elle est de soi-même, elle est pareillement certaine de soi-même ou plutôt, pour s'exprimer plus correctement, elle est la certitude ; et, pendant que de soi-même, qui embrasse par une vertu admirable toutes choses, elle est certaine, indubitablement elle est certaine de toutes choses, ou plutôt elle est la certitude de toutes choses.

Par conséquent toute lumière n'est, semble-t-il, rien d'autre qu'une certaine amplification de la forme spirituelle pure et efficace. Là donc où la pureté et l'efficace de la forme ne connaissent pas le moindre terme, là la lumière infinie se répand et de cette source émane une lumière absolument sans limites. Assurément ce qui est dans les corps transparence, cela est clairvoyance dans les esprits ; derechef ce qui est dans les corps lumière visible, cela est vision approfondie dans les esprits : de là vient que les corps qui accèdent davantage à l'esprit resplendissent plus aisément et abondamment ; et, en revanche, les corps

refulgent; atque contra, que fulgent sola, spiritalem propagant ex se qualitatem. Igitur in summo spiritu lux viget et perspectio summa, in eo idem est claritas atque perspectio. Non dico Deum esse quandam perspiciendi virtutem, que perspiciendi egeat actu, neque rursus ipsum appello id quod « perspicere » nominatur, ne vel nixus quidam ad aliud videatur vel compositum, sed ipso actus vocabulo Deum « perspicientiam » nuncupo per se existentem nec alia claritate quam se ipsa perspicientem. Verum quid modo dixi « perspicientem » ? Quis enim non improprie dixerit « visio videt » vel « sapientia sapit » ? Non tamen vel sapientia insipida est vel visio ceca; similiter ipsa perspicientia neque proprie dicenda est perspicere quicquam, neque rursus aliquid alicubi esse quod non perspicuum illi sit atque perspectum : sicut enim perspicientie huic vel illi perspecta sunt hec aut illa, sic ipsi summe infiniteque perspicientie perspicua, perspectaque sunt omnia. Ibidem quoque summa abundat letitia, ubi summa claritas emicat, que letitie est spiritalis origo, immo idem est ibi claritas atque letitia. Nihil enim vel in oculo, qui in corpore maxime spiritalis apparet, vel in ipso spiritu aliud quicquam exhilaratio est quam vel claritas ipsa vel illuminatio congrua. Quisnam ambigit omne ibi gaudium dominari, ubi est omne bonum, siquidem gaudium tanquam optimum maxime omnium exoptatur, atque ipsum est tum boni ipsius circumfundentis splendor et gratia, tum circumfuse virtutis amplificatio quedam circa bonum ?

DEUS EST CLARITAS LETISSIMA ET LETITIA CLARISSIMA

Ubi igitur volumus rectissime loqui, Deum ipsum neque intellectum proprie nominamus, ne intelligendi egeat actu, neque etiam ipsam intelligentiam, ne in quodam intellectu maneat et alio quodam lumine repleatur, immo claritatem ipsam mirifice letam letitiamque clarissimam, quam ita omnes ambiunt intellectus, sicut astra omnia Solem; claritatem, inquam, radiis certitudinis sue cuncta videntem, et ut videant videanturque efficientem, flammis insuper gaudii sui tanquam voluptate omnium genitrice singula facientem, facta quoque foventem, fovendo rursus vivificantem, viva sensu moventem, mota ratione trahentem, rapta deinde mente sistentem, consistentia tandem sui ipsius veritate bonitateque prorsus implentem

qui resplendissent seuls propagent cette qualité spirituelle à partir de soi. Aussi, dans l'esprit souverain, fleurissent la lumière et la vision souveraines, en lui la clarté et la vision sont identiques. Je ne dis pas que Dieu est la possibilité de voir clair, qui est privée de l'acte de voir clair, non plus que je ne l'appelle lui-même en retour ce qui se nomme « voir clair », de crainte qu'il ne passe pour briller vers une autre réalité ou n'apparaisse composé, mais, dans cette dénomination même d'acte, j'appelle Dieu « parfaite vision » qui existe par soi et ne voit pas pleinement à la faveur d'une autre clarté que soi-même [129]. Mais pourquoi ai-je dit tantôt « voir pleinement » ? Ne serait-ce pas improprement qu'on dirait que la « vision voit », ou que la « sapience est saveur » ? Pourtant, la sapience n'est pas insipide ou la vision aveugle ; pareillement, il ne faut pas proprement dire que la vision claire consiste à voir quelque chose en particulier, ni inversement qu'il y a quelque part une chose qui ne lui soit pas transparente et claire : en effet de même que, pour qui voit cette réalité-ci ou cette réalité-là, celle-ci ou celle-là sont clairement vues, de même, pour qui voit souverainement et infiniment, toutes choses sont transparentes et claires. Là aussi abonde la souveraine joie où brille la souveraine clarté, qui est l'origine spirituelle de la joie, ou plutôt la clarté et la joie sont identiques. Effectivement, l'avivement soit dans l'œil, qui apparaît dans le corps le plus spirituel, soit dans l'esprit lui-même, n'est rien d'autre que la clarté elle-même ou l'illumination congruente. Qui conteste que, là où toute la joie domine, est tout le bien, puisque la joie est choisie de préférence à tout comme le meilleur, et elle-même est tantôt la splendeur et la grâce du bien lui-même qui se répand à l'entour, et tantôt l'amplification de la vertu diffuse qui entoure le bien [130] ?

DIEU EST LA CLARTÉ LA PLUS JOYEUSE ET LA JOIE LA PLUS CLAIRE

Quand donc nous voulons nous exprimer le plus correctement, nous ne nommons proprement Dieu lui-même ni intellect, afin qu'il ne manque de l'acte d'intelliger, ni intelligence elle-même, afin qu'il ne demeure dans un certain intellect et se remplisse d'une autre lumière, au contraire, nous le nommons la clarté elle-même merveilleusement joyeuse et la joie prodigieusement claire, elle que tous les intellects entourent comme tous les astres le Soleil ; clarté, dis-je, qui voit toutes choses grâce aux rayons de sa propre certitude, et qui fait que toutes voient et soient vues, qui produit chacune grâce aux flammes de sa joie supérieure comme si elle était génitrice de toutes choses par sa volupté, et qui aussi entretient ses productions, derechef les vivifie en les entretenant, meut les vivants dans les sens, tire dans la raison ce qui a été animé, établit ensuite dans l'intelligence ce qui a été ravi, et remplit enfin ce qui a été établi avec sa vérité et sa bonté propres [131].

DEUS VOLENDO RES FACIT ET MOVET POTIUS QUAM INTELLIGENDO

Sed delectat nescio quomodo ab eo quod in corporibus est pulcherimum ad optimum spiritum similitudine quadam rursus ascendere. Ergo quemadmodum Sol, Dei similitudo, eadem luce in se ipso fulget et suo pacto calet, eodem quoque radio singula illustrat et calefacit, veruntamen calefaciendo potius quam illustrando res facit et movet, sic Deus ipse, Solis exemplar, eadem claritate et claret ipse sibi suo modo intelligendo et gaudet ipse secum suo modo volendo; eiusdem preterea claritatis radiis, ut vocabulis aliquando loquamur humanis, intelligit atque vult omnia. Verum non tam intelligendo procreat quam volendo, unde omnibus et animalibus et naturis videtur esse tributum ut appetitu quodam pro natura cuiusque ac etiam voluptate sibi similia generent.

Meminisse vero debemus Deum, sicut intelligendo se intelligit alia, que sunt quidam ipsius intelligentie radii, sic volendo se, id est se ipso gaudendo, velle alia simul illisque gaudere, que sunt quidam affectus ipsius effectus, genusque actionis eiusmodi, scilicet voluntarium, quia perfectissimum est, Deo agentium perfectissimo convenire. Quod enim voluntate agit libera, prestantius agit quam quod impulsu nature necessario impellitur ad agendum. Felicissima certe est actio in qua auctor sue actionis est dominus, ut ipse finem et modum et mensuram prescribat agendi, finem quoque proprium certasque vias operibus suis instituat. Profecto si Deus ita naturali qualitate faciat, sicut ignis calefacit caliditate, maxime omnium compositus erit, quandoquidem a naturalibus formis eius inter se distinctis res innumerabiles procreabit, presertim illas que sola possunt creatione produci, scilicet materiam ipsam et formas vel separatas a materia vel separabiles. Preterea non vicissitudine quadam distribuet singula, sed cuncta simul effundet, immo confundet. Adde quod, cum sit actus immensus, repente omnia coget, agitabit speras mundi momento, nihil relinquet in universo contingens, consultationis auferet libertatem. Nunc vero, quoniam omnia efficit voluntate, iccirco ea potissimum mensura qua vult nimirum facit et movet et sistit; non difficile intelligit universa, in quo intelligere idem est atque esse; non difficile singula facit et curat, in quo idem est facere quod et velle iam facere.

C'EST EN VOULANT PLUTÔT QU'EN INTELLIGEANT QUE DIEU FAIT ET MEUT UNE RÉALITÉ

Mais, je ne sais comment, il plaît de s'élever une seconde fois grâce à une similitude de ce qui est le plus beau dans les corps vers l'esprit qui est le meilleur[132]. Aussi, de même que le Soleil, similitude de Dieu[133], brille en soi-même et brûle à sa façon d'une même lumière, et éclaire et réchauffe aussi chaque réalité d'un même rayon (mais cependant il fait et meut une réalité plus en la chauffant qu'en l'éclairant), de même Dieu lui-même, modèle du Soleil[134], c'est avec une même clarté que lui-même s'éclaire selon son mode en intelligeant et qu'il se réjouit lui-même avec lui-même selon son mode en voulant; en outre, grâce aux rayons de cette même clarté, pour parler parfois en termes humains, il intellige et veut toutes choses. Or ce n'est pas tant en intelligeant qu'il procrée qu'en voulant – de là paraît provenir l'attribution à tous les êtres vivants et à toutes les natures de générer, sous l'effet d'un instinct en vertu de la nature et aussi du plaisir de chacun, des êtres qui leur sont semblables.

Mais nous devons nous souvenir que Dieu, de même qu'en s'intelligeant il intellige les autres réalités[135], lesquelles sont des espèces de rayons de sa propre intelligence, de même en se voulant, c'est-à-dire en se réjouissant de lui-même, il veut les autres réalités et s'en réjouit simultanément[136], lesquelles réalités sont les affects de sa propre réalisation, et ce genre d'action, il va sans dire volontaire, parce qu'il est le plus parfait, ne convient qu'à Dieu le plus parfait des agents[137]. En effet, ce qui agit par libre volonté agit plus éminemment que ce qui, sous une impulsion naturelle, est poussé nécessairement à agir. De façon sûre, elle est la plus heureuse l'action où l'auteur est maître de son action, de sorte que lui-même prescrit le terme, le mode et la mesure de l'action, et établit aussi la fin propre et les voies certaines pour ses propres œuvres. Assurément, si Dieu produit grâce à une qualité naturelle, de même que le feu chauffe grâce à la chaleur, il sera composé principalement de toutes choses, puisque, à partir de ses formes naturelles distinctes, il procréera des réalités innombrables, surtout celles qui peuvent être produites par création, à savoir la matière elle-même et les formes qui sont soit séparées soit séparables de la matière. De plus, il ne distribuera pas chaque réalité successivement, mais il les répandra toutes simultanément, ou mieux il les versera ensemble. Ajoute que, comme son acte est immense, il les poussera soudain toutes, il remuera les sphères du monde d'un seul mouvement, il ne laissera rien de contingent dans l'univers, et il emportera la liberté de délibérer. Mais désormais, puisqu'il fait toutes choses par sa volonté, cette dernière donc fait, meut et établit à partir de la mesure qu'il veut principalement; ce n'est pas difficilement qu'il intellige toutes choses, lui en qui intelliger et être sont identiques; ce n'est pas difficilement qu'il fait et soigne chaque réalité, lui en qui sont identiques faire quelque chose et vouloir le faire. Il intellige toutes les réalités

Intelligit ille omnia vera, dum se ipsum intelligit omne verum; vult etiam bona omnia, dum vult se ipsum qui est omne bonum. Alia divine intelligentie voluntatisque ratio est, alia est humane. Homo tunc vere ipsas rerum rationes intelligit, quando ita precipue ut sunt intelligit. He autem iccirco sunt vere, quoniam ita sunt ut Deus intelligit, qui ipsa veritas est, qua et vera sunt omnia et vere passim intelliguntur. Humana voluntas singula ideo vult, quia bona. Singula vero creata propterea bona sunt, quod hec ipsa vult Deus, qui ipsa bonitas est, qua et bona sunt et bene singula volumus.

DEUS OMNIBUS PROVIDET, PRECIPUE MENTIBUS, QUIA SUNT EX EO PROXIME PROCREATE

Unde constat causam primam voluntatis sue benignitate omnibus providere? Quia maxime sua sunt omnia. Certe cum sit maxime causa, tam in conservando perficiendoque causa est quam efficiendo : precipue ad summum bonum summa pertinet providentia, que nihil est aliud quam diffusio et conservatio boni. Constat preterea sequentes causas, dum a prima generandi fecunditatem proclivitatemque accipiunt, providendi quoque suis ab eadem diligentiam adipisci.

Siquis vero neget mundum tum artificiosissima ratione tum voluntate benignissima gubernari, hic mihi videtur neque rationabilem pulcherimumque rerum ordinem in se ipsis et invicem et ad totum, neque mirabilem singulorum commoditatem ubique singulis aptissime servientem mutuumque rerum usum consideravisse. Sane commoda habitatio tanquam finis fabrum movet quasi agentem causam, ut certam quandam domus formam excogitet, ob quam formam rursus certam querat materiam, ubi finis movet agentem, agens formam, forma materiam. Idem accidit in civilibus bellicisque consiliis. Quo fit ut finis sit causa causarum ideoque omnes causas antecedat. Sunt autem naturalia omnia certi alicuius finis gratia instituta, cum singula ad singulos potissimum usus conducere videantur. Puta claviculus palmitis, quem capreolum vocant, ad hoc natus est, ut vitem proxime arbuscule vinciat; hic vinciendi actus causa est ut ortus sit capreolus. Quia vero quod nullo modo est, id neque esse potest essendi causa effectui cuiquam neque causas omnes movere, necessarium est actum huiusmodi et ante capreolum et ante reliquas omnes vitis causas extitisse. Non autem extitit in corporibus nisi novissime: ergo in natura quadam incorporali, rectrice

vraies, cependant qu'il s'intellige lui-même qui est totalement vrai ; il veut encore toutes les réalités bonnes, cependant qu'il se veut lui-même qui est totalement bon. Autre est la raison de l'intelligence et de la volonté divines, autre la raison de l'intelligence et de la volonté humaines. L'homme intellige alors vraiment les raisons mêmes des choses, quand il intellige surtout comme elles sont. Or elles sont véritablement, puisque elles sont telles que les intellige Dieu, qui est la vérité elle-même par laquelle toutes choses sont vraies et sont partout intelligées véritablement. L'humaine volonté veut chaque réalité pour ce motif qu'elle est bonne. Et chaque réalité créée est bonne parce que Dieu la veut elle-même, lui qui est la bonté même par laquelle les choses sont bonnes et par laquelle nous voulons bien chacune.

DIEU PRÉVOIT POUR TOUT, PRINCIPALEMENT POUR LES INTELLIGENCES, PARCE QU'ELLES SONT PROCRÉÉES TRÈS PRÈS DE LUI

D'où est-il établi que la cause première prévoit pour tout par la bienveillance de sa volonté ? Parce que toutes choses sont essentiellement siennes. Certainement, comme Dieu est la cause essentielle, il est la cause tant dans la conservation et l'achèvement que dans la production : la providence souveraine concerne avant tout le souverain bien, elle n'est rien d'autre que la diffusion et la conservation du bien. De plus, il est établi que les causes suivantes, tandis qu'elles reçoivent de la première cause la fécondité et la disposition à produire, tirent aussi de la même cause le soin de prévoir[138].

Or si quelqu'un nie que la raison la plus industrieuse et la volonté la plus bienveillante gouvernent le monde, il me semble n'avoir considéré ni l'ordre rationnel et si beau des choses prises en elles-mêmes et, réciproquement, par rapport au tout, ni la convenance admirable de chaque réalité avec chacune partout, au service de l'utilité mutuelle des choses la mieux appropriée. Cette habitation convenable, comme la fin que s'assignent les ouvriers, meut en quelque sorte la cause agente, au point qu'elle conçoit la forme certaine de la maison et cherche en retour, à cause de cette forme, une matière certaine, lorsque la fin meut l'agent, l'agent la forme et la forme la matière. La même chose arrive dans les assemblées civiles et militaires. De là vient que la fin soit la cause des causes et, par conséquent, dépasse toutes les causes. Or toutes les réalités naturelles ont été établies en vue d'une fin certaine, puisque chacune paraît conduire principalement à chacune quant à l'utilité. Pense au rameau du sarment, qu'on appelle la vrille[139], il est né pour ceci qui est de lier de très près la vigne à la manière d'un arbuste ; cet acte de liaison est la cause de la naissance de la vrille de la vigne. Mais parce que ce qui n'est aucunement ne saurait ni être une cause d'être pour un quelconque effet ni mettre en mouvement toutes les causes, il est nécessaire que cet acte ait existé avant la vrille et avant toutes les autres causes de la vigne. Et elle n'existe pas dans le corps, si ce n'est en dernier : elle existe donc

corporum, extitit longe priusquam in palmite. Que quidem natura, vitis artifex, gratia talis actus per formam suam capreoli formam in tali quadam materia figuravit. Sed utrum actus huiusmodi in natura illa prefuit secundum nature modum an secundum propositum voluntatis ? Certe secundum utrunque. At ex illo idem erat quod agentis forma quedam et effectus ipsius exemplar, ex hoc erat finis. Ubi autem artificiose voluntatis propositum est, ibi mens. Quapropter preest omnibus corporalibus divina mens, que corporalium omnium formas intellectuali modo complectitur, singula ad suos dirigit fines, ad unum denique cuncta. Maxime vero omnium mentes, non solum angelicas, verum etiam humanas, Deus curat et diligit tanquam filias ex eo proxime procreatas. Cum enim individue et separabiles a materia separateve sint, non possunt ex precedente vel parte vel materia confici ; ex nihilo vero, quod infinite ab ipso esse distare videtur, agere aliquid solius infinite virtutis est opus.

OMNES MENTES SUNT INDIVIDUE, SEPARABILES A MATERIA, SEMPITERNE

Quod autem mentes indivisibiles separateque vel separabiles a materia sint inde patet, quoniam rationem ipsam indivisibilem ac penitus separatam, per quam res multe indivisibiles separateque sunt et noscuntur, rationem, inquam, ipsam proprie in quantum individua separataque est attingunt. Quemadmodum vero linee indivisibile centrum non aliter quam per ipsarum indivisibile punctum, sic nos individuam secretamque naturam non nisi per virtutem individuam et secretam attingere possumus.

Deus quibus esse producendo tribuit temporale, iisdem providendo bene esse temporale procurat ; quibus autem eternum esse sua incomparabili largitate concessit, iis bene esse non tam ad tempus dirigit quam in eternum, unde his res ita disponit in tempore, ut quamvis non videantur his bone, qui ipsam non vident eternitatem, tamen sint apud illos optime semper qui quo pacto tempus eternitati serviat non ignorant.

Quod autem mentibus vitam tribuerit sempiternam, nunc ab ipsa ratione et luce breviter perspicua rationis luce monstrabimus.

dans la nature incorporelle rectrice des corps, longtemps avant d'exister dans le sarment. Cette nature ouvrière de la vigne a figuré, à travers sa forme propre, la forme de la vrille dans une telle matière en vue d'un tel acte [140]. Est-ce que cet acte dans cette nature a dirigé selon un mode de la nature, ou selon un dessein de la volonté ? Assurément selon l'un et l'autre. Mais du côté de la nature il y avait identité de la forme de l'agent et du modèle de l'effet lui-même, tandis que du côté de la volonté, il y avait une finalité. Or là où se trouve le dessein de la volonté ouvrière, là est l'intelligence. Aussi l'intelligence divine commande-t-elle à toutes les réalités corporelles, elle qui embrasse selon un mode intellectuel les formes de toutes les réalités corporelles, dirige chacune vers ses propres fins, et enfin les ramènent toutes à l'unité [141]. Parmi toutes ces intelligences, Dieu soigne et chérit très volontiers non seulement les intelligences angéliques mais aussi les intelligences humaines, comme si elles étaient ses filles procréées très près de lui. En effet, comme elles sont indivisibles et séparables ou séparées de la matière, elles ne peuvent être préalablement réduites à une partie ou une matière ; et pour produire une réalité à partir du néant qui, semble-t-il, diffère infiniment de l'être même, seule une vertu infinie est requise [142].

TOUTES LES INTELLIGENCES SONT INDIVISIBLES, SÉPARABLES DE LA MATIÈRE, ET PERPÉTUELLES.

Que les intelligences indivisibles soient séparées ou séparables de la matière est patent, dans la mesure où elles atteignent la raison elle-même indivisible et tout à fait séparée par le biais de laquelle maintes réalités indivisibles et séparées sont et sont connues, la raison, dis-je, en tant qu'elle-même est indivisible et séparée. Et de même que les lignes ne peuvent toucher le centre indivisible autrement que par l'intermédiaire de leur propre point indivisible, de même nous ne pouvons atteindre la nature indivisible et secrète si ce n'est par le canal d'une vertu indivisible et secrète.

À ceux à qui Dieu attribue temporellement l'être en les produisant, il leur procure aussi temporellement l'être bien en les veillant ; mais à ceux à qui il a accordé l'être éternel dans son incomparable largesse, il oriente leur être bien non pas tant vers le temporel que vers l'éternel – de là qu'il dispose pour eux les choses dans le temps de telle manière que, quoiqu'elles ne paraissent pas comme bien à ceux qui ne voient pas l'éternité elle-même, ces choses soient cependant toujours le meilleur auprès de ceux qui n'ignorent pas comment le temps est soumis à l'éternité.

Or que Dieu a attribué aux intelligences une vie perpétuelle, nous le montrerons désormais brièvement à partir de la raison elle-même et de la lumière, la lumière transparente de la raison.

A ratione primum hunc in modum; si rei cuiusque ratio, que propria speciei definitione monstratur, aliter se habere non potest, quicunque dubitat utrum summa ipsa rationum ratio aliter habere se possit, is tunc vel ratione non utitur vel abutitur. Summa igitur ratio est eterna sive potius est eternitas. Hec mentibus omnibus passim sese insinuat, qua ubicunque placuerit pro arbitrio possint ratiocinari. Atque eousque quandam eternitatis sue largitur proprietatem, quousque sub rationis ipsius munere, hoc est ratiocinatione, eterne rerum rationes, in quantum eterne sunt, capiuntur; ac rationis eternitas ratioque eternitatis sua quadam definitione comprehenditur.

A luce deinde hunc in modum : immensam divini Solis lucem inextinguibilem esse non dubitant quicunque umbratilem eius imaginem in celesti Sole lucentem extingui nunquam animadvertunt, siquidem in summo puroque actus cuiuslibet actu nulla potest passio vel privatio fingi, sicuti neque vel in potentia infima ullus actus vel in mera privatione habitus ullus. Lux illa supercelestis per omnes mentes supercelestia cogitantes, quasi stellas, pro natura cuiusque late diffunditur; eatenus vero suam illam inextinguibilem servat proprietatem, quatenus per eam quod extingui non potest ab eo quod extingui potest quadam rationis luce discernitur. Et qua ratione vel hoc extinguibile sit vel illud inextinguibile demonstratur : nempe sub ratione inextinguibilis proprietatis lux illa tributa est ubicunque ratio inextinguibilis cuiusque nature perspicitur. Et summus ipse nature lucisque cuiusque fons siti quadam naturali proprie queritur, amatur et colitur.

À partir de la raison d'abord sur ce mode : si la raison de quelque réalité, qui se fait connaître par la définition propre de son espèce[143], ne peut se trouver autrement, quiconque se demande si la raison elle-même souveraine des raisons peut se trouver autrement n'utilise pas sa raison ou en abuse. Aussi la souveraine raison est-elle éternelle, ou plutôt est-elle l'éternité. C'est elle qui s'introduit partout dans toutes les intelligences, faisant qu'elles puissent raisonner à leur guise partout où il leur plaît. Et les raisons éternelles des choses, dans la mesure où elles sont éternelles, sont saisies jusqu'où se répand une certaine propriété de l'éternité, sous la faveur de la raison elle-même, à savoir grâce au raisonnement; et l'éternité de la raison et la raison de l'éternité sont embrassées dans leur propre définition.

À partir de la lumière ensuite sur ce mode : tous ceux qui ne doutent pas que la lumière immense du Soleil divin soit inextinguible remarquent que son image ombratile, qui brille dans le Soleil céleste[144], ne s'éteint jamais, puisque, dans l'acte souverain et pur qui préside à tout acte, nulle passion ou privation ne saurait s'imaginer, de même qu'il n'y a aucun acte dans la puissance la plus basse et aucun état dans la privation pure. Cette lumière supracéleste, à travers toutes les intelligences qui se représentent les réalités supracélestes, comme si elles étaient des étoiles, se diffuse abondamment en fonction de la nature de chacune; on discerne à la lumière de la raison jusqu'où la lumière conserve cette propriété inextinguible qui est la sienne, en tant que par elle ce qui ne peut s'éteindre transite par ce qui peut s'éteindre. Et par cette raison se démontre que ceci est extinguible ou ceci inextinguible : sous la raison de cette propriété inextinguible, n'est-ce pas, cette lumière est attribuée partout où la raison inextinguible de chaque nature est perçue. Et c'est une certaine soif naturelle qui fait proprement rechercher, aimer et cultiver la souveraine source elle-même de chaque nature et de chaque lumière.

MARSILII FICINI FLORENTINI AD IOHANNEM CAVALCANTEM AMICUM UNICUM

DE RAPTU PAULI AD TERTIUM CELUM ET ANIMI IMMORTALITATE

Non licet nobis, mi Iohannes, his temporibus ob epidemie suspitionem una, sicuti consuevimus, familiariter in terra vitam agere. Verum quidnam prohibet interim nos in celo, ubi nulla pestis formido sollicitat, conversari ? Ergo, amice, age iam, refugiamus in celum. At, inquies, forsitan : « In quodnam e multis potissimum ? ». In illud certe cuius radiis inflammati tamdiu in terra celestem una vitam agimus. Numquid meministi, Iohannes, cum olim nobiscum in edibus tuis cenaret ille probatissimus Bernardus Renerius noster, que de raptu Pauli in tertium celum disseruimus ? Instauremus convivium illud hodie ut in eo invita epidimia convivamus.

DIALOGUS INTER PAULUM ET ANIMAM : QUOD AD DEUM NON ASCENDITUR SINE DEO. ET DE FIDE, SPE, CHARITATE

Marsilius. Dic, oro, beatissime Paule, si modo licet homini loqui, quomodo in celum ascenderis et cur in tertium ?

Paulus. Absit a nobis, absit, Marsili, procul impietas tam superba, ut illuc ascendisse dixerimus. Nolo enim me ipso in huiusmodi revelationibus gloriari. Gloria mea omnis solus ille rex glorie Deus. Non ergo ascendi, Marsili, sed raptus sum in celum. Gravia elementa mundi alta non petunt, nisi eleventur ab altis ; incole terre celestes non scandunt gradus, nisi celestis pater traxerit illos.

MARSILE FICIN LE FLORENTIN À SON UNIQUE AMI, GIOVANNI CAVALCANTI[145]

DU RAVISSEMENT DE PAUL AU TROISIÈME CIEL ET DE L'IMMORTALITÉ DE L'ÂME

En ces temps où règne le soupçon de l'épidémie, mon cher Jean, il ne nous est pas permis, comme nous y sommes accoutumés, de vivre ensemble sur la terre. Mais quelque chose empêche-t-il cependant que nous nous retrouvions au ciel, où la crainte de la peste ne suscite aucune inquiétude? Aussi, mon ami, allons, réfugions-nous dorénavant au ciel. Peut-être me diras-tu : « dans lequel aller, lequel importe plus que les autres ? » Assurément dans le ciel dont les rayons nous ont si longtemps enflammés, que nous menons ensemble sur cette terre une vie céleste. Te souviens-tu, Giovanni, alors que naguère le très estimé Bernardo Reneri[146] dînait en notre compagnie dans ta demeure, que nous discourûmes sur le ravissement de Paul au troisième ciel? Reprenons aujourd'hui ce banquet afin que, malgré l'épidémie, nous nous réunissions.

DIALOGUE ENTRE PAUL ET L'ÂME : QU'ON NE S'ÉLÈVE PAS À DIEU SANS DIEU. ET DE LA FOI, DE L'ESPÉRANCE, DE LA CHARITÉ[147]

Marsile. Dis-moi, je t'en prie, très heureux Paul, du moins s'il est permis à l'homme d'en parler, comment es-tu monté au ciel, et pourquoi jusqu'au troisième ciel[148] ?

Paul. Loin de nous, loin de nous, Marsile, l'impiété si orgueilleuse[149] d'avoir déclaré être monté là-haut. Je ne veux pas que mon moi se glorifie en de telles révélations[150]. Ma gloire est ce seul roi de toute gloire, Dieu[151]. Aussi n'est-ce pas une ascension, Marsile, mais un ravissement qui me mena au ciel. Les éléments lourds du monde ne gagnent pas les hauteurs, s'ils n'y sont par elles élevés; les habitants de la terre ne gravissent pas les degrés célestes, à moins que le Père du ciel ne les y ait entraînés[152].

Marsilius. Doce obsecro et hoc, Paule, per illum qui te rapuit, quosnam ille ex omnibus rapit potissimum?

Paulus. An hoc ignoras, quod nemo potest, quisquis vel rapit aliquid vel rapitur, ignorare? Rapit ille pre ceteris quem amat ardentius: ardenter amat amantem. Non vult benignissimus ille raptor abs te aliud, quo feliciter rapiaris ab ipso, nisi ut vel mediocriter velis rapi; sed hoc quoque nunquam velles, nisi ille antea voluisset. Quemadmodum Luna non refulget in Solem, nisi a Sole prius accensa, sic ipsum non amas amorem, nisi amore ipso te amante atque afficiente fueris inflammatus. Hunc rursus non invocas, instar echo, nisi prius te vocantem; non apprehendis eum, sicuti neque locum, nisi comprehendentem: finita quidem ut plurimum capere potes, etiam si ab illis non capiaris, infinitum vero capere nihil aliud est quam capi. Et quemadmodum imago in speculo non respicit vultum, nisi ipsam vultus aspiciat, immo etiam, quando hec vultum videtur aspicere, nihil hoc aliud est quam aspici hanc a vultu; rursus quemadmodum actio motusque non metiuntur nobis tempus, nisi tempus hec ipsa revera dimetiatur, sic anima neque respicit Deum, nisi ipsam prius aspicientem, neque iudicat nisi diiudicantem.

Marsilius. Sed age, o nimium dilecte Deo, doce nos tertio: cur in tertium celum maxime fueris elevatus, ut invisibile illud videres, quod et ubique est sicut in tertio, ac si usquam est precipue, est potius in supremo?

Paulus. Non sic, ha nimium terrestris homo, non sic supercelestia capiuntur. Mitte secundi celi argutias a Mercurio adinventas; mitte sexti leges conditas, ut vultis, ab Iove; mitte septimi philosophiam, ut aiunt, hominibus a Saturno donatam. Non attingunt ista veritatem ipsam, Mercurii, Iovis, Saturni procreatricem. Vis Solem attingere quarto currentem celo, in quo rex ille mundi suum posuit tabernaculum? Eia scande celi tertii dorsum quarto contiguum: Venus illic tibi protinus, quoad ipsa poterit, largietur quod alii prestare non potuerunt. Dare dicitur Venus amorem vulgo vulgarem. Auget certe eius angelus egregiam viris egregiis charitatem, charitatem, inquam, a triplici supercelesti celo tam in celum tertium eiusque angelum quam in nostrum animum influentem, hanc siquidem Sanctus Dei Spiritus primum Seraphinis inurit, illi secundo Principatibus principale huius mysterium obsequiumque iniungunt, hi tertiam regentes speram accendunt ibi Veneris angelum, unde charitas insita vobis a Deo continue alitur, adolescit atque perficitur.

Marsile. Enseigne-moi aussi, Paul, je t'en prie, au nom de celui qui te ravit, lesquels le Dieu tout-puissant ravit.

Paul. Ignores-tu ce que personne, ravisseur ou ravi, ne saurait ignorer ? Dieu avant tout ravit celui qu'il aime très ardemment : ardemment, il aime qui l'aime [153]. Ce ravisseur des plus bienveillants ne veut rien d'autre pour toi que t'accorder la félicité en te ravissant, à moins que tu ne te satisfasses d'un ravissement ordinaire ; mais cela encore, jamais tu ne le voudrais si lui ne l'avait auparavant voulu [154]. Comme la Lune ne renvoie pas son éclat au Soleil si le Soleil ne l'a au préalable embrasée [155], ainsi tu n'aimes pas l'amour divin, si lui-même de son amour et de son inspiration ne t'a enflammé [156]. Dieu, tu ne l'invoques pas en retour, à l'instar d'Écho [157], s'il ne s'adresse d'abord à toi ; tu ne l'appréhendes pas si, comme le lieu, il ne t'embrasse [158] : les réalités finies, tu peux en saisir un nombre très grand sans que pour autant elles te saisissent, mais saisir l'infini revient à être saisi. Ainsi de l'image dans le miroir qui ne se retourne pas vers le visage si ce visage ne la regarde et où, plus encore quand elle semble regarder le visage, il n'y a que le visage qui la voie [159] ; derechef, de même que l'action et le mouvement ne mesurent pas pour nous le temps, à moins que le temps ne les mesure réellement, de même l'âme ne se retourne pas vers Dieu, à moins que Dieu préalablement ne la considère, ni elle ne rend un jugement à moins que Dieu ne tranche [160].

Marsile. Mais allons, ô toi que Dieu a tant chéri, enseigne-nous pour la troisième fois : pourquoi fus-tu surtout élevé au troisième ciel, pour voir cet invisible qui est et partout comme au troisième ciel, et, s'il est principalement en un lieu, est-il plutôt au faîte suprême ?

Paul. Non ce n'est pas ainsi, homme par trop terrestre, non ce n'est pas ainsi que se comprennent les choses supracélestes. Laisse de côté les subtilités du second ciel découvertes par Mercure [161] ; laisse de côté les lois du sixième ciel rédigées, comme tu le veux, par Jupiter ; laisse de côté la philosophie du septième ciel offerte, dit-on, aux hommes par Saturne [162]. Voilà qui ne saurait toucher à la vérité, elle-même procréatrice de Mercure, Jupiter et Saturne [163]. Veux-tu atteindre le Soleil qui parcourt le quatrième ciel, où le Roi du monde a placé son tabernacle [164] ? Allons, courage, gravis le dos du troisième ciel contigu au quatrième : là Vénus, autant qu'elle le pourra, te prodiguera aussitôt ce que les autres planètes ne purent te procurer. Vénus, à ce qu'on rapporte, accorde au vulgaire un amour vulgaire [165]. Mais assurément, à l'endroit des hommes supérieurs, son ange honore d'une charité supérieure, une charité, dis-je, qui depuis le triple ciel supracéleste s'écoule tant dans le troisième ciel et son ange que dans notre esprit [166], cette charité, en effet, l'Esprit Saint de Dieu l'imprime d'abord par le feu aux Séraphins [167], puis ceux-ci en appliquent aux Principautés le mystère originel et la complaisance [168], ces dernières qui régissent la troisième sphère embrasent alors l'ange de Vénus, ainsi la charité qui est en vous est-elle toujours nourrie, accrue et achevée par Dieu.

Quid plura? Visne dimissis ambagibus breviori tramite Solis attingere Solem? Primum sit tibi celum fides, qua firmiter credas hunc esse tibi in primis amandum, a quo et tu hoc ipsum habes, quod possis amare quicquid usquam ames, et que diliguntur id ipsum quod diligenda sint, habent. Secundum spes, per quam proculdubio expectes ardenter redamari ab illo, quem nisi ante amatus ab eo amare non posses. Tertium charitas, que te et sponte cogat et necessario alliciat, ceteris omnino dimissis, illum amplecti, quo solo dimisso nihil possides; quem si possides solum, nihil est ex omnibus quod dimiseris, sine cuius ulnis neque amplecti te ipsum vales neque alia neque illum.

Hic ego, o Anima, nimium vagabunda, hic solum pretiosissima Dei penetralia penetravi, que, nisi a patre familias aperiantur, non videntur. Non autem panditur domus omnipotentis Olympi, nisi mentibus hoc ipsum fide querentibus, spe petentibus, charitate pulsantibus. Charitas autem aliorum finis est omniumque perfectio, cuius igniculis quondam accensus Helias igneo quodam curru raptus ad celum fuit, cuius et ego flammis raptus sum ad celum. Denique hoc tibi maneat alta mente repostum : frigus a tenebris, tenebre a morte dependent; calor autem a lumine, lumen dependet a vita. Quapropter frigus ad tenebras, tenebre deducunt ad mortem, calor autem ad lumen, lumen perducit ad vitam.

CURRU FIDEI, SPEI, CHARITATIS SEPTIES IN TERTIUM ASCENDITUR CELUM. PRIMO QUIDEM PER VIRTUTES CIVILES, PURGATORIAS ANIMIQUE PURGATI

Trino autem hoc celo quasi vehiculo quodam – id est fide recta, spe firma, ardentissima charitate – septies percurres triplex celum, ubi dulcem patrem patriamque revises, unde terque quaterque, id est septies, felix evades. Primo quidem horum trium meritis tria quoque virtutum tibi genera divinitus donabuntur – civiles virtutes et purgatorie animique purgati –, que quidem faciant ut nescias utrum in corpore sis an extra corpus; quibus formatus exemplares denique virtutes attinges, que nihil aliud sunt quam Deus. Videbis enim, tractus a Domini spiritu a claritate in claritatem, in tribus his generibus rationem virtutis magis gradatim magisque proficere. Quod quidem fieri non posse cognosces nisi propinquiore quodam rursusque propinquiore accessu ad divinam ipsam summamque virtutis ideam, ut in eandem imaginem transformeris.

Quoi de plus? Veux-tu, une fois dissipée toute ambiguïté, atteindre par le sentier le plus court le Soleil du Soleil[169]? Que ton premier ciel soit la foi, par laquelle tu croies fermement à l'obligation initiale d'aimer Dieu de qui tu tiens ce pouvoir d'aimer tout ce que tu aimes partout, et de qui les objets de dilection tiennent cela même qui oblige à leur dilection. Que ton second ciel soit l'espérance par laquelle, indubitablement, tu attendes avec ardeur l'amour réciproque de celui que tu ne saurais aimer, à moins qu'il ne t'ait aimé auparavant[170]. Que ton troisième ciel soit la charité, laquelle spontanément te conduise et nécessairement te mène, une fois abandonné absolument tout le reste, à embrasser celui dont la seule absence te prive de tout, et dont la seule possession ne te prive de rien puisque sa présence tient lieu de tout, lui sans les bras duquel il ne t'est loisible d'embrasser ni toi, ni d'autres choses, ni lui[171]. Et là, ô Âme par trop vagabonde, là seulement, j'ai pénétré les plus précieux secrets de Dieu[172], lesquels, à moins que le maître de maison ne les découvre, n'apparaissent pas. La demeure du tout-puissant Olympe ne s'ouvre pas[173], sinon aux esprits qui le cherchent par la foi, le réclament par l'espérance et frappent à sa porte par la charité. Quant à la charité, elle constitue le terme de la foi comme de l'espérance et la perfection de toutes choses, elle dont les étincelles autrefois enflammèrent Élie ravi au ciel sur un char de feu[174], un char qui dans ses flammes me ravit moi aussi jusqu'au ciel. Enfin, garde ceci toujours vivant au fond de ton cœur[175] : le froid dépend des ténèbres, les ténèbres de la mort; mais la chaleur dépend de la lumière, la lumière de la vie. Aussi le froid conduit-il aux ténèbres, les ténèbres à la mort, la chaleur quant à elle mène à la lumière et la lumière à la vie[176].

SUR LE CHAR DE LA FOI, DE L'ESPÉRANCE, DE LA CHARITÉ, SEPT FOIS ON MONTE AU TROISIÈME CIEL. LA PREMIÈRE FOIS PAR LES VERTUS CIVILES, LES VERTUS PURGATOIRES ET LES VERTUS DE L'ESPRIT PURIFIÉ

Avec ce triple ciel comme char – à savoir la foi droite, l'espérance ferme, et la charité très ardente – tu parcourras sept fois le triple ciel, où tu reverras le Père chéri et la patrie[177], et d'où, trois et quatre fois[178], c'est-à-dire sept, tu sortiras bienheureux. La première fois, la volonté divine récompensera les mérites de ta foi, de ton espérance et de ta charité, en t'accordant trois genres de vertus[179] – d'abord les vertus civiles, les vertus purgatoires et les vertus de l'esprit purifié[180] –, lesquelles font que tu ignores si tu te trouves dans ou hors le corps[181] ; et quand elles t'auront formé, tu atteindras enfin les vertus originaires qui ne sont rien d'autre que Dieu[182]. En effet tu verras, toi que l'Esprit du Seigneur aura entraîné de clarté en clarté[183], la raison de la vertu croître progressivement au sein de ces trois genres. Et, à moins d'accéder plus près et encore plus près de la divine et souveraine idée de la vertu, tu sauras qu'il ne peut t'être donné de te transformer en son image[184].

SECUNDO IN CELUM ITUR TERTIUM PER REGIONEM PLANETARUM, PER CELUM STELLIFERUM, PER CHRISTALLINUM

Secundo per planetarum septem regionem, quod celum quasi primum vagumque est, ad speram transibis octavam, quod est ordinatissimum siderum firmamentum celumque secundum. Ab hoc, quia motu gemino agitatur atque diverso, ad christallinum, id est perspicuum nitidumque, te conferes, quasi tertium quoddam celum, cuius unus est motus et simplex. Ibi aque, que super celos sunt, laudant nomen Domini. Ex huius vertice statim in empyreo, quod totum ardor quidam est saluberimus, agnosces vitale illud Dei lumen, cuius exuberante bonitate tantus tamque saluber illic ardor accenditur, planissimeque perspicies et divinum lumen veritatemque ipsam in ardore illo, id est amore, potissimum habitare tanquam in tabernaculo Solis, et ardorem illum lumine nasci atque vigere.

TERTIO TERTIUM CELUM SCANDITUR PER MUNDUM VISIBILEM, PER MUNDUM PHANTASTICUM, PER MUNDUM INTELLIGIBILEM

Tertio totum mundi corpus tanquam celum unum transibis oculis manifestum atque ad eius imaginem phantasia depictam tanquam secundum celum te conferes. Deinde et universum corpus visibile et imaginem corporis phantasticam dimittens, ad naturam ipsam, qua necessario constat, et rationem, qua definitur, intelligentia perges, quod tertium tibi erit in mente celum super sensum et phantasiam. Hic subito intelligentie tue intelligentia divina subrutilat. Quid enim aliud est ratio universi partiumque illius quam ars illa eterna qua eum suus disposuit architectus? Si enim a corporeo quodam artificio materiam relicto ordine subtrahas, quod reliquum est mens est artificis tue iam menti conspicua.

QUARTO TERTIUM CELUM PETITUR PER SPIRITUS IRRATIONALES, RATIONALES, INTELLECTUALES

Quarto esto primum tibi celum spiritus omnis infra tuum; secundum tuus spiritus sit ob rationis munus, quo irrationalia iudicat quidem, sed ab eis non iudicatur, illis longe prestantior; tertium angelus, qui oculus quidam est

LA SECONDE FOIS, ON GAGNE LE TROISIÈME CIEL PAR LA RÉGION DES PLANÈTES, LE CIEL STELLIFÈRE ET LE CIEL CRISTALLIN

Par la région des sept planètes, laquelle n'est pour ainsi dire que le ciel premier et vagabond, tu passeras deuxièmement à la huitième sphère qui constitue le firmament le plus ordonné des étoiles et le second ciel. Parce qu'un mouvement double et opposé meut ce dernier, tu te rapprocheras ensuite du cristallin, à savoir de ce qui est limpide et brillant[185], comme du troisième ciel, lui dont le mouvement est unique et simple[186]. C'est là que les eaux supracélestes chantent le nom du Seigneur[187]. Du sommet du cristallin aussitôt dans l'empyrée qui est entièrement une sorte de feu très salubre[188], tu reconnaîtras cette lumière de Dieu, dont l'exubérante bonté embrase ce feu si grand et si salubre, alors tu percevras très clairement que la lumière divine et la vérité elle-même résident surtout en ce feu, c'est-à-dire dans cet amour, comme dans le tabernacle du Soleil, et que ce feu naît et se fortifie de la lumière divine.

LA TROISIÈME FOIS, ON GRIMPE AU TROISIÈME CIEL PAR LE MONDE VISIBLE, LE MONDE PHANTASTIQUE, ET LE MONDE INTELLIGIBLE

Troisièmement, tu traverseras le corps tout entier du monde comme s'il ne formait qu'un seul ciel visible, puis, tu te rapprocheras de son image dépeinte en la phantaisie[189] comme s'il s'agissait du second ciel. Renonçant ensuite et au corps universel visible et à l'image phantastique de ce corps, tu atteindras grâce à l'intelligence sa nature même par laquelle il existe nécessairement, ainsi que la raison qui le définit; ce qui constituera en ton esprit le troisième ciel au-dessus du sens et de la phantaisie[190]. C'est là que l'intelligence divine devient subitement assez claire à ton intelligence. En effet, la raison de l'univers comme de ses parties est-elle autre chose que cet art éternel entre les mains de son architecte qui ordonna toutes choses ? Si quelque artifice corporel te permettait de soustraire la matière[191] tout en laissant l'ordre[192], le reliquat serait l'intelligence de l'artiste désormais visible à ta propre intelligence.

LA QUATRIÈME FOIS, ON REJOINT LE TROISIÈME CIEL PAR LES ESPRITS IRRATIONNELS, RATIONNELS ET INTELLECTUELS

Quatrièmement: le premier ciel soit pour toi tout esprit inférieur au tien; le second soit ton esprit à cause de la fonction rationnelle par quoi il juge l'irrationnel, mais n'est pas jugé par lui, étant de beaucoup plus supérieur à ce dernier[193]; le troisième soit l'ange qui est une espèce d'œil très lumineux[194],

lucidissimus, cui quidem nota momento stabili sunt que tu temporali quodam discursu aucuparis. In angelo Deum continuo conspice, tanquam lumen in oculo lucido et in momento stabili eternitatem.

QUINTO AD TERTIUM TRANSITUR CELUM PER TRES ANGELICAS HIERARCHIAS

Quinto scito quemadmodum in te, qui parvus es mundus, tres sunt spiritus – naturalis in iecore, vitalis in corde, animalis in cerebro, quo solo finitum percipis lumen –, ita circa ampliorem hunc mundum tres esse spirituum exercitus divinorum, quasi tres speras intelligibiles circa divinum centrum iugiter se volventes; sed alios regionem mundi Lune subiectam precipue gubernare, alios celestia regere, alios super celi verticem volitare.

TENEBRE LUCIDE, LUX TENEBROSA, LUX MERA. NOVEM ANGELORUM CHORI

Volito et ego hac et illac ad votum alis sublatus Seraphinorum. Etsi nihil usquam reperio extra immensum bonum, quod universum et omnino intrinsecus imbuit et infinite extrinsecus ambit, tamen quicquid reperio quod non sit ipsum bonum video ex lucidis quibusdam tenebris et tenebrosa quadam luce componi. Scio neque tenebras posse se ipsas illuminare neque lucem a tenebris comprehensam ex se ipsa lucere, alioquin in se vigeret ac purissime plenissimeque luceret. Lucere ergo eam animadverto ex ipsa luce, in qua tenebre non sunt ulle, ideoque, quando lucet in tenebris, tenebre ipsam non comprehendunt. Hoc autem est absolutum ipsum in se bonum, neque subiecti neque cause neque graduum neque loci neque temporis limitibus comprehensum. Quoniam vero omnia naturali instinctu bonum appetunt tanquam finem, quo solo perficiantur, concludo bonum idem esse principium a quo cuncta efficiantur. Hoc cum ex se et sui gratia efficiat omnia et perficiat, certe ad sui ipsius exemplar tanquam medium cuncta disponit. Est ergo principium, medium, finisque cunctorum, et quia omnino indivisibile est, in quolibet trium continentur et reliqua. Finis autem actionis movet quodammodo principium ad agendum, principium movet exemplar operis atque formam.

pour qui la connaissance des choses que tu guettes en une certaine discontinuité temporelle intervient en un instant stable [195]. Dans l'ange, contemple continûment Dieu comme la lumière dans l'œil lumineux, et l'éternité dans l'instant stable.

LA CINQUIÈME FOIS, ON TRAVERSE LE TROISIÈME CIEL PAR LES HIÉRARCHIES ANGÉLIQUES

Cinquièmement, sache-le : de même que tu es un petit monde [196] où se trouvent trois esprits – naturel dans le foie, vital dans le cœur, animal dans le cerveau [197] (lui seul te fait percevoir la lumière finie) [198] –, de même autour de ce monde plus grand se tiennent trois troupes d'esprits divins qui sont comme trois sphères intelligibles, accomplissant leur constante révolution autour du centre divin ; mais les unes gouvernent principalement la région du monde sublunaire, les autres les réalités célestes, d'autres volent au-dessus du sommet du ciel.

TÉNÈBRES LUMINEUSES, LUMIÈRE TÉNÉBREUSE, LUMIÈRE PURE. NEUF CHŒURS DES ANGES

Et moi aussi, soulevé par les ailes des Séraphins, je vole selon mes souhaits ici et là [199]. Et si je ne trouve rien nulle part hormis le bien immense, qui abreuve l'univers absolument du dedans et l'embrasse infiniment du dehors, toutefois, je découvre quelque chose qui ne saurait être le bien lui-même, je vois quelque chose composé de certaines ténèbres lumineuses, d'une certaine lumière ténébreuse. Je le sais : ni les ténèbres ne peuvent s'illuminer elles-mêmes, ni la lumière embrassée par les ténèbres briller d'elle-même, sans quoi elle tirerait sa force de soi, et brillerait le plus purement et le plus pleinement. Donc elle brille, je le remarque, d'une lumière où il n'y a pas de ténèbres [200], ainsi, quand elle brille dans les ténèbres, elle n'est pas embrassée par elles [201]. Or tel est le bien absolu en soi, lui que n'embrasse aucune limite ni de sujet, ni de cause, ni de degré, ni de lieu, ni de temps [202]. Et dans la mesure où toutes choses, en vertu d'une impulsion naturelle, désirent le bien comme la seule fin susceptible de les parfaire [203], je conclus que ce même bien est le principe capable de faire toutes choses. Puisque à partir de lui et grâce à lui toutes choses sont faites et parfaites [204], il est certain qu'il ordonne la totalité conformément à son propre modèle qui en est pour ainsi dire le centre. Aussi est-il le principe, le milieu et la fin de toutes choses [205], et, parce qu'il est absolument indivisible, dans n'importe lequel des trois les autres sont également contenus. La fin de l'action d'une certaine façon détermine le principe à agir, le principe détermine le modèle de l'œuvre et la forme.

Huc omnes beati spiritus assidue oculos mentis intendunt, singuli tria hec intuentur, sed diversa ratione diversi, atque in his inspiciunt veras rerum omnium que in universo sunt rationes. Seraphini finem ipsum magis attentiusque quam reliqua contemplantur; Cherubini in fine principium, Throni in fine medium speculantur; Dominationes autem ipsum principium, Virtutes in principio finem, Potestates medium in principio; Principatus etsi mirantur omnia, tamen medium proprius et, ut ita dicam, libentius intuentur; Archangeli in medio finem, Angeli principium in medio contemplantur.

Felices anime pro diversis pie vite meritis morumque ad angelos diversos similitudine novem gradibus in speris patrie novem, secuntur novem ordines Angelorum. Mitto libenter animas infelices, que infra Lunam sub tetra caligine, ubi eas novies Styx interfusa cohercet, novem turbas malignorum spirituum comitantur.

DEI LUMEN IN ARDORE EMPYREI CELI REFULGET

Cum dimisi spiritus tenebrarum, subito e summa lucentium spirituum specula lumen mihi coruscavit immensum. Vidi illic Seraphinos amore ardentes immenso. In ardore huiusmodi lumen infiniti boni infinitum mihi refulsit. Sepenumero cogitaveram ante raptum, si bonum ipsum est voluntatis potiusquam intellectus obiectum, sequi ut animus voluntatis flagrantia ipso bono fruatur magis quam intelligentie claritate. Agnovi illic statim raptus me vera cogitavisse, cum viderem non Cherubinorum scientiam, immo charitatem Seraphinorum Deo esse quam proximam. Merito, cum boni natura sit ut appetatur, et appetibilis ipsius ratio ut sit bonum, infinitum ipsum bonum proxime sequitur flagrantissimus amor subitoque consequitur.

SEXTO IN TERTIUM CONFUGITUR CELUM PER TRES TRINITATIS PERSONAS

Huc age, me sequere sexto, quantum potes, o Mens proprie infiniti boni ipsius avida, Mens proprie infiniti filia boni. Ha propera, nec te pigeat; nam potes, o bona Mens, tantum quantum velis : ubi enim sola voluntate proceditur et proficitur, ibi sequi nihil aliud est quam velle sequi. Bono igitur animo esto. Nempe si

C'est là que tous les esprits bienheureux concentrent assidûment leur regard intellectuel, chacun en particulier regarde ces trois, mais diversement selon une raison diverse, et ils y voient les raisons véritables de toutes les choses dans l'univers. Plus proprement et attentivement que les autres, les Séraphins contemplent la fin elle-même; les Chérubins contemplent le principe dans la fin, les Trônes observent le centre dans la fin; les Dominations quant à elles le principe lui-même, les Vertus la fin dans le principe, les Puissances le centre dans le principe; les Principautés, si admiratives soient-elles de tout, c'est pourtant le centre qu'elles regardent plus durablement, et, si j'ose dire, plus volontiers; les Archanges contemplent la fin dans le centre, les Anges le principe dans le centre [206].

D'après les divers mérites de leur vie pieuse et de leurs mœurs, les âmes bienheureuses, conformément aux différents anges dans les neuf sphères de la patrie céleste [207], suivent selon neuf degrés les neuf ordres angéliques [208]. Je laisse avec plaisir de côté les âmes malheureuses qui, dessous la Lune sous l'affreuse obscurité, là où le Styx neuf fois les tient prisonnières de ses replis [209], accompagnent les neuf troupes des esprits mauvais [210].

LA LUMIÈRE DE DIEU RESPLENDIT DANS LE FEU DU CIEL EMPYRÉEN

Lorsque j'eus laissé les esprits de ténèbres, au sommet la lumière immense des esprits lumineux heurta subitement le miroir de mes yeux. Je vis là-bas les Séraphins brûlant d'un immense amour. Au sein d'une telle ardeur [211], la lumière infinie du bien infini m'envoya son éclat. Avant mon ravissement, j'avais souvent songé que, si le bien est davantage l'objet de la volonté que de l'intellect, il découle que c'est par l'embrasement de la volonté que l'esprit jouit du bien lui-même, plus que par la clarté de l'intelligence [212]. Aussitôt ravi, je reconnus la véracité de ma pensée, quand je vis que ce n'était pas la science des Chérubins, mais, au contraire, la charité des Séraphins qui se trouvait ô combien plus proche de Dieu. Puisque la nature du bien est qu'il soit désiré [213], et la raison de ce désirable qu'il soit le bien infini, l'amour plein d'ardeur suit de très près et rejoint immédiatement le bien infini lui-même [214].

LA SIXIÈME FOIS, ON SE RÉFUGIE AU TROISIÈME CIEL PAR LES TROIS PERSONNES DE LA TRINITÉ

Allons-y, suis-moi, autant que tu le peux, au sixième degré, ô Intelligence proprement avide du bien infini, ô Intelligence qui est proprement la fille du bien infini. Ah, dépêche-toi et ne sois point contrariée; car, ô bonne Intelligence, tu peux autant que tu veux [215]: en effet, où la volonté seule fait avancer et progresser, là suivre n'est rien d'autre que vouloir suivre. Aie donc l'esprit bien disposé. Il est évident que si la fin vers laquelle tu es mue en quelque sorte sans fin

finis ad quem quodammodo sine fine moveris proprie est infinitum bonum, necessario principium a quo proprie moveris est infinitum bonum. Quod quidem cum ex se ipso suique ipsius gratia sit omniumque origo, certe ex se et sui gratia movet omnia, precipue vero ac proprie spiritum, precipue hoc ipsum et proprie appetentem. Pater tuus usque adeo bonus, quando non male, id est non frustra, tibi dedit ut naturaliter huiusmodi bonum usque adeo sequi velles, dedit simul ut et assequi quandoque posses et consequi. In rerum ordine, sicut nosti, bona sunt omnia, precipue quia pulchre utiliterque ordinata sunt et bonum naturaliter appetunt. Si cuncta bona in rerum ordine in una quadam communi boni natura conveniunt, in qua cuncta bona sunt unum bonum, necessario penes rerum ordinatorem unum bonum est cuncta bona. Sane natura illa communis et una, que in multitudine omnium iacet et continetur ab omnibus, ab una quadam emanat forma que in se ipsa super omnem multitudinem est et continet omnia.

Sed ultra progredere : si quod infra rerum ordinem cogitas dicis infinite malum, cur non etiam quod supra rerum ordinem extat fateris infinite bonum ? Si ad bonum propagatio pertinet – quo enim et quando quelibet perfectiora sunt, eo et tunc magis propagari videntur – proculdubio penes infinitum bonum existit infinita propago, propago, inquam, intima : nihil enim infinitum revera existit extra ipsum. Ibi est igitur Pater et Filius. Penes Patrem bonum infinite Filiumque infinite bonum infinitus viget et amor. Si quilibet trium aeque infinitus est, etiam aequales inter se sunt atque similimi. Si infinita natura atque plenitudo, cum nihil relinquat extra se sui totumque penitus comprehendat, non nisi unica esse potest. Unica est substantia trium ; adde et simplicissima, si modo potentissima esse debeat ac tam potentia in unione consistat quam in divisione debilitas.

Iam igitur, o Anima, trina et una, spiritus unus intellectu, voluntate, memoria constans, etherem una mecum unicum conscendisti celumque trinum. Intra celum tria in uno Sole vidisti, aequalia inter se et similia, formam, figuram atque lucem, Solemque in tribus his non triplicem sed unicum iudicasti ; supra celum in una bonitatis ipsius natura propagantem invenisti ab eterno propaginem et amorem. Neque tres in his naturas sed unicam agnovisti in se ipsa se iugiter propagantem plenissime similiterque amantem ; et quod hic divinitus aspexisti haudquaquam licet aliter unquam homini loqui quam tres personas unumque Deum.

est proprement le bien infini, nécessairement le principe par quoi tu es mue en propre est le bien infini. Lequel du moins, dans la mesure où toutes choses proviennent de lui et grâce à lui, meut toutes choses à partir de lui et grâce à lui[216], mais principalement et proprement l'esprit, principalement et particulièrement celui qui un tel bien désire. Ton Père est si bon que lorsqu'il te donna – non à tort, c'est-à-dire utilement – de vouloir à ce point suivre naturellement un tel bien, simultanément, il te donna le pouvoir de l'atteindre et le moment favorable pour le rejoindre[217]. Dans l'ordre de l'univers, comme tu le sais, toutes choses sont bonnes, principalement parce qu'elles sont ordonnées selon le beau et l'utile[218] et désirent naturellement le bien[219]. Si toutes les choses bonnes dans l'ordre universel conviennent par nature dans un bien commun, où elles forment un bien unique, nécessairement entre les mains de l'ordonnateur universel un seul bien est tous les biens. Vraiment cette nature commune et unique, présente dans la multitude de toutes choses et contenue par toutes, émane d'une seule forme qui subsiste en soi-même au-dessus de toute multitude et qui contient tout.

Mais progresse plus avant : si tu penses qu'il existe quelque chose en dessous de l'ordre universel, tu dis qu'il s'agit du mal infini[220], donc, pourquoi ne pas concéder que ce qui se tient en dessus de l'ordre universel constitue le bien infini ? Si au bien appartient la propagation – puisqu'en effet plus les choses sont parfaites et plus elles paraissent se propager –, indubitablement dans le bien infini naît une propagation infinie[221], une propagation, dis-je, des plus intérieures : car rien d'infini ne naît réellement au-dehors de lui. Là se trouvent donc le Père et le Fils. Dans le Père infiniment bon, dans le Fils infiniment bon, un Amour infini aussi se fortifie[222]. Si n'importe lequel des trois est également infini, alors entre eux règnent une égalité et une parfaite similitude[223]. Si leur nature et leur plénitude sont infinies, puisqu'elles ne laissent rien hors d'elles et embrassent entièrement la totalité qui leur appartient, elles ne sauraient être qu'uniques. Une est la substance des trois ; ajoute qu'elle est encore la plus simple[224], si du moins elle doit être la plus puissante et consiste dans une union aussi puissante que la division est faible.

Donc dès maintenant, ô Âme triple et une, esprit unique consistant dans l'intellect, la volonté et la mémoire[225], tu as gravi de concert avec moi l'éther unique et le triple ciel. Au-dedans du ciel, tu as vu l'égalité et la similitude réciproque des trois en un Soleil un, et tu as jugé que la forme, la figure et la lumière constituaient dans ces trois non un triple, mais un unique Soleil[226] ; dessus le ciel, dans la nature une de la bonté même, tu as découvert la propagation éternelle du Fils et de l'Amour. Tu as reconnu qu'il n'y avait pas en eux trois natures, mais une nature unique toujours se propageant en soi-même le plus pleinement et aimant pareillement ; et là tu as aperçu divinement qu'il n'est nullement permis à l'homme d'affirmer autre chose que les trois personnes et le Dieu unique[227].

SEPTEM CIRCA ANIMAM SEPTENARII

Septimo considera mecum, o Anima, septem capitalibus sceleribus expurgata, a septem malignis spiritibus libera, quam septem planetarum munera extrinsecus ornant ut felix appareas, septem Spiritus Sancti dona intrinsecus imbuunt, septem Angeli Dei thronum circundantes ducunt ut revera sis felix; considera mecum septima hac lucis die in qua revera quiesces, hora scilicet diei septima, qua clarissime perspicies, ut septies in ea luce sis beata, que indulgere tibi, dum misera vivis, septuagies septies pollicetur.

SEPTIMO MENS TERTIUM CELUM ATTINGIT, DUM CONSIDERAT DEUM IN CREATURIS, CREATURAS IN DEO, DEUM IN SEIPSO

Considera mecum unum trinumque superceleste celum, videlicet primo Deum patrem tuum in rebus ab eo creatis, res deinde creatas in Deo, tertio Deum ipsum in semet ipso. In quod quidem tertium celum optime raptus sum olim, ut et ipse haud ulterius pessime raperer et quicunque in terris miserime rapiuntur illuc mecum beatissime raperem.

TRINITAS CREATORIS, IN NOVEM CREATURARUM TRINITATIBUS REPERITUR

Divinam Trinitatem in rebus cunctis agnosces, dum in eis novem trinitates considerabis, quas imitantur novem ordines angelorum: in una scilicet celi machina figuram lucemque et motum; in quolibet spiritu supra celum substantiam et vim et actionem; in omni spirituum numero tres hierarchias; in qualibet hierarchia tres ordines; in quovis composito sub celo materiam, formam, virtutem; in omnibus mensuram numerumque et pondus; rursus potentiam, ordinem, utilitatem; praeterea principium mediumque et finem; in te ipsa memoriam, intelligentiam, voluntatem; in scientiis naturalem, rationalem moralemque facultatem. In qualibet trinitate primum Dei potentiam Patremque refert, secundum sapientiam et Filium, tertium amorem Spiritumque benignum. Sic invisibilia Dei per ea que facta sunt intellecta conspiciuntur.

SEPT SEPTÉNAIRES AUTOUR DE L'ÂME

Septièmement, regarde avec moi, ô Âme purgée des sept péchés capitaux[228], libérée des sept esprits mauvais[229], toi que les dons des sept planètes ornent du dehors[230], pour que tu apparaisses heureuse, toi que les sept dons de l'Esprit Saint abreuvent du dedans[231], toi que conduisent les sept Anges entourant le trône de Dieu[232], pour que tu sois réellement heureuse; regarde avec moi dans ce septième jour de lumière où véritablement tu te reposeras[233], dans cette septième heure du jour[234], cela s'entend, où ton regard sera absolument clair[235], pour que sept fois tu connaisses la béatitude en cette lumière qui te promet, cependant que tu vis misérable, le pardon soixante-dix fois multiplié par sept[236].

SEPTIÈMEMENT, L'INTELLIGENCE ATTEINT LE TROISIÈME CIEL, TANDIS QU'ELLE CONSIDÈRE DIEU DANS SES CRÉATURES, LES CRÉATURES EN DIEU, DIEU EN SOI-MÊME

Avec moi, regarde le ciel supracéleste un et triple, et d'abord, évidemment, Dieu ton Père dans les œuvres qu'il a créées[237], puis les œuvres créées en Dieu[238], enfin Dieu lui-même en soi-même. Jadis je fus fort bien ravi au troisième ciel, afin de ne pas l'être plus mal, et de ravir là-haut avec moi dans la béatitude tous ceux qui sur terre sont ravis misérablement.

LA TRINITÉ DU CRÉATEUR, ON LA TROUVE DANS LES NEUF TRINITÉS DES CRÉATURES

La divine Trinité, tu la reconnaîtras dans toutes les réalités tandis que tu considèreras en elles les neuf trinités qu'imitent les neuf ordres angéliques: dans l'unique machine du ciel, tu trouveras donc la figure, la lumière et le mouvement[239]; dans n'importe quel esprit supracéleste, la substance, la puissance et l'action; dans toute catégorie d'esprits, trois hiérarchies; dans n'importe quelle hiérarchie trois ordres; dans n'importe quel composé subcéleste, la matière, la forme et la vertu; dans toutes choses, la mesure, le nombre et le poids[240]; derechef, la puissance, l'ordre et l'utilité; en outre, le principe, le milieu et la fin[241]; en toi-même, la mémoire, l'intelligence, et la volonté[242]; dans les sciences, la faculté naturelle, rationnelle et morale. Dans n'importe quelle trinité, le premier représente la Puissance divine et le Père, le second la Sagesse et le Fils, le troisième l'Amour et l'Esprit bienveillant. Ainsi est-ce par ses ouvrages qu'on perçoit et comprend les perfections invisibles de Dieu[243].

DEFINITIO ET DIVINITAS ANIMI

Hic dum in rebus tanquam divina Deum reperis, reperis et te ipsam, quippe si in corporibus invenis spiritum, in tenebris lucem, in malis bonum, in morte vitam, eternitatem in tempore, in rebus finitis infinitum, memento te esse spiritum incorporeum, lucidum natura bonumque, immortalem, eterne veritatis ac stabilitatis immensique boni capacem. Hucusque primum sit tibi celum, e cuius vertice tam Deum quam te in rebus cunctis agnoveris.

QUOD RES CREATE IN CREATORE REPERIUNTUR PER RATIONES IDEASQUE DIVINAS

Accede, amabo, ad secundum, ut inde in Deo res omnes inspicias. Cuncta Dei opera cernit in Deo quisquis dispositionem formamque domus in patrefamilias, regni in rege, artificii in artifice, scientiarum in sapiente considerat. Semper tamen huius memor : quod quecunque hi cum tempore et labore meditantur et agunt, eterna veritas infinitaque illa virtus momento prout vult et facilime peragit, presertim cum et intelligere in Deo non aliud sit quam esse et agere non aliud sit quam velle.

SICUT CUNCTE NATURALES FORME IN UNA MATERIA, SIC CUNCTE EARUM RATIONES IN UNO ARTIFICE CONGREGANTUR

Sed ecce video communem quandam in mundi machina molem, intueor formas in mole diversas, scio aliud esse formatam molem, aliud formas esse formantes, et quia molem hanc tanquam fundamentum intelligo ordine quodam antecedere formas, segrego mente hanc ab illis, eamque vel in abyssum dispergi vel colligi in punctum seorsum excogito. Servo autem utcunque possum formas. Sed in quo eas servo? In una quadam communi cunctis essentia (cuncte enim communiter in eo quod sunt conveniunt), in essentia, inquam, indivisibili formas prorsus indivisibiles (iam enim dimensiones ab iis omnibus segregavimus). Volo insuper ex qualibet rerum specie unam hic existere formam; et quemadmodum omnes naturales forme, que participatione quadam tales sunt vel tales, in uno

DÉFINITION ET DIVINITÉ DE L'ESPRIT

Cependant que toi qui es comme divine tu découvres ici Dieu dans les choses, tu te découvres aussi toi-même; de fait, si tu trouves dans les corps l'esprit, dans les ténèbres la lumière, dans les maux le bien, dans la mort la vie, l'éternité dans le temps, dans les réalités finies l'infini, souviens-toi que tu es un esprit incorporel, lumineux, et bon de nature, immortel, capable de la vérité et de la stabilité éternelles, ainsi que du bien immense[244]. Que cet esprit te soit le premier ciel, du sommet duquel tu reconnaisses dans les choses tout entières autant Dieu que toi-même.

QUE LES CRÉATURES SONT DÉCOUVERTES DANS LE CRÉATEUR PAR LES RAISONS ET LES IDÉES DIVINES

Gagne, je t'en prie, le second ciel, afin que de là tu puisses tout voir en Dieu. Toutes les œuvres de Dieu, les voit en Dieu quiconque considère la disposition et la forme de la maison dans le père de famille, du royaume dans le roi, de l'art dans l'artiste, des sciences dans le sage[245]. Pourtant, garde toujours mémoire de ceci : tout ce que de tels individus méditent et produisent dans le temps et la peine, la vérité éternelle et cette vertu infinie le réalisent instantanément, dans la mesure où elles le veulent et l'accomplissent sans difficulté aucune, vu que surtout concevoir en Dieu ne diffère pas d'être, et agir ne diffère pas de vouloir[246].

COMME LES FORMES NATURELLES TOUT ENTIÈRES EN UNE SEULE MATIÈRE, AINSI LEURS RAISONS TOUT ENTIÈRES EN UN SEUL ARTISAN SONT RASSEMBLÉES

Mais voilà que je vois une certaine masse commune dans la machine du monde[247], j'observe les diverses formes dans cette masse[248], je sais qu'autre est la masse formée, qu'autres sont les formes formantes, et parce que je conçois que cette masse comme fondement précède en un certain ordre les formes, je l'en isole mentalement, et imagine soit qu'elle se disperse en un abysse[249], soit qu'elle se resserre en un point séparé. D'autre part, autant que je puis, je conserve les formes. Mais dans quoi les conserver? Au sein d'une certaine essence à toutes commune (car toutes s'accordent ensemble en cela qu'elles sont), dans une essence indivisible, dis-je, qui contient les formes absolument indivisibles (en effet, toutes désormais nous les avons séparées de leurs dimensions)[250]. De plus, je souhaite que de n'importe quelle espèce des choses surgisse alors une forme unique; et comme toutes les formes naturelles, telles ou telles du fait d'une certaine participation, se rassemblent en un unique sujet par soi infiniment passif

quodam subiecto per se infinite patiente, id est in prima materia, congregantur, sic omnes que per essentiam tales sunt, id est formarum rationes, congregari volo et video in uno quodam fonte per se infinite agente.

DEUS EST INFINITA VITARUM VITA LUMENQUE LUMINUM

Ubi actus est infinitus, est et vita atque illa quidem penitus infinita; siquidem vita est intimus et absolutus actus essentie, in vita infinita nihil est quod non perfectissime vivat. Quod ergo factum est ab eo in ipso vita erat; ubi autem perennis actus et vita viget immensa, ibi absolutissimum est intelligentie lumen, siquidem intelligentia est absolutio vite reflexioque eius in semet ipsam. Ergo vita hec est lux hominum, que et in tenebris lucet, sed tenebre eam non comprehenderunt. Diurnum lumen sanis quidem oculis est iocundum, egrotantibus molestissimum; radius Dei bone menti benignus advenit paterque et gratia nominatur, male autem rigidus iudex est et furia. Per hanc lucem veram que illuminat omnem hominem venientem in hunc mundum, modo vidisti res omnes in Deo ipsumque Deum : quicquid enim est in Deo simplicissimo est ipse Deus. Illa igitur series idearum, quam in Deo intellexisti, divina ipsa sapientia est, que verbum Dei est apud Deum atque ipse Deus perque ipsum facta sunt omnia : ideo et ipse Deus reperitur in omnibus et omnia inveniuntur in ipso.

MENS REPERIT ETERNITATEM SUAM IN RATIONUM IDEARUMQUE ETERNITATE

Invenisti et hic tu modo immortalitatem tuam. Quo enim pacto potuisses a mundi formis mortales conditiones secernere et rationes inde immortales concipere, in eternam Dei vitam intelligentiamque huiusmodi rationes redigere ac tuum illum cogitatione quodammodo, ut ita dicam, efficere effectorem, nisi ipsa immortalis esses eterneque Dei vite et intelligentie capax? Diffidant ergo, diffidant de sua immortalitate homines flagitiosissimi, quorum animule querentes vitam solum in regione mortis iamdiu mortue sunt vitiorumque ceno sepulte.

– c'est-à-dire la matière première[251] –, ainsi toutes les formes qui par essence sont telles – c'est-à-dire les raisons des formes – je veux et je vois qu'elles se rassemblent en une source unique par soi infiniment active[252].

DIEU EST LA VIE INFINIE DES VIES, ET LA LUMIÈRE DES LUMIÈRES

Où l'acte est infini, la vie aussi est infinie, et elle l'est profondément en vérité; puisqu'elle est l'acte intime et absolu de l'essence, il n'est rien dans la vie infinie qui ne vive très parfaitement. Aussi cela est-il le produit de celui qui en lui-même était la vie[253]; et où l'acte pérenne et la vie immense tirent leur vigueur, là réside la très absolue lumière de l'intelligence, dans la mesure où l'intelligence est la perfection de la vie et sa réflexion en soi-même. Donc cette vie est la lumière des hommes, qui brille également dans les ténèbres mais que les ténèbres ne purent embrasser[254]. De fait, la lumière du jour plaît aux yeux sains et rebute les yeux malades[255]; le rayon bienveillant de Dieu se communique à l'intelligence bonne[256], et on le nomme Père et Grâce, mais, à l'endroit de l'intelligence mauvaise, sévères sont le juge et sa fureur[257]. À travers cette lumière véritable qui illumine tout homme venant au monde[258], tu vis tantôt toutes choses en Dieu et Dieu lui-même : en effet, tout ce qui se trouve dans le Dieu très simple est Dieu lui-même. Aussi cette série des idées que ton intellect a saisie en Dieu, c'est la sagesse divine elle-même, laquelle constitue le Verbe de Dieu auprès de Dieu et Dieu lui-même par qui toutes choses ont été faites[259] : partant, Dieu lui-même est trouvé en tout et tout est découvert en lui-même[260].

L'INTELLIGENCE TROUVE SA PROPRE ÉTERNITÉ DANS L'ÉTERNITÉ DES RAISONS ET DES IDÉES

À l'instant, tu viens encore de découvrir ton immortalité. En effet, comment t'aurait-il été possible de faire le départ entre les conditions mortelles et les formes du monde, de concevoir à partir de là les raisons immortelles, de ramener les raisons de cette sorte dans la vie éternelle et l'intelligence de Dieu, et, si j'ose dire, de faire en quelque façon tien par la pensée l'auteur de toutes choses, si la pensée n'était immortelle et capable de la vie éternelle ainsi que de l'intelligence de Dieu[261] ? Que ce soit donc les hommes les plus ignominieux qui se défient, se défient de son immortalité, eux dont les chétives âmes, cherchant la vie seulement dans la région de mort[262], sont mortes dès longtemps et ensevelies dans la fange des vices[263].

IMMORTALITATIS FIDUCIA ACCEPTA EX GRADIBUS CONTEMPLATIONIS QUATUOR

Tu vero confide mecum, celetis Anima, que, dum apud Deum contemplaris veras creatarum rerum omnium eternasque rationes, quodammodo comprehendis cuiusque rationis eternitatem, eternitatis rationem, veritatem eternitatis, veritatis eternitatem.

GRADUS QUATUOR

Profecto rationis eternitatem sentis, quando iudicas speciei cuiusque rationem definitionemque adeo certam consistere, ut aliter unquam se habere non possit. Puta quod homo sit animal rationale et quod circulus sit figura in se ipsam conversa, a cuius centro ad circumferentiam omnes rectae linee ducte sunt aequales : necessario semper fuit semperque erit verum. Rationem eternitatis intelligis, quando eternitatis naturam ita definis : eternitas est momentum sive punctum per se semper stabile, cui neque antecedit punctum, neque succedit ; ita mensura quietis, ut motionis mensura est tempus.

Eternitatis veritatem cognoscis, quando probas in eo solum esse veram eternitatem, quod ex se et in se ipso sine principio ac fine quiescit. Veritatis cernis eternitatem, ubi argumentaris neque incepisse unquam neque desinere veritatem, alioquin fuisset veritas ante se ipsam foretque post se ipsam. Nempe si cepisse dicatur quandoque, ante ab eterno verum fuit et non nisi per veritatem fuit verum, veritatem ipsam quandoque fore. Ac etiam si desinere cogitetur, deinde in eternum verum erit et non nisi per ipsammet veritatem erit verum, veritatem aliquando extitisse.

IMMORTALITAS ANIMI EX PROPORTIONE AD IMMORTALIA

Attende, Anima sitibunda liquoris eterni, memento te non posse eternum omnino obiectum attingere nisi tibi aliqua cum illo inesset proportio. Ergo si non ab evo, saltem vivis in evum. Neque solum attingis, cum aliqua esse eterna et qualia sint argumentaris, sed etiam pro natura tua penetras, quando intrinsecam

L'ASSURANCE DE L'IMMORTALITÉ AYANT ÉTÉ REÇUE DES QUATRE DEGRÉS DE LA CONTEMPLATION

Mais toi, fie-toi à moi, ô Âme céleste qui, cependant que tu contemples près de Dieu les raisons véritables et éternelles de toutes les créatures, comprends d'une certaine façon l'éternité de chaque raison, la raison de l'éternité, la vérité de l'éternité, l'éternité de la vérité[264].

QUATRE DEGRÉS

Assurément tu perçois l'éternité de la raison, quand tu juges que la raison et la définition de chaque espèce sont établies de manière si certaine que jamais il ne peut en aller autrement. Pense que l'homme est un animal rationnel et que le cercle est une figure tournée vers soi-même, dont toutes les lignes droites tirées du centre à la circonférence sont égales : nécessairement, toujours cela fut vrai et toujours le sera[265]. Tu conçois la raison de l'éternité, quand tu définis la nature de l'éternité en ces termes : l'éternité est un instant ou un point par soi toujours stable[266], que ne précède ni ne suit aucun point ; et elle constitue ainsi la mesure du repos, comme le temps est la mesure du mouvement[267].

Tu connais la vérité de l'éternité, quand tu vérifies que l'éternité véritable réside seulement dans ce qui, sans fin ni début, trouve son repos à partir de soi et en soi[268]. Tu discernes l'éternité de la vérité, lorsque tu démontres que la vérité n'a jamais commencé ni ne cesse jamais, sans quoi il y aurait eu une vérité avant elle-même, et il y en aurait une après elle-même. Naturellement, si on disait que la vérité un jour a commencé, cela impliquerait qu'il y eut du vrai avant depuis l'éternité, et, puisque ce n'est que par la vérité qu'il y eut du vrai, que la vérité elle-même un jour sera. Mais, si on pensait de surcroît que la vérité cesse, cela impliquerait qu'il y ait ensuite du vrai dans l'éternel, et, puisque ce n'est que par la vérité elle-même qu'il y aura du vrai, que la vérité un jour ait existé[269].

L'IMMORTALITÉ DE L'ESPRIT PROPORTIONNELLEMENT AUX CHOSES IMMORTELLES

Prends garde, ô Âme assoiffée de liqueur éternelle, souviens-toi que tu ne peux atteindre l'objet absolument éternel, à moins que quelque proportion ne vous unisse[270]. Donc si tu ne vis depuis l'éternité, à tout le moins vis-tu pour l'éternité[271]. Et non seulement tu atteins un tel objet lorsque tu prouves que certaines choses sont éternelles et pourquoi elles le sont, mais encore tu le pénètres en proportion de ta nature quand tu distingues la nature intrinsèque de

illorum naturam quasi in suas quasdam partes viresque distinguis, immo etiam quodammodo comprehendere videris, quando definis. Mitto quod videri posset alicui, si mens sempiternam comprehendit rationem, ratione illa esse maiorem, ideoque eternam; satis esto, si suo modo capit eam, aequalem saltem quodammodo esse oportere.

Sive autem iam aequalis sit natura, sive capiendo fiat aequalis, tanquam a Deo rationum fonte ob mutuum quendam amorem iugiter dilatata, sufficienter ostenditur mentem esse sempiternam Deumque animam ab initio quantum ad essentiam vitamque, ut ita dicam, parem eterne rationi fecisse, postquam quotidie quantum ad intelligentiam et amorem, quoad fieri potest, reddit aequalem. Denique quecumque vis capit aliquid, pro natura sua capit et ad suam retrahit rationem. Si ergo mortalis esses, nunquam eterna in quantum eterna sunt et sub eternitatis ratione, nunquam rationis eternitatem eternitatisque conciperes rationem : sed sicut rubris oculis et amarae lingue rubra et amara sunt singula, ita mortali animo mortalia cuncta iudicarentur. Nunc vero tantum abest quod que sempiterna sunt rite contemplando caduca putentur, ut mens contemplatrix etiam a mortalibus singulisque conditiones mortalitatis secernat atque sub universali ratione percipiat. Hec a materia corruptioneque separare nunquam posset, nisi et ipsa multo longius esset ab iis seiuncta. Capis ergo in celo hoc secundo eternitatem tuam, quando hic rationis cuiusque eternitatem pro viribus capis in Deo fonte rationum immenso.

MENS DEUM IN SE IPSO VIDET, OB NIMIUM SPLENDOREM OMNINO VIDERI NON POSSE

Ceterum nunquid Deum ipsum in se ipso comprehendis, quod tertium tibi superest celum, in quo illa ipse arcana vidi que non licet homini loqui ? Lumen Solis perspicis in elementis, suspicis et in stellis, in se ipso non potes inspicere. Et tamen, homo, si sapis, contentus es tantum esse Solem tuum ut capacitatem superet oculorum. Divinam lucem similiter in rebus ab ea creatis agnoscis; agnoscis et in rerum rationibus creatarum, sed absolutam in se ipsa non substines. Gaudes autem thesaurum tuum tantum esse ut sit prorsus innumerabilis ; innumerabilis, inquam, non quod tibi desit ars numerandi, que tibi illic est plenissima, sed quod ille virtutis gradibus summum artis exsuperet. Satis tamen numeravisse videris, quando, cunctis que vel esse vel intelligi possunt dinumeratis, recta computas ratione Deum ipsum tale nihil esse, et quando quomodo innumerabilis

ces choses comme dans certaines de ses parties et de ses puissances, bien mieux, c'est quand tu définis que tu sembles comprendre en quelque façon. Je laisse de côté ce qui pourrait apparaître à quelqu'un : si l'intelligence comprend la raison perpétuelle, alors elle est plus grande que cette raison et par suite éternelle ; qu'il suffise du moins, si l'intelligence la saisit selon son propre mode, qu'il faille qu'elle lui soit d'une certaine façon égale.

Or, soit qu'elle lui soit déjà égale par nature, soit qu'elle le devienne en la saisissant, Dieu, source des raisons, montre pour ainsi dire assez que l'intelligence, continûment dilatée à cause d'un certain amour mutuel[272], est perpétuelle et que dès le commencement Dieu a fait l'âme d'une certaine manière égale à la raison éternelle quant à l'essence et à la vie, après que journellement il l'eut rendue égale quant à l'intelligence et l'amour jusqu'où il est possible de le faire. Enfin, quelle que soit la puissance qui s'empare d'une chose, elle la saisit proportionnellement à sa propre nature et la ramène à sa propre raison. Si donc tu étais mortelle, jamais tu ne concevrais les réalités éternelles en tant qu'elles sont éternelles et sous la raison de l'éternité, ni jamais l'éternité de la raison ni la raison de l'éternité[273] ; mais, tout comme aux yeux rouges et à la langue amère, rouge et amère s'avère chaque chose, ainsi pour l'esprit mortel toutes choses seraient estimées mortelles. Or désormais il s'en faut de beaucoup qu'avec une contemplation correcte on estime caduques les réalités perpétuelles, de sorte que l'intelligence contemplatrice sépare maintenant des choses mortelles et particulières les conditions de leur mortalité et les perçoit sous la raison universelle[274]. Jamais elle ne pourrait séparer quelque réalité de la matière et de la corruption, si elle-même n'en était aussi distincte de beaucoup. Tu saisis donc dans ce second ciel ton éternité, puisque ici, selon tes forces, tu prends l'éternité de chaque chose en Dieu source immense des raisons.

L'INTELLIGENCE VOIT DIEU EN LUI-MÊME, MAIS IL EST IMPOSSIBLE DE LE VOIR ABSOLUMENT À CAUSE DE SON EXCESSIVE SPLENDEUR

D'ailleurs embrasses-tu Dieu lui-même en soi-même, du fait qu'il te reste à gravir le troisième ciel où je vis moi-même les secrets dont l'homme n'a pas permission de parler[275] ? Tu perçois la lumière du Soleil dans les éléments, tu la regardes encore dans les étoiles, mais tu n'as pas la possibilité de la voir en lui-même. Et pourtant, homme, si tu es sage, tu tires contentement que ton Soleil soit tel qu'il excède la capacité des yeux. La lumière divine semblablement, tu la reconnais dans les choses qu'elle a créées ; tu la reconnais également dans les raisons des créatures, mais tu ne saurais soutenir sa vue absolue en elle-même[276]. Or, tu te réjouis que tel soit ton trésor qu'il soit tout à fait innombrable[277] ; innombrable, dis-je, non parce que te ferait défaut un art de nombrer, lequel en cet endroit est pour toi des plus complets, mais du fait que ce trésor-là surpasserait par les degrés de sa puissance le sommet de cet art. Néanmoins tu as, semble-t-il,

sit eius virtus intelligis; satis vides, quando quomodo sit invisibilis vere vides; satis comprehendis, cum quam sit incomprehensibilis comprehendis. Nunquam enim clarius veritatem ipsam intelligis, quam cum recte quo pacto super intelligentiam sit intelligis. Ubi summa lux, ibi summe tenebre; summe quoque tenebre, lumen summum. Unde hoc nihil notius, nihil rursus ignotius; hoc nihil presentius, nihil absentius; nihil magis visibile, nihil invisibile magis. Hinc exclamat David : « Nox illuminatio mea in delitiis meis ».

RECTIUS DE DEO LOQUIMUR NEGANDO ET REFERENDO QUAM AFFIRMANDO

Verum quod ita in hoc celo vides non potes loqui, hoc est absolute pronuntiare atque affirmare. Quotiens de Deo alia negas ita discurrens : « Deus neque est corpus ullum neque corporis qualitas neque anima neque angelus neque siquid altius cogitetur », vere negas. Quotiens ad Deum alia refers ita comparans : « Deus principium est, quia ab illo profluunt omnia; Deus est finis, quia ad illum omnia refluunt; Deus vita et intelligentia est, quoniam per illum vivunt anime ac mentes intelligunt », vere quoque refers. At si affirmaveris : « Deus ipse in se absolute est hoc ipsum quod vel repperi vel cogitavi », valde decipieris. Quippe si maior te est summus ille omnium auctor, non potest id esse quod tua intelligentia circumscriptum cogitur esse te minus. Si principiorum principium finiumque finis infinitus est, non est aliquid horum que abs te adinventa et comprehensa iam finita videntur.

ANIMA BEATA CONTENTA EST HOC IPSO, QUOD BONUM SUUM INCOMPREHENSIBILE SIT, NEQUE ESSET CONTENTA SI COMPREHENSIBILE ESSET

Quid ergo ? An contenta vivis, Anima, quod vitam tuam non penitus comprehendas finiasque, quia sit infinita ? Immo scio te hoc ipso gaudere, quod absque fine sit vita tua bonumque tuum. Sufficit tibi ab incomprehensibili feliciter comprehendi, neque tibi aliquid, nisi sit incomprehensibile, sufficit : quicquid enim aut veri aut boni offertur quod certos habeat gradus, quamvis quam plurimos, adhuc plures intellectu requiris et ulterius appetis voluntate. Unde

assez compté quand, une fois dénombrées toutes les réalités qui peuvent exister ou être conçues, la droite raison te conduit à supputer que Dieu n'est rien de tel, et quand tu comprends comme sa puissance s'avère innombrable; tu vois assez, quand tu vois vraiment comme il est invisible; tu comprends assez, lorsque tu comprends combien il est incompréhensible[278]. Jamais, en effet, la vérité ne t'apparaît plus claire que lorsque tu saisis correctement de quelle manière il dépasse l'intelligence[279]. Où se trouve la plus haute lumière, là sont les plus profondes ténèbres; où se trouvent aussi les plus profondes ténèbres, là est la plus haute lumière[280]. Aussi rien n'est-il davantage connu, et inversement rien davantage ignoré, que cela; rien davantage présent, rien davantage absent, que cela; rien davantage visible, rien davantage invisible. De là cette exclamation de David : « La nuit me devient illumination au milieu des délices »[281].

ON S'EXPRIME PLUS CORRECTEMENT SUR DIEU PAR NÉGATION ET RELATION QUE PAR AFFIRMATION

Mais ce que tu découvres dans ce ciel, il ne t'est pas loisible d'en parler, à savoir de l'exprimer et de l'affirmer absolument[282]. Combien de fois au sujet de Dieu tu nies d'autres réalités, discourant ainsi : « Dieu n'est ni un corps, ni la qualité de ce corps, ni âme, ni ange, ni quelque chose de plus haut qui puisse se concevoir », tu établis là de vraies négations[283]. Combien de fois tu rapportes d'autres réalités à Dieu, en les liant ainsi : « Dieu est principe, parce que toutes choses découlent de lui; Dieu est fin, parce que toutes choses reviennent à lui; Dieu est vie et intelligence, puisque par lui vivent les âmes et conçoivent les intelligences », tu établis là également de vraies relations[284]. Mais si tu affirmais : « Dieu lui-même qui demeure en soi absolument, je l'ai trouvé, je l'ai pensé », tu te tromperais lourdement. Le fait est que si le souverain auteur de toutes choses est plus grand que toi, il ne peut arriver que, ton intelligence l'ayant circonscrit, elle en déduise son infériorité à toi[285]. S'il est le principe des principes et des fins la fin infinie, il ne saurait ressortir à ces choses qui, découvertes ou comprises par toi, paraissent déjà finies[286].

L'ÂME HEUREUSE TIRE DU CONTENTEMENT DE CE QUE SON BIEN SOIT INCOMPRÉHENSIBLE, ELLE N'EN ÉPROUVERAIT PAS S'IL ÉTAIT COMPRÉHENSIBLE

Quoi donc ? Ne vis-tu pas contente, ô Âme, de ne pas totalement comprendre et délimiter ta vie parce qu'elle est infinie ? Mieux, je sais que tu te réjouis de ce que sans fin soient ta vie et ton bien[287]. Il te suffit que l'incompréhensible joyeusement te comprenne et rien, si ce n'est l'incompréhensible, ne te suffit[288] : tout ce qui t'est présenté de vrai ou de bien qui comporte certains degrés même très nombreux, ton intellect t'amène à en rechercher plus encore et ta volonté à

nusquam nisi in vero bonoque immenso potes quiescere neque finem nisi in infinito potes facere, quippe que a solo infinito dependeas, atque inde vim habeas ratione aliqua infinitam, qua infinitum vergas atque progrediaris.

VOLUNTAS DEO FRUITUR MAGIS QUAM INTELLECTUS

Ecce video, ubi quodammodo deficit intellectus, sufficere voluntatem. Penetrat, ecce, charitas, quo non potest omnino scientia penetrare. Infinitatem quidem prospicis, quamvis non clarissime; hanc ardentissime amas, hac gaudes vehementissime. Vides tu quidem quantum est tibi visibile. Amas et quantum vides ipsa et quantum vides abs te, quia nimis exuberat, non posse plane videri; et hoc ipsum te iuvat maxime, quod sine ulla vel solicitudine vel satietate fruaris bono, quod, cum sit infinitum, et infinite tibi suppetit et infinite delectat. Hic si non infinita omnino ratione discernit immensum intelligentia lumen, tamen immenso amore gaudioque afficitur, dum fruitur bono infinito voluntas, que quidem si plena est, ad quam pertinet esse contentam, totus omnino contentus est animus.

MENS IMMORTALITATEM SUAM METITUR IN OBIECTO SUO QUOD EST SINE MENSURA

Animus dum in tertio celo exactius admodum quam in aliis quam immensus sit Deus, ut ita loquar, metitur, simul quantum propria vita nature temporisque cuiusque mensuram excedat agnoscit; neque enim infiniti, immo infinitatis ipsius rationem attingeret animus, si vita eius finem esset aliquem habitura; neque obiecto immenso magis quam terminatis contemplando delectaretur, si in numero esset naturalium temporaliumque formarum, quarum vires obiectis non quidem maximis sed mediocribus solum eisque proportione quandam congruentibus oblectantur. Si vite vis, qualis est intelligentia et voluntas, ultra quemlibet loci, temporis, gradus finem sibi oblatum sine fine intelligendo amandoque progreditur, certe vita ipsa loci limitibus non constringitur, certi temporis terminis non exceditur, contrarie qualitatis gradibus non obruitur, determinati veri bonique presentia non impletur.

en désirer davantage[289]. De là que tu ne puisses te reposer nulle part sinon dans le vrai et le bien immenses, que tu ne puisses nulle part poser une fin sinon dans l'infini, toi qui certes dépends de ce seul infini, et dont tu tiens en quelque manière la puissance infinie qui te permet de converger et de progresser jusqu'à l'infini.

LA VOLONTÉ JOUIT DAVANTAGE DE DIEU QUE L'INTELLECT

Voilà que je découvre que, là où l'intellect d'une certaine façon est défaillant, la volonté suffit. Voilà que la charité pénètre où il est absolument impossible à la science de s'enfoncer[290]. L'infinité que tu discernes en vérité, quoiqu'elle ne soit tout à fait claire, tu l'aimes avec la plus grande ardeur, tu t'en réjouis avec la plus grande énergie. Tu vois autant qu'il y a de visible pour toi. Tu aimes autant que toi-même tu vois et autant que tu vois que tu ne saurais, parce qu'elle s'épanche trop abondamment, complètement la voir; et cela même te plaît beaucoup que, sans souci ni satiété, tu jouisses du bien, lequel, puisqu'il est infini, te comble infiniment et infiniment te réjouit[291]. Si l'intelligence, à cause d'une raison qui n'est pas absolument infinie, ne discerne pas la lumière immense, toutefois, elle se trouve affectée d'un amour et d'une joie sans limites, tandis que la volonté jouit du bien infini; et si cette volonté, à laquelle il appartient d'être contentée, est pleine, alors le contentement gagne vraiment l'esprit tout entier.

L'INTELLIGENCE MESURE SON IMMORTALITÉ DANS SON OBJET QUI EST SANS MESURE

Plus exactement à sa place au troisième ciel que dans les autres, l'esprit y mesure pour ainsi dire combien Dieu est immense, et en même temps reconnaît combien sa propre vie excède la mesure de chaque nature, de chaque temps; en effet, l'esprit n'atteindrait pas l'infini, mieux, la raison de l'infinité elle-même, si sa vie était encline à quelque fin[292]; et il ne tirerait pas dans la contemplation plus de joie de l'objet immense que des objets limités, s'il était au nombre des formes naturelles et temporelles, dont les forces ne récréent certes pas les objets les plus nobles, mais seulement les objets ordinaires qui s'accordent dans une certaine proportion. Si la puissance de la vie est telle que l'intelligence et la volonté, et que, sous leur action, elle progresse sans fin au-delà de n'importe quelle fin donnée de lieu, de temps et de degré, il est alors certain que la vie même n'est pas resserrée par les bornes du lieu, n'est pas chassée par les limites du temps fixé, n'est pas écrasée par les degrés d'une qualité contraire, et n'est pas comblée par la présence d'un vrai et d'un bien déterminés[293].

CELESTE LUMEN LUMINE CELESTI PERSPICITUR, SUPERCELESTE SUPERCELESTI

Dic age quo lumine suspicis celeste lumen? Profecto celesti. Dic ergo, quo lumine vidisti modo superceleste lumen? Certe supercelesti. Lux ista mundi sensibus manifesta una quedam qualitas est; ergo diversa corpora non aliter eam capiunt quam per unam quandam naturam illis insitam et luci convenientem. Natura huiusmodi perspicuitas nominatur. Quoniam vero perspicuitas in oculo est sensibili luci cognatior quam in ceteris hisce corporibus (est enim in eo perspicuitas sensualis), iccirco lux, postquam illi infusa est, reflectitur quodammodo in se ipsam, quando scilicet oculus sentit illam.

Ubi videtur oculus non solum a luce pati dum suscipit ipsam, verum etiam in eam quodammodo nonnihil agere dum suo modo iudicat eam.

ANIMA IMMORTALITATEM SUAM VIDET, QUANDO VIDET RADIUM INTELLIGENTIE INFUNDI SIBI A DEO ATQUE IN DEUM REFLECTI

Eadem ratione spiritale lumen unum quiddam est, id est veritas ipsa. Hoc spiritus diversi non capiunt aliter quam per spiritalem quandam perspicuitatem eis innatam. Quoniam vero in spiritibus preditis ratione perspicuitas huiusmodi lumini huic similior et propinquior inest, fit ut hi spiritus non solum id capiant, sed etiam iudicent atque ita reflectantur in ipsum. Ubi videtur lumen hoc spiritale intelligibileque primo quidem in intelligentiam influere se ipsum minime deserens, deinde refluere in se ipsum intelligentiam non derelinquens. Atque sicut Solis lumen, prout in Sole manet, est invisibile, ut autem e Sole effluit in colores, est visibile, prout influit oculo eique naturale evadit, fit visivum, quando inde refluit in Solem, tunc videns efficitur, ita Dei lux, quantum in ipso absolute se colligit, est super intelligentiam, quantum inde in rerum se explicat rationes, intelligibilis est, quantum infusa intellectui ipsi fit naturalis, evadit intellectiva, quando vero in ipsum Deum resilit, est intelligens. Quamobrem circulus quidam hic efficitur mirifice lucens ab ipsa divina veritate in intellectum, ab intellectu rursus in ipsam. Circuli huius principium finisque est Deus, intellectus est medium. Si huius circuli primus ultimusque terminus est eternitas, in quantum

LA LUMIÈRE CÉLESTE PERÇOIT LA LUMIÈRE CÉLESTE, LA LUMIÈRE SUPRACÉLESTE PERÇOIT LA LUMIÈRE SUPRACÉLESTE

Allons, dis-moi quelle lumière te permet de regarder la lumière céleste ? Assurément, c'est la lumière céleste. Dis-moi quelle lumière te permit naguère de voir la lumière supracéleste ? Assurément, la lumière supracéleste [294]. Cette lumière du monde, manifeste au sens, est une sorte de qualité unique ; aussi les divers corps ne la reçoivent-ils pas autrement qu'au moyen d'une nature unique inscrite en eux, et qui convient à la lumière. On nomme une telle nature l'évidence. Mais puisque l'évidence est apparentée à la lumière sensible dans l'œil plus que dans tout autre corps – dans l'œil se trouve effectivement l'évidence relative au sens [295] –, il suit que cette lumière, après s'y être répandue, est en quelque façon réfléchie en elle-même, lorsque l'œil la perçoit.

Où l'on voit que non seulement l'œil pâtit sous l'effet de la lumière cependant qu'il la reçoit, mais encore pour ainsi dire produit quelque chose en elle cependant qu'il l'apprécie selon son mode propre.

L'ÂME VOIT SON IMMORTALITÉ QUAND ELLE VOIT QUE LE RAYON DE L'INTELLIGENCE LUI EST COMMUNIQUÉ PAR DIEU ET SE RÉFLÉCHIT EN DIEU

Pour une raison identique, la lumière spirituelle constitue une seule chose, à savoir la vérité. Les esprits divers ne la reçoivent pas autrement qu'à l'aide d'une certaine évidence spirituelle qui leur est innée. Or, puisque dans ces esprits doués de raison se trouve une évidence très semblable à cette sorte de lumière et très proche d'elle, il advient que de tels esprits non seulement la reçoivent, mais également l'apprécient et ainsi se réfléchissent en elle. Où l'on voit que cette lumière spirituelle et intelligible coule d'abord dans l'intelligence sans le moins du monde se séparer de sa source [296], puis reflue en soi-même sans abandonner l'intelligence [297]. Et comme la lumière du Soleil, suivant qu'elle demeure dans le Soleil, est invisible, mais visible lorsqu'elle découle du Soleil dans les couleurs [298], dans la mesure où, pénétrant dans l'œil, elle parvient à devenir naturellement visive pour lui alors que lui devient voyant quand de là la lumière reflue dans le Soleil ; ainsi la lumière de Dieu, en tant qu'elle se rassemble absolument en soi-même, réside au-dessus de l'intelligence, puis de là, en tant qu'elle se déploie dans les raisons des réalités, elle est intelligible [299] et, en tant qu'elle s'est répandue dans l'intellect en lui devenant naturelle, elle finit par être intellective [300], mais quand elle se replie en Dieu, elle est intelligente. Se forme donc ici un cercle admirablement lumineux qui part de la vérité divine elle-même vers l'intellect, puis de l'intellect revient à cette vérité même. De ce cercle, Dieu est le principe et la fin, et l'intellect le milieu [301]. Si l'éternité en tant qu'éternité constitue le terme

eternitas, certe medium est eternum, quod quidem est particeps terminorum. Quo enim pacto splendor ab eternitate fluens in mentem, rursus in eternitatem inde reflueret per intelligentiam, scilicet que rapit obiectum, et per voluntatem, que transit in obiectum rapiturque ab ipso, nisi in mente vim suam eternitatemque servaret ? Qua ratione hunc mens suscipit, eadem per ipsum agit. Non enim potest prestantius per illum agere quam susceperit. Agit vero per illum absoluto quodam eternoque modo, quandoquidem eius radiis supra locum et tempus erectis indivisibiles eternasque rerum rationes attingit atque in ipsam sese eternitatem miris modis insinuat.

MENS EST DEI SPECULUM

O sagacissimum venatorem, qui in profunda hac mundi silva occultissima Dei vestigia investigat et reperit ! O argutissimum ratiocinatorem, qui rationes rerum invenit in summa omnium ratione ! O perspicacissimum rimatorem, qui adyta Dei penetrat quodammodo in eius abysso et, ut summatim dicam, in his omnibus peragendis speculatur in se Deum velut in speculo, suspicit se in Deo velut in Sole ! O speculum divinissimum divini Solis et radiis illustratum et flammis accensum. Nempe ipsius veritatis radiis vera ubique discernit ac in omnibus veris et super omnia ipsam, ipsius boni flammis bona omnia passim ardet et sitit ac in omnibus bonis et super omnia ipsum.

CORPORA SUNT UMBRE DEI, ANIME VERO DEI IMAGINES IMMORTALES

Vides, o mea Mens, vides esse te Dei speculum, quando intelligentie tue radii in eum ab eo immissi resiliunt. Si eius speculum es – ut es absque dubio, quandoquidem eum in te specularis teque in eo –, sequitur ut quid ex Deo infra te vestigium quoddam dumtaxat est et umbra, id in te imago Dei similitudoque sit expressior, ut merito dictum sit ad imaginem similitudinemque Dei te esse creatam. Umbra corpus intuenti distincte non representat, imago autem ad corporis similitudinem expressa refert expressius. Mundi machina, tanquam umbra Dei, Deum tibi ipsum non monstrat, nisi eius ad te redigas ordinem et examine tuo clarissimo discutias umbram. Tunc demum in te tanquam imagine Dei mundus ex umbra fit imago et in te, tanquam vera Dei similitudine, vere agnoscis

premier et ultime de ce cercle, indubitablement le milieu est éternel de ce qu'il participe des deux extrêmes. En effet, comment la splendeur qui découle de l'éternité dans l'intelligence refluerait de là à nouveau dans l'éternité, à travers l'intelligence, il va de soi, qui ravit son objet et la volonté qui se transforme en son objet, lequel la ravit, comment, dis-je, à moins qu'elle ne conservât dans l'intelligence sa propre puissance et son éternité ? Par ce biais, l'intelligence accueille cette splendeur, par ce même biais elle agit à travers elle (elle ne peut effectivement agir plus excellemment par son intermédiaire que lorsqu'elle l'a reçue); mais c'est à travers elle qu'elle agit de manière absolue et éternelle, puisque, grâce aux rayons de la splendeur dressés au-dessus du lieu comme de l'espace, elle atteint les raisons indivisibles et éternelles des choses et s'introduit admirablement dans l'éternité elle-même.

L'ESPRIT EST LE MIROIR DE DIEU

Ô très sagace veneur[302] qui, en cette selve profonde du monde, pistes et découvres les vestiges les plus occultes de Dieu[303] ! Ô très subtil ratiocinateur qui trouves les raisons des choses dans la plus haute raison de toute ! Ô très perspicace chercheur, qui pénètres en quelque façon les sanctuaires de Dieu[304] au sein de son abysse et, pour m'exprimer sommairement, observes, dans tous ces accomplissements, Dieu en soi comme en un miroir et se regarde en Dieu comme dans le Soleil ! Ô très divin miroir du divin Soleil qui t'illumines de ses rayons et t'embrases de ses flammes ! Bien sûr, grâce aux rayons de la vérité, il discerne partout le vrai et en toutes choses véridiques comme au-dessus de toutes la vérité elle-même; grâce aux flammes du bien, de tous côtés il enflamme et assoiffe toutes choses bonnes, et en toutes choses bonnes comme au-dessus de toutes lui-même.

LES CORPS SONT LES OMBRES DE DIEU, MAIS LES ÂMES SONT LES IMAGES IMMORTELLES DE DIEU

Tu vois, ô mon Intelligence, tu vois que tu es le miroir de Dieu[305], puisque les rayons de ton intelligence émis par lui rejaillissent vers lui[306]. Si tu es son miroir – comme tu l'es, à n'en pas douter, dans la mesure où tu l'observes en toi et toi en lui –, il découle que la réalité produite à la suite de Dieu en dessous de toi n'est qu'un certain vestige et une ombre[307], cela rendant ainsi en toi plus expressive l'image et la ressemblance de Dieu[308], de sorte que c'est à bon droit qu'on a dit que tu fus créée à l'image et ressemblance de Dieu[309]. Pour l'observateur, l'ombre ne donne pas du corps une représentation distincte, mais l'image exprimée à la ressemblance du corps le reproduit plus expressément. La machine du monde comme ombre de Dieu ne saurait te montrer Dieu en personne, à moins que tu ne ramènes à toi son ordre et que, au moyen de ton examen le plus clair, tu ne fasses disparaître l'ombre. Alors seulement, en toi comme en l'image

Deum, quando probas hunc ipsam esse veritatem eternam veramque eternitatem, tempus autem eius esse umbram et temporalia umbratilia omnia. Postquam vera es eternitatis imago super umbram et umbratilia, quandoquidem quasi media horum hec secernis ab illa, certe eterna es nullis aut loci limitibus aut certi temporis terminis circumscripta, alioquin non posses vel per immensum spatium tempusve cogitatione discurrere vel ultra hec ad indivisibilem eternamque transire naturam.

MENS, QUIA EST DIVINI VULTUS IMAGO, DEUM SEMPER SUSPICERE DEBET

O imago Dei in mentis speculo, quamdiu es in enigmate, id est umbra corporis, cognoscis per speculum, sed extra umbram facie videbis ad faciem ! O divini vultus imago, in speculo vultum aspice tuum, quem aspicere nihil ferme aliud est quam aspici, quandoquidem oculi illius radius ipse est qui inspicit, ipse est qui a se ipso respicitur ! Cognosce te ipsam, Mens aliarum rerum cognoscendarum usque adeo cupida ! Quid es, o Mens, cedo, quid es ?

Imago universi exemplaris exacta, legitima patris omnium filia, supercelestis Solis radius sempiternus iugiter natura reflexus in Solem. Deus ergo te libentissime tanquam suam imaginem intuetur, amat omnino te tanquam filiam, fulget tibi tanquam radio suo iungitque te sibi. Ergo iam moribus et pietate ad exemplar compone te tuum, quo integerime reformaris. Ama ante omnia patrem illum quo feliciter generaris, felicius regeneraris ! Gaude duntaxat lumine, sine quo neque aliis potes unquam neque te ipsa gaudere. Terribiles ante omnia tenebre, quia et vita consistit in luce et lux in vita, et quo interiores, eo terribiliores adveniunt ! Horribiles extra corpus tenebre cunctis, horribiliores intra corpus sunt melancholicis, horribilissime in anima miseris ! Iocundum ergo aeris lumen omnibus, quia vitali spiritui cognatissimum est rerumque innumerabilium varietate delectat et docet, iocundius lumen in spiritibus corporis est sanguineis, suavissimum lumen intimum menti beatis !

de Dieu, le monde, d'ombre, devient image[310] et en toi, comme en la vraie ressemblance de Dieu, tu reconnais véritablement Dieu[311], en tant que tu vérifies qu'il est la vérité éternelle elle-même ainsi que l'éternité vraie, tandis que le temps est son ombre et que toutes les réalités temporelles sont ombratiles[312]. Maintenant que tu es la véritable image de l'éternité au-dessus de l'ombre et des choses ombratiles, puisque tu distingues, comme si tu étais au milieu des deux, l'ombre qui est temporelle de l'image qui est éternelle[313], à coup sûr tu es éternelle, toi qu'aucune limite de lieu, aucune borne de temps déterminé, ne sauraient circonscrire[314], autrement il te serait impossible de courir par la pensée à travers l'espace et le temps immenses, ou de les dépasser en direction de la nature indivisible et éternelle.

L'INTELLIGENCE, PARCE QU'ELLE EST IMAGE DU VISAGE DIVIN, TOUJOURS DOIT REGARDER DIEU

Ô image de Dieu dans le miroir de l'intelligence, aussi longtemps que tu es dans l'énigme, à savoir dans l'ombre du corps, tu connais à travers le miroir, mais hors de l'ombre tu verras Dieu face à face[315] ! Ô image du visage divin, regarde ton visage en ce miroir : le voir n'est presque rien d'autre qu'être vu, car, le rayon même de cet œil étant celui qui regarde, lui-même se voit lui-même ! Connais-toi toi-même[316], ô Intelligence si désireuse d'autres réalités à connaître ! Qu'es-tu, ô Intelligence, parle, qu'es-tu ?

De l'univers original l'image exacte, du Père de toutes choses la fille légitime, du Soleil supracéleste le rayon perpétuel dont la nature est de continûment se réfléchir dans le Soleil. C'est donc très volontiers que Dieu te considère comme sa propre image, t'aime absolument comme sa fille, brille pour toi comme pour son rayon et t'unit à lui. Donc désormais, dans tes mœurs et ta piété, règle-toi sur ton modèle par qui intégralement tu es réformée[317]. Aime avant tout le Père de qui tu tiens le bonheur d'être générée, et celui plus grand encore d'être régénérée[318] ! Réjouis-toi, du moins, de cette lumière sans laquelle jamais tu ne peux te réjouir des autres ou de toi-même ! Terribles avant tout sont les ténèbres, parce que la vie consiste en la lumière, la lumière en la vie, et plus ces ténèbres sont intérieures, plus horribles elles deviennent! Les ténèbres à l'extérieur du corps frappent toutes choses d'horreur, elles sont plus horribles encore aux mélancoliques quand elles sont à l'intérieur du corps, et elles sont absolument horribles aux malheureux quand elles se trouvent en l'âme. Aussi la lumière de l'air est-elle agréable à toutes choses, parce qu'elle est très parente de l'esprit vital et charme et instruit par la variété innombrable de ses réalités, plus agréable encore est cette lumière dans les esprits sanguins du corps, et elle est tout à fait suave aux bienheureux quand elle se trouve dans l'intimité de leur intelligence[319] !

DEUS EST IPSUM GAUDIUM, PER IPSUM DUNTAXAT GAUDEMUS, IPSO SOLO BEATE GAUDEMUS

Si omnia vitandi doloris et consequendi gaudii gratia omnes agunt et absque gaudio ipso vitam ipsam respuunt, manifeste gaudium est finis omnium. Est igitur et principium quo enim moventur cuncta, inde cuncta moventur et fiunt. Quid ergo aliud est gaudium ipsum nisi Deus, bonorum bonum, gaudium gaudiorum? Cum tantum his bonis gaudeas atque illis, dicito mihi, si modo dici potest, quantum illo bono quantumve idea illa gaudii gaudeas, sine cuius illecebris, sine cuius forma neque his bonis gaudes neque illis. Bono hoc et hac idea gaudent continue quicunque re aliqua gaudent vel ingrati; sed non bene beateque gaudent, nisi grati, quibus multo gratius hoc advenit quam ingratis. Ergo si vis ipso bono ipsoque gaudio optime beatissimeque gaudere, memento in omnibus que tibi placent nihil tibi aliud placere quam ipsum.

FINIS

DIEU EST LA JOIE ELLE-MÊME, PAR LUI SEULEMENT NOUS NOUS RÉJOUISSONS, EN LUI SEUL NOUS NOUS RÉJOUISSONS DE BÉATITUDE

Si tous accomplissent toutes choses afin d'éviter la souffrance et atteindre la joie et si tous repoussent la vie dénuée de joie, alors manifestement la joie constitue la fin de tous[320]. Elle est donc également le principe par quoi toutes choses sont mues, d'où toutes choses sont mues et adviennent. La joie elle-même qu'est-elle d'autre sinon Dieu, lui qui est le bien des biens, la joie des joies[321] ? Puisque ces biens-ci et ces biens-là te réjouissent tant, dis-moi, du moins si cela est dicible, quel est le degré de la joie dont tu te réjouis dans ce bien ou dans cette idée, joie sans les attraits de laquelle, sans la forme de laquelle, ni ces biens-ci ni ces biens-là ne sauraient te réjouir. Tous ceux qui continuellement se réjouissent de ce bien et de cette idée se réjouissent de quelque réalité, fussent-ils des ingrats, mais ils ne se réjouissent pas dans le bien et la béatitude, à moins qu'ils ne soient pleins de gratitude, la joie survenant beaucoup plus agréablement à ceux qui lui en savent gré qu'aux ingrats. Donc si tu veux tirer de ce bien et de cette joie la joie la meilleure et la plus béatifiante, souviens-toi que dans toutes les choses qui te plaisent rien d'autre ne te plaît que le bien lui-même[322].

FIN

MARSILII FICINI FLORENTINI ARGUMENTUM IN PLATONICAM THEOLOGIAM AD LAURENTIUM MEDICEM PATRIE SERVATOREM.

TRES SUNT CONTEMPLATIONIS PLATONICE GRADUS

Marsilius Ficinus Laurentio Medici viro magnanimo s. d.

Decrevi, magnanime Laurenti, antequam grande illud *Platonice Theologie* volumen ederem tuo nomini dedicatum, in quo adhuc superest nonnihil quod examinatione indigeat, edere, si tibi placuerit, *Argumentum*. Non ut huiusmodi argumento, quasi quodam *Theologie* preludio, exercitatus accedas promptior ad ludendum, cum mihi videaris ipsam ludi palmam iam consecutus, sed ut hoc interim pignore admonitus memineris et meminisse me tibi debere quod iandiu iure promiseram et solvere quandoque velle quod debere cognosco; presertim cum non tam hoc ipsum debeam quia promisi, quam id promiserim quia cuncta debebam.

Postquam vero hoc in *Theologiam Platonicam* argumentum legeris, deinceps quantum per negocia licebit leges que sequuntur *Quinque Platonice sapientie claves*.

TRES CONTEMPLATIONIS PLATONICE GRADUS

Tres vero sunt precipui contemplationis Platonice gradus. Primus quidem a corpore per animam ascendit ad Deum. Secundus autem consistit in Deo. Tertius denique ad animam corpusque descendit. Tres quoque gradus nostrum continet argumentum.

ARGUMENT DU FLORENTIN MARSILE FICIN POUR LA THÉOLOGIE PLATONICIENNE À LAURENT DE MÉDICIS, SAUVEUR DE LA PATRIE.

TROIS DEGRÉS DE CONTEMPLATION PLATONICIENNE[323]

Marsile Ficin à Laurent de Médicis[324]*, homme magnanime, salut.*

Avant de publier cet imposant volume de la *Théologie Platonicienne*[325] dédié à ton nom, et où subsistent encore quelques imperfections nécessitant l'examen, j'ai décidé de publier, magnanime Laurent, cet *Argument*, si cela peut t'être agréable. Ce n'est pas pour que, exercé par lui comme par une sorte de prélude à la *Théologie*, tu puisses plus promptement la mettre en pratique, puisqu'il me semble que tu as déjà remporté la palme de ce jeu, mais pour que, averti en attendant par ce gage, tu n'oublies pas et que moi-même je n'oublie pas que je te dois ce que jadis je t'avais promis à raison, et que je veux m'acquitter un jour de ce que je reconnais comme une dette ; et ce d'autant plus que c'est moins parce que je te l'avais promis que je te le dois, que parce que je te devais tout que je te l'avais promis.

Mais après avoir lu cet argument pour la *Théologie Platonicienne*, tu liras ensuite, autant que tes affaires t'en laissent le loisir, les *Cinq Clefs de la Sagesse Platonicienne* qui suivent cet *Argument.*

TROIS DEGRÉS DE CONTEMPLATION PLATONICIENNE

En effet, il existe trois degrés principaux dans la contemplation platonicienne. Le premier assurément monte depuis le corps à travers l'âme jusqu'à Dieu. Le second quant à lui réside en Dieu. Le troisième enfin descend vers l'âme et le corps. La matière de notre discours comporte aussi trois degrés[326].

CONTEMPLATIONIS PRIMUS GRADUS EST ASCENSUS AD ANIMAM, ANGELUM, DEUM. AC DE DIVINA INTELLIGENTIA ET AMORE

CELUM EST FORMA SINE MATERIA, UT NONNULIS PLACET

Considerabam nuper diligenter Aristotelis illud paradoxon, celum materia caret. Rationem quoque Averrois meditabar, qua paradoxon aristotelicum comprobat. Quod videlicet materia cum natura sua informis sit, ideoque ad quamlibet formam aeque se habeat omnesque vicissim capere valeat, a formis iugiter fluit in formas, unde fit ut quod ex materia constat, formam suam quandoque possit amittere. Celum vero formam propriam amittere nequit, tum quia nulla usquam est illi contraria qualitas, sicut neque motus circulari motui suo contrarius reperitur, tum quia motum habet sine ulla digressione semper aequalem indefessumque, qui et in idem redit, principiumque rursus inchoat ubi finiri videtur. Ex his concludit Averrois celum esse formam quamdam per se sine materia existentem, que, quamvis subiecta materia non indigeat, ipsa tamen subiecta est quantitati motuique secundum locum. Eiusmodi formam inter physicas formas et metaphysicas esse vult mediam. Naturales enim forme cum quantitate quadam et in materia sunt. Forme vero omnimo super naturam tam quantitate quam materia carent. Mediam quandam formam esse vult, ne ab extremo ad extremum absque medio transeatur, que quamvis habeat quantitatem, materiam tamen non habeat, qualem esse substantiam celestem existimat. Proculus quoque Platonicus celeste vehiculum anime corpus esse putat, nullam tamen habere materiam.

FORMA SINE QUANTITATE MAGIS QUAM SINE MATERIA POTEST EXISTERE

His ego Aristotelis Averroisque et Proculi gradibus ad celum usque directis conatus sum pro viribus ascendere super celum. Profecto cum formarum genus queat alicubi se a materia liberare, sicut in celo modo nobis apparuit, potest etiam alicubi absolvere se ipsum a quantitate, ac etiam multo magis, quippe si ab alterutro dependeret, penderet potius a materia a qua substantialis forma sepe substinetur quam a quantitate, quam substantialis forma forte non minus substinet quam substineatur ab illa. Quod maxime in celo conspicitur, ut placet Averroi, ubi forma talis substinet quantitatis dimensiones. Adde quod multo magis cum

LE PREMIER DEGRÉ DE CONTEMPLATION EST L'ASCENSION VERS L'ÂME, L'ANGE ET DIEU. ET DE L'INTELLIGENCE DIVINE ET DE L'AMOUR

LE CIEL EST UNE FORME SANS MATIÈRE, SUIVANT L'AVIS DE QUELQUES-UNS

Récemment, je m'appliquais à considérer ce paradoxe d'Aristote : le ciel est exempt de matière[327]. Je méditais aussi la raison qui détermine Averroès à approuver un tel paradoxe[328]. De ce que la matière, puisque sa nature est informe[329], se trouve également disposée à n'importe quelle forme et puisse toutes les revêtir en retour, coulant sans interruption de formes en formes, il suit que ce qui tire son existence de la matière puisse un jour perdre sa forme. Mais le ciel ne saurait perdre sa forme propre, d'une part en tant qu'aucune qualité ne lui est contraire en quelque lieu, de même qu'on ne trouve pas de mouvement contraire à son propre mouvement circulaire[330], et d'autre part parce qu'il possède un mouvement régulier, toujours égal et inlassable[331], qui retourne de nouveau au même point, le début commençant derechef où il paraît se finir. Averroès en déduit que le ciel est une certaine forme existante par soi sans matière[332] qui, bien qu'elle n'ait pas besoin que la matière l'assujettisse, est néanmoins sujette elle-même à la quantité et au mouvement selon sa localisation[333]. Aussi argue-t-il qu'une telle forme est le milieu entre les formes physiques et les formes métaphysiques[334]. Car, les formes naturelles sont accompagnées d'une certaine quantité et résident dans la matière; quant aux formes tout à fait surnaturelles, elles n'ont pas plus de quantité que de matière. De crainte qu'on ne passe d'un extrême à l'autre sans médiation, il affirme l'existence d'une certaine forme médiane qui, quoique possédant une quantité, ne possède pas pour autant une matière, et dont la qualité est pareille, selon lui, à la substance céleste[335]. Le platonicien Proclus[336] estime aussi que le véhicule céleste de l'âme est un corps, vierge toutefois de toute matière.

UNE FORME SANS QUANTITÉ, PLUS QUE SANS MATIÈRE, PEUT EXISTER

Pour ma part, depuis les échelons d'Aristote, d'Averroès et de Proclus qui pointent droit vers le ciel, j'ai entrepris, suivant mes forces, de monter jusqu'au-delà du ciel[337]. Assurément, puisque le genre des formes peut se libérer quelque part de la matière, ainsi que cela nous est apparu tantôt dans le ciel, il peut aussi se délivrer lui-même de la quantité en quelque endroit, et de beaucoup plus encore – en effet, s'il dépendait de l'une des deux, il dépendrait davantage de la matière par quoi la forme substantielle souvent se soutient que de la quantité, quantité que la forme substantielle soutient probablement non moins qu'elle ne puisse se

materia quam cum quantitate congruit in ordine quodam generis atque nature. Quare si absque materia potest esse, longe facilius absque quantitate consistere potest. Presertim forma illa que substantia est. Substantia enim cum accidens antecedat absque quantitate, que accidens est, alicubi potest existere.

FORMA SINE QUANTITATE MAGIS QUAM SINE MOLE ESSE POTEST

Ita formarum ordo quemadmodum ab elementis in celum proficit in melius, dum ab umbra materie liberatur, ita super celi verticem in aliquid longe melius proficit, dum in animis angelisque etiam a mole quantitatis absolvitur. Depositaque divisionis debilitate ob indivisibilis nature unitatem fortitudinem adipiscitur. Consummatur tandem super illos in optimo, cum in Deo etiam liberatur a qualitate accidentisque defectu. Potest autem a qualitate secerni facilius quam a mole. Substantialis enim forma ubique in natura ipsa substinet qualitates, nusquam vero substinetur ab illis. Alicubi tamen in quantitate iacere videtur. Quod in formis nature infimis plane conspicitur.

CELUM AUT EST VITA QUEDAM VISIBILIS AUT NATURA VITE PROXIMA

Celum quidem, cum sine materia sit, spiritale quiddam quodammodo esse videtur Platonicis magis quam corporale. Quid ergo celum est? Lux circularis circulusque lucidus sine materia, quemadmodum oppositum eius, quod est terre imum, est materia sine luce. Celum igitur, ut Platonicis placet, aut vita quedam est non occulta, ut anima, sed ob dimensionem, si vis, oculis manifesta, aut saltem cum sit natura quedam vite propinquior quam cetera corpora, vita quadam vivit sibi magis admodum familiari quam cetera.

soutenir de la matière[338]. Et cela se contemple surtout dans le ciel où, d'après la doctrine d'Averroès, telle forme soutient les dimensions de la quantité[339]. Ajoute qu'elle concorde beaucoup plus avec la matière qu'avec la quantité dans l'ordre de l'origine et de la nature. Donc si elle peut se tenir loin de la matière, elle peut encore plus facilement résider loin de la quantité, surtout quand cette forme est une substance. En effet la substance, puisqu'elle prime sur l'accident loin de la quantité, laquelle est accidentelle, peut exister en quelque lieu[340].

LA FORME PEUT SUBSISTER SANS QUANTITÉ PLUS QUE SANS MASSE

De même que l'ordre des formes, depuis les éléments jusqu'au ciel, progresse vers le mieux en se libérant de l'ombre matérielle, de même, au-dessus du sommet céleste, il progresse vers quelque chose d'encore mieux, en se délivrant aussi dans les esprits et les anges de la masse quantitative[341]. Une fois déposée la faiblesse de la division pour l'unité de la nature indivisible, il atteint à la solidité. Au-dessus enfin il s'achève dans le meilleur, puisqu'en Dieu il se libère aussi de la qualité et du défaut de l'accident[342]. Or il peut plus aisément se séparer de la qualité que de la masse. En effet, la forme substantielle partout au sein de la nature soutient les qualités, mais nulle part elle n'est soutenue par elles ; cependant, on la voit séjourner quelque part dans la quantité, parce qu'on l'aperçoit clairement dans les formes infimes de la nature.

OU LE CIEL EST UNE CERTAINE VIE VISIBLE, OU IL EST LA NATURE LA PLUS PROCHE DE LA VIE

Certes, puisque le ciel est sans matière, il paraît selon les Platoniciens[343] constituer pour ainsi dire une certaine réalité spirituelle, plus qu'une réalité corporelle[344]. Qu'est-ce donc que le ciel ? Une lumière circulaire et un cercle lumineux sans matière, de même que son opposé, au fond de la terre, est une matière sans lumière. Aussi le ciel, d'après les Platoniciens, constitue-t-il ou bien une certaine vie non occulte, comme l'âme[345], mais, en raison des dimensions, si on veut, visuellement manifeste ; ou bien du moins, puisque cette nature est plus proche de la vie que tous les autres corps, vit-elle dans une certaine vie qui lui est absolument plus familière que toute autre chose[346].

DIFFERENTIA LUCIS IN CELO ATQUE ELEMENTIS APUD PLATONICOS AC PERIPATETICOS

Sed iuvat gradatim a luce ascendere rursus ad lucem. Videmus in elementis ubi minus crasse materie inest, facilius lucem adesse. Accensamque materiam, quo magis extenuatur rarescitque eo purius perlucere. Quamobrem celum, quoniam fulget summopere, materia carere probatur, et ob hoc ipsum, quia caret materia, maxime fulget. Quod siquis dixerit partes celi densiores magis lucere quam alias, respondebunt Platonici rariores partes lucere quidem magis, sed ob nimiam tenuitatem lucemque videri non posse. Respondebunt rursus Peripatetici aliud esse ex se, aliud ex alio coruscare. Ideo elementa, quia fulgorem capiunt aliunde, que rariora sunt facilius capere, celestia vero que ex se splendent, quo densiora sunt eo uberius refulgere. Verum mittamus hic questiones huiusmodi. Mittamus celum parumper, ne splendore corporeo prorsus allucinemur.

QUANDO PURGAMUS LUCEM CELESTEM, PRIMO REPERIMUS ANIMAM, DEINDE ANGELUM.

Age celesti nature relicto, si vis, lumine atque motu, subtrahe quantitatis dimensiones. Licet enim cogitatione subtrahere, nam aliud est lumen celi motusque, aliud est dimensio. Forma, que superest spiritus quidam est tanto lucidior velociorque celo, quanto celum est lucidius et velocius elementis. Substantia hec incorporea animus rationalis esse videtur. Deme rursus huic motum, relinque lucem et qualitatem. Potes enim demere, nam aliud lux et qualitas est, aliud motus. Forma que deinde restat est angelus, clarior admodum et velocior anima, quia neque disgregat lucem suam motu neque actionem propriam sicut anima distrahit tempore.

DIFFÉRENCE DE LA LUMIÈRE DANS LE CIEL ET DANS LES ÉLÉMENTS CHEZ LES PLATONICIENS ET LES PÉRIPATÉTICIENS

Mais il est plaisant de s'élever graduellement depuis la lumière en revenant vers la lumière[347]. Nous voyons que la lumière est plus facilement présente dans les éléments quand elle participe moins de la matière grossière[348], et que plus on exténue la matière embrasée et plus elle se raréfie en atteignant un éclat plus pur. Aussi, puisqu'il brille avec le plus grand soin, on admet que le ciel est exempt de matière et, par cette même raison qu'il est exempt de matière, il brille essentiellement[349]. Et si quelqu'un disait que les parties plus denses du ciel luisent plus que d'autres, les Platoniciens[350] répondraient que les parties plus légères certes luisent davantage, mais que, à cause de leur subtilité et lumière excessives, il n'est pas possible de les voir. En revanche, les Péripatéticiens[351] répondraient qu'étinceler par soi et étinceler par un autre se distinguent, et par conséquent que les éléments, puisqu'ils reçoivent leur éclat d'ailleurs, le prennent plus facilement qu'ils sont plus rares; mais que plus les choses célestes, qui resplendissent d'elles-mêmes, sont denses et plus elles brillent abondamment. Mais laissons ici de telles questions. Laissons un instant le ciel, de crainte que la splendeur corporelle ne nous fasse entièrement divaguer.

LORSQUE NOUS PURIFIONS LA LUMIÈRE CÉLESTE, NOUS TROUVONS D'ABORD L'ÂME, PUIS L'ANGE

Allons, une fois abandonnés la lumière et le mouvement de la nature céleste, soustrais[352], si tu le veux, les dimensions de la quantité[353]. Il est permis de les retrancher mentalement, car la lumière et le mouvement du ciel sont une chose, la dimension une autre. La forme qui subsiste est une sorte d'esprit d'autant plus lumineux et véloce par rapport au ciel, que le ciel lui-même est plus lumineux et véloce que les éléments. Cette substance incorporelle est, semble-t-il, l'esprit rationnel. Derechef retranche-lui le mouvement[354], laisse la lumière et la qualité[355]. Ce retranchement t'est possible, car la lumière et la qualité sont une chose, le mouvement une autre. La forme qui reste ensuite est l'ange[356], absolument plus éclatant et plus véloce que l'âme, parce qu'il ne disperse pas sa propre lumière dans le mouvement, non plus qu'il ne divise sa propre action dans le temps, comme le fait l'âme[357].

PRESTAT ASCENDERE AD SUBSTANTIAM, IN QUA VIRTUS NON SIT ALIUD QUAM SUBSTANTIA

Ceterum nondum satis naturam rerum purgasse videmur. Restat nobis adhuc, nisi me ratio fallit, accidens a substantia secernendum. Angelus enim substantiam habet et qualitatem. Verum querendum est primo nunquid fieri hoc prestet, deinde utrum possit. Prestat nimirum, nam ubi substantia aliud est, aliud qualitas, substantia huiusmodi cum sua natura informis imperfectaque sit, aliunde formatur atque perficitur, et in capienda substinendaque qualitate quodammodo patitur, atque qualitas illa, quia est forma quedam in alio, scilicet in subiecto, se sustinere non potest multoque minus ex se potest existere. Eget ergo tam causa quam subiecto, nec est integra plenaque omnino cum pro capacitate subiecti suscipiatur. Unde necessario fit ab altiore forma, que quidem, ne sine fine vagemur, in se ipsa sit per se sufficiens ipsa sibi atque plenissima, sitque virtus undique infinita, cum neque excedatur ab altiore neque a suscipiente aliquo finiatur. Adde quod totum illud quod ex substantia qualitateque componitur, quia dividitur in partes, in virtute debilitatur, et quia componitur, pendet tum ex partibus tum ex eo artifice qui partes illas in unum conciliavit, que, cum diverse sint, ex se ipsis invicem non coissent. Quamobrem cum huiusmodi compositum neque quantum ad partes neque quantum ad totum spectat sit optimum, meliusque aliquid futura fit et substantia que non distinguatur a qualitate sua, et qualitas que non sit aliud quam substantia propria, ut tandem actus quidam omnino purus immensusque reperiatur, quis dubitet melius esse ut super id quod ex substantia accidenteque componitur ad id quod est melius ascendamus ?

RATIONES MULTE QUOD NECESSARIUM SIT ESSE ACTUM PURUM ET INFINITUM

Prestet igitur huc ascendere, sed numquid possibile est ? Quid si est possibile fore rogas, quandoquidem iam esse ita est necessarium ut probavimus.

Quod si aliam exigis rationem, conducit ad idem huiusmodi ratio, quod substantia, quia accidentis est fundamentum, prior est accidente, et quia quod prius est a posteriore non dependet, potest substantia alicubi absque accidente consistere. Atque hoc melius est sicut ostendimus. Quare ne ab eterno in eternum

IL VAUT MIEUX MONTER VERS LA SUBSTANCE, OÙ LA VERTU N'EST PAS AUTRE QUE LA SUBSTANCE

D'ailleurs, il semble que nous n'ayons pas encore suffisamment purifié la nature des choses. Il nous reste maintenant, si je ne m'abuse, à séparer l'accident de la substance[358]. En effet, l'ange possède une substance et une qualité. Mais il convient d'abord de se demander s'il vaut mieux qu'il en soit ainsi, et ensuite s'il peut en être ainsi. Cela vaut certainement mieux, car quand une substance est autre, autre est la qualité, et une substance de cette sorte, bien que sa propre nature soit informe et imparfaite, tire sa forme et sa perfection d'ailleurs, et de recevoir et de soutenir la qualité elle pâtit pour ainsi dire; et cette qualité, parce qu'elle est une espèce de forme en un autre (à savoir dans un sujet), ne peut se soutenir et moins encore exister de soi. Donc elle a autant besoin d'une cause que d'un sujet et elle n'est absolument pas entière ni complète, puisqu'elle est soutenue selon la capacité du sujet. Aussi provient-elle nécessairement d'une forme plus haute qui, mettons un terme au vagabondage, réside en soi, se suffit par soi, obtient sa satiété de soi, et dont la vertu est de toutes parts sans limites, dans la mesure où elle n'est ni dépassée par une plus haute, ni délimitée par quelque réceptacle. Ajoute que ce tout qui est composé de la substance et de la qualité, parce qu'il est divisé en parties, est affaibli dans sa vertu; et parce qu'il est composé, il dépend tantôt des parties tantôt de l'artifice qui rassemble en un ces parties, lesquelles, du fait de leur diversité, ne se seraient pas mutuellement unies d'elles-mêmes. Aussi, lorsqu'on observe que ce composé n'est le meilleur ni quant aux parties ni quant au tout, et que quelque chose de meilleur consisterait dans une substance telle qu'elle ne soit pas distincte de sa propre qualité, et dans une qualité telle qu'elle ne soit pas autre chose que la substance propre, au point qu'un acte absolument pur et sans limites s'y découvre, qui douterait qu'il est meilleur de monter au-delà de ce qui est composé de substance et d'accident vers ce qui est meilleur ?

MAINTES RAISONS MONTRANT LA NÉCESSITÉ DE L'EXISTENCE D'UN ACTE PUR ET INFINI

Il vaut mieux donc monter ici, mais est-ce possible ? Pourquoi s'interroger sur cette possibilité, puisqu'il est nécessaire déjà qu'il en soit ainsi, comme nous l'avons prouvé.

Or si tu exiges une autre raison, la raison conduit à cette même affirmation : la substance, parce qu'elle est le fondement de l'accident, est antérieure à l'accident et, du fait que l'antérieur ne dépend pas du postérieur[359], la substance peut se maintenir sans accident quelque part. Et cela est meilleur, comme nous l'avons montré. Aussi de peur que la puissance au principe des choses, depuis

huiusmodi potentia in rerum principio tam bona sit frustra, opere pretium esse videtur ut iam sit actu.

Presertim cum ubi summus actus est et summa perfectio, ibi potentia actusque posse et esse sint idem.

Ac si in rebus inferioribus minusque bonis, scilicet elementis, mixtis, plantis et animalibus, quantum ad partes eorum spectat et reliqua, quod prestat ut sit iam est a natura provisum, quanto magis in rebus admodum melioribus et in summo nature quicquid melius esse probatur iamiam est et verius.

Preterea quod melius esse monstratur in universo non ob aliam causam melius esse censetur, nisi quia vere rationi consentaneum est, conducit maxime ad rerum ordinem, decet precipue rerum ordinatorem. Tale vero nefas dictu est impossibile esse vel falsum.

Rursus potentia et veritas tanquam bona naturaliter appetuntur, atque hoc ipsum quod sunt, aut sunt ipsa bonitas aut a bonitate. Ergo quod in universi natura possibilius veriusque est, hoc est et melius, atque e converso, quod universo melius, iudicatur, idem possibilius est et verius.

Item quod est melius magis est boni particeps. Non est igitur impossibile, nam impossibile nullius boni particeps iudicatur.

Accedit quod si actus purus infinitusque, quem disputando excogitavimus, infinite melior est quam angelus et quam universum cuius pars est angelus, quod totum est terminatum, necessario est infinite potentior ad existendum, cum potentia bonum sit bonumque potestas. Immo etiam cum vere actuque esse bonum sit et nihil boni immenso desit bono, immensus actus infinite verius iam actu est quam cuncta.

Si infinita potestas duratione infinita nondum venit in actum, nulla unquam alia potentia venit. Immo si infinitus actus qui idem est ac illa potestas, non sit semper in actu, alius certe nullus erit. Si est semper in actu potentia quedam sua natura omni carens actu que est infinite passiva, id est materia, proculdubio est semper in actu potestas illa que actus est totus atque est efficax infinite, a qua passiva potentia sit possitque pati et patiatur.

Sed quid curiose inepteque querimus, utrum possibile verumve sit in universo esse immensum bonum necne, cum nihil sit possibilius veriusque eo quo nihil potest potentius cogitari? Non esset autem immensum bonum, nisi esset in eo quicquid melius iudicatur ut sit.

l'éternité jusque dans l'éternité, ne soit si bonne en vain, il vaut la peine, semble-t-il, qu'elle soit déjà en acte[360].

Surtout étant donné que, là où il y a un souverain acte et une souveraine puissance, là il y a une identité de la puissance et de l'acte, du pouvoir et de l'être[361].

Mais si dans les réalités inférieures et moins bonnes – c'est-à-dire les éléments, les mixtes, les plantes, les animaux – on découvre que, concernant leurs parties et le reste, il vaut mieux qu'il y ait ce que la nature a déjà prévu à l'avance, combien davantage, dans les réalités absolument meilleures et au sommet de la nature, tout ce qui est estimé meilleur et plus vrai y ait déjà[362] !

À cela s'ajoute que ce dont on montre qu'il est meilleur dans l'univers n'est pas jugé ainsi par une autre cause que celle de son accord à la raison véritable, de sa réunion surtout à l'ordre des choses, et de sa convenance principalement à l'ordonnateur des choses. Mais il est injuste de dire que cela est impossible ou faux.

Derechef, on désire la puissance et la vérité, comme si elles étaient naturellement bonnes et pour ce qu'elles sont : ou bien la bonté elle-même, ou bien l'effet de la bonté[363]. Donc ce dont on juge dans la nature de l'univers qu'il est plus possible et plus vrai, cela est aussi le meilleur. Et, inversement, ce dont on juge dans l'univers qu'il est meilleur, cela est aussi plus possible et plus vrai.

Pareillement, ce qui est meilleur participe davantage du bien. Donc ce n'est pas impossible, puisqu'il est impossible, estime-t-on, que quelque chose ne participe d'aucun bien.

À cela s'adjoint que si l'acte pur et infini, que nous avons découvert en disputant, est infiniment meilleur que l'ange et que l'univers dont l'ange est une partie et qui est tout entier délimité[364], il découle qu'il a infiniment plus la puissance d'exister[365], puisque la puissance est le bien et le bien la puissance. Bien mieux, dans la mesure où le bien est l'être véritable et actuel et que rien de bon ne manque au bien immense, l'acte immense est infiniment plus vrai et déjà plus actuel que toutes choses[366].

Si la puissance infinie ne vient pas encore en acte au cours d'une durée infinie, aucune autre puissance jamais ne vient. Ou plutôt : si l'acte infini et cette puissance qui sont identiques n'étaient pas toujours en acte, rien d'autre assurément ne serait[367]. Si toujours est en acte une certaine puissance qui, exempte de tout acte en sa nature propre, est infiniment passive (c'est-à-dire la matière), indubitablement toujours est en acte cette puissance qui est l'acte total et l'efficace infinie, par quoi la puissance passive est, peut pâtir et pâtit[368].

Mais pourquoi nous demander – curiosité ou maladresse ? – s'il est possible et vrai que le bien immense soit dans l'univers ou non, puisqu'il n'y a rien de plus possible et de plus vrai que celui en comparaison de qui rien ne saurait être pensé de plus puissant[369] ? Or il ne serait pas le bien immense, s'il n'y avait pas en lui tout ce qu'on estime exister de meilleur.

Atque excederet mens nostra cogitatione affectuque, quibus per boni gradus absque fine progreditur, principii summi naturam, siquid boni cogitari posset quod in eo non esset, ac nisi illud esset immensum.

Quid plura? Si in summo principio omnium atque fine, ubi summopere invenitur quicquid est appetendum, summa bonitas est et summa ipsa bonitas idem est prorsus ac summa potentia veritasque, sequitur quicquid circa ipsum melius iudicatur possibilius fore, immo iam verius esse.

Omnino autem meminisse oportet potentiam alicuius boni capacem esse revera aliquid atque in re aliqua vera fundari. Preterea dependere ab alio quodam quod iam actu id habeat bonum; rursum quod actu bonum possidet ab alio proficisci quod actu sit ipsum bonum actusque cuiuslibet actus.

De luce Dei ac de umbra materie

Ceterum alicui fortasse videbitur natura illa, in qua qualitas non discernitur a substantia sine forma luceque esse. Sed meminerit ille probavisse nos ad formam in se existentem ascendendum esse. Est ergo illa substantia forma. Profecto sicut in rerum infimo, id est materia prima, idem est esse et informe tenebrosumque esse, sic in summo idem est esse et formosum lucidumque esse, immo formam lucemque esse. Materia enim apud Moysem, tenebrarum abyssus est formarumque informe subiectum; Deus, lux, abyssus luminum formaque fons formarum. Materia infinita est patiendi potentia, Deus infinita virtus agendi, immo infinitus est actus. Illa ergo potentia est potentiarum omnium que in patiendo versantur, hic actus est actuum. Et sicut innumere de materia vere dicitur, materia neque forma hec est neque illa, ita de Deo innumerabiliter dicitur et vere dicitur : Deus hec forma est et illa. Una materia est umbra rerum umbratilium infima. Unus Deus lux summa luminum. Materia ob nimias tenebras ignota est, Deus ob nimiam lucem est incognitus. Nam si lux que est purior est et lucidior, nimirum Deus, cum solus sit purus actus, solus lux est revera dicendus. Si lux in forma quadam consistit potiusquam subiecto et formositas consistit in luce, ibi solum vera lux, ubi mera sine subiecti inquinamento forma, ibi solum vera formositas, ubi solum lux vera veraque forma. Quapropter omnis forma et lux, que vel videtur oculis vel cogitatur, quia finita est, umbra quedam est ad Dei

Et notre intelligence, du fait de la pensée et de l'affection qui l'aident à progresser sans fin par les degrés du bien, excèderait la nature du souverain principe, si on pouvait penser quelque chose du bien qui ne fût pas en lui, et si celui-là n'était pas immense.

Que dire de plus ? Si dans le principe et la fin suprêmes de toutes choses, où on trouve avec le plus grand soin tout ce qu'il convient de désirer, il y a la souveraine bonté, et l'identité absolue de la souveraine bonté même, de la souveraine puissance et de la vérité[370], il suit que tout ce qu'autour de lui on juge meilleur aura davantage de possibilité et plus encore de vérité.

Il faut absolument se souvenir que cette puissance qui contient quelque bien est vraiment quelque chose, et qu'elle tire son fondement de quelque réalité véritable; de surcroît, le bien dépend d'un certain autre qui le possède déjà en acte; derechef ce qui possède le bien en acte provient d'un autre qui est le bien lui-même en acte et l'acte de tout acte[371].

DE LA LUMIÈRE DE DIEU ET DE L'OMBRE DE LA MATIÈRE

Du reste, l'existence de cette nature, où la qualité n'est pas distinguée de la substance sans forme ni lumière, apparaîtra peut-être à l'esprit de quelqu'un; mais ce dernier se souviendra de la preuve par nous donnée qu'il faut s'élever à la forme existant en soi; donc cette substance est la forme. Assurément, de même que dans la réalité la plus basse – à savoir la matière première – il y a identité de l'être et de l'être informe et ténébreux, de même dans la réalité la plus haute il y a identité de l'être et de l'être formel et lumineux, ou mieux de la forme, de la lumière et de l'être. En effet, pour Moïse, la matière est abîme de ténèbres[372] et sujet informel des formes, alors que Dieu est lumière, abîme de lumières[373], forme et source des formes[374]. La matière infinie est puissance de pâtir[375], Dieu la vertu infinie d'agir, mieux, il est l'acte infini. Celle-là donc est la puissance de toutes les puissances qui se trouvent dans le fait de pâtir, celui-ci est l'acte des actes. Et de même qu'il est exact de dire d'innombrables fois que la matière n'est ni cette forme-ci ni cette forme-là; de même, au sujet de Dieu, dit-on des choses en nombre infini, et il est juste d'énoncer: Dieu est cette forme-ci et cette forme-là. Une seule matière constitue l'ombre la plus basse des réalités ombratiles[376]. Un seul Dieu constitue la lumière la plus haute des lumières[377]. La matière, à cause de sa trop grande ténèbre, est inconnue[378], Dieu, à cause de sa trop grande lumière, est inconnu[379]. En effet, si la lumière qui est plus pure est aussi plus lumineuse, assurément, puisqu'il est le seul acte pur, il faut dire que Dieu est l'unique lumière[380]. Si la lumière réside en une certaine forme plutôt qu'en un sujet, et si la belle forme réside en la lumière, alors où il n'y a que la vraie lumière, là est la forme pure sans souillure du sujet, où il n'y a que la vraie forme belle, là il n'y a que la lumière véritable et la véritable forme. Aussi toute forme et toute lumière vues ou pensées, parce qu'elles sont finies, sont une sorte d'ombre relativement à la forme et à la lumière de Dieu. Avec raison, Dieu est l'acte infini dans la mesure où il n'est resserré, comme nous l'avons dit,

formam atque lucem. Merito Deus infinitus est actus, quoniam vel subiecti vel cause limite, sicut diximus, non contrahitur. Hinc fit plane ut lumen immensum.

QUANTUM LUX DEI SUPEREMINET SUPERFICIEM INTELLECTUS, TANTUM DEI CALOR CENTRUM PENETRAT VOLUNTATIS

Cum vero a lumine calor trahat originem, est etiam ardor immensus, ardor in bono infinito infinite beneficus. Hunc nos ardorem voluntatis ardore potiusquam scintilla mentis attingimus, nam Deus quantum intellectus sui luce nos supereminet, tantum ferme bonitatis ardore se nobis inurit, ut nihil Deo excelsius sit, nihil quoque profundius. Quo amplior eius lux, eo intellectui naturaliter est ignotior. Quo vehementior ardor eo, ut ita dicam, certior voluntati. Deus ergo in summa intellectus cognitione quodammodo nox quedam est intellectui. In summo voluntatis amore certe dies est voluntati. Unde Orpheus Deum appellat « noctem atque diem ». Veruntamen divinus splendor in animo beatorum, quando nox appellatur, omni temporali die longe clarior advenit. Atque ob divinum munus tanto pene clarior quanto et Deus est, ut ita dicam, lucidior sole et animus purior ac serenior aere.

LUX IN ELEMENTIS, CELO, ANIMA, ANGELO, DEO

Lux in elementis facile perspicitur oculis, quorum complexio constat ex elementis. Lux in celo, quamvis amplior, difficilius tamen aspicitur. Remotior enim oculorum qualitas est a celo. Lux in anima nullo modo videtur sicuti neque lux Solis a noctua, quia nimia est, neque ad eam corporalis sensus ullam habet proportionem. Sed rationalis anime discursu aliquo cogitatur. Lux in angelo neque videtur neque etiam cogitatur. Est enim super sensus proportionem et super temporalis discursionis capacitatem, veruntamen intelligitur. Congruit enim anima cum angelo in sua quadam intelligentia stabili potiusquam mobili cogitationis discursione. Lux in Deo, quia etiam limites intellectus excedit omnino naturali hominis intelligentia non intelligitur, sed creditur potius et amatur, atque amata gratis infusa videtur, nempe huius amore accensus animus quo flagrat ardentius eo refulget clarius, discernit quoque verius fruiturque suavius. Hinc Plato asserit divinam lucem non rationis digito demonstrari, sed perspicua pie vite serenitate capi.

ni par la limite du sujet ni par celle de la cause[381]. De là vient évidemment qu'il soit une lumière sans limites[382].

Autant la lumière divine surpasse la partie supérieure de l'intellect, autant la chaleur divine pénètre le centre de la volonté

Or, puisque la chaleur tire son origine de la lumière, il y a aussi une ardeur immense, une ardeur infiniment bienfaisante dans le bien infini. Cette ardeur, nous l'atteignons par l'ardeur de la volonté[383] plutôt que par l'étincelle de l'intelligence[384], car, autant Dieu nous surpasse par sa lumière intellectuelle, autant presque toujours il s'imprime en nous par l'ardeur de sa bonté, au point qu'il n'est rien de plus haut, rien de plus profond, que Dieu. Plus sa lumière est vaste et plus il est, naturellement, inconnu à l'intellect. Plus son ardeur est véhémente et plus, pour ainsi dire, il est certain pour la volonté. Dieu donc, dans la souveraine connaissance de l'intellect, est une sorte de nuit pour l'intellect[385]. Dans le souverain amour de la volonté, il est assurément le jour pour la volonté. De là vient qu'Orphée appelle Dieu « Jour et Nuit »[386]. Toutefois la divine splendeur dans l'âme des bienheureux[387], quand on l'appelle nuit, est de loin beaucoup plus claire que tout jour temporel. Et, du fait de ce don divin, elle est presque aussi claire que lui, et Dieu, pour ainsi dire, est plus lumineux que le Soleil, et l'esprit est plus pur et plus serein que l'air.

La lumière dans les éléments, le ciel, l'âme, l'ange, Dieu

La lumière dans les éléments[388] est aisément perçue par les yeux dont la complexion est composée des éléments[389]. La lumière dans le ciel, quoique plus vaste, est cependant aperçue plus difficilement. En effet, la qualité des yeux est plus éloignée du ciel. La lumière dans l'âme n'est aucunement visible[390] (de même que la lumière solaire pour la noctuelle du fait de son excès[391]), et le sens corporel ne lui est aucunement proportionnel, mais on se la représente par quelque discours de l'âme rationnelle[392]. La lumière dans l'ange n'est ni vue ni même représentée[393]. En effet, elle est au-dessus de la proportion sensible, au-dessus de la capacité du discours temporel, mais pourtant elle est saisie par l'intellect. Car l'âme concorde avec l'ange dans la stabilité de sa propre intelligence, plutôt que dans la mobilité discursive de la pensée. La lumière en Dieu, parce qu'elle excède même les limites de l'intellect, est absolument inintelligible à l'intelligence humaine naturelle[394], mais on ne la croit et on ne l'aime que davantage[395] et, chérie, elle paraît répandue comme une grâce ; quant à l'esprit embrasé par cet amour, plus l'ardeur de son feu est grande, plus la clarté de son étincellement est vive, et il distingue aussi avec plus de vérité et jouit avec plus d'ardeur[396]. De là vient que Platon soutienne que la divine lumière ne se désigne pas par le doigt de la raison, mais s'obtienne par la transparence sereine d'une vie pieuse[397].

QUID CELUM, ANIMA, ANGELUS, DEUS ATQUE DE DIFFERENTIA VISIBILIS LUCIS ET INVISIBILIS

Ut autem nostre disputationis ambages aliquando paucis colligamus, celum esse dicimus lucem quandam absque materia quodammodo corporalem; animam lucem quandam sine quantitate magnam; angelum lucem sine motu celerimam; Deum lucem absque qualitate optimam atque potentissimam, cuius calorem voluntate prius certiusque et vehementius experimur, quam intelligentia lumen. In hoc potissimum differt lux invisibilis a visibili, quod visibilis quidem tam in igne quam in celo extrinsecus veniens illuminat priusquam calefaciat. Invisibilis autem contra intrinsecus agens quodammodo calefacit antea quam illuminet. Ideo in illa a visu ad tactum; in hac quasi a tactu quodam in visum progredimur. Humana pulchritudo videtur priusquam ametur; divina vero amatur ut videatur. Sed in illa qui videt sepe miserabiliter possidetur. In hac videre nihil est aliud quam feliciter possidere. Igitur frustra nimium contraque ordinem nature laborat, quicunque Deum absque singulari eius amore cultuque credit se possessurum vel reperturum sperat antequam amaturum.

SECUNDUS CONTEMPLATIONIS PLATONICE GRADUS CONSISTIT IN DEO

ARTIFICIUM UNIFORME ET OMNIFORME PENDET AB ARTE UNIFORMI ET OMNIFORMI

Communis omnium opinio credit et diligens sapientum ratio probat artificium hoc mundi, quod circa naturam suam ac motum artificiose rationabiliterque disponitur atque agitur, esse regique ab arte quadam rationali artificiosaque ratione. Profecto quantum ex huiusmodi artificio conicere licet, quod et unum et universum est atque circa totum partesque undique tam mirabili ratione constat et agitur, ut vix ulla possit ratio assequi, nulla queat omnino ratio imitari, absque dubio una cum Timeo argumentamur, artem illam mundi effectricem esse rationem quandam et unam et universam, uniformem, ut ita loquar, et omniformem. Rationem, inquam, mundi totius rationes omnes in se ipsa omnium mundi partium complectentem.

QU'EST-CE QUE LE CIEL, L'ÂME, L'ANGE, DIEU ET AU SUJET DE LA DIFFÉRENCE ENTRE LA LUMIÈRE VISIBLE ET LA LUMIÈRE INVISIBLE?

Afin de rassembler une bonne fois les détours de notre discussion en peu de mots, nous disons que le ciel est une lumière en quelque façon corporelle et sans matière ; que l'âme est une espèce de grande lumière sans quantité ; que l'ange est une lumière très véloce sans mouvement ; que Dieu est la lumière la meilleure et la plus puissante, lumière sans qualité dont la volonté nous fait expérimenter la chaleur plus avant, plus certainement, et plus véhémentement que ne le fait l'intelligence pour le lumineux. Sur ce point, la lumière invisible diffère par-dessus tout de la lumière visible, parce que cette dernière, venant du dehors tant dans le feu que dans le ciel, illumine avant que d'échauffer. En revanche la première, agissant au dedans échauffe pour ainsi dire avant d'illuminer. Pour cette raison nous progressons dans la lumière visible depuis la vue jusqu'au toucher, et dans la lumière invisible comme depuis une sorte de toucher jusqu'à la vue. L'humaine beauté est vue avant d'être aimée ; quant à la divine beauté, elle est aimée avant d'être vue. Mais dans celle-là, celui qui voit souvent est misérablement possédé, alors que dans celle-ci voir n'est rien d'autre que posséder avec bonheur. Donc, c'est en vain et excessivement que peine contre l'ordre naturel quiconque croit, sans l'amour et le culte de l'objet divin, posséder, ou espère trouver, Dieu avant de l'aimer[398].

LE SECOND DEGRÉ DE LA CONTEMPLATION PLATONICIENNE RÉSIDE EN DIEU

L'ARTIFICE UNIFORME ET OMNIFORME DÉPEND DE L'ART UNIFORME ET OMNIFORME

L'opinion communément partagée croit, et le jugement scrupuleux des sages prouve, qu'un certain art rationnel ainsi qu'une raison artificielle font être et gouvernent cet ouvrage du monde, disposé et produit artificiellement et rationnellement autour de sa propre nature et de son propre mouvement. À partir de cet artifice, combien est-il loisible assurément de conjecturer que l'un et l'univers existent, et qu'autour du tout et des parties ils résident et s'activent de tous côtés sous l'effet d'une cause admirable, au point que la raison peut à peine les atteindre et qu'absolument aucune raison particulière ne saurait les imiter ; et, de concert avec Timée, nous arguons indubitablement que cet art producteur du monde est une certaine raison une et universelle, uniforme et, pour ainsi dire, omniforme[399]. Raison du monde tout entier qui embrasse en elle-même, dis-je, toutes les raisons de toutes les parties du monde[400].

DEUS NOMINATUR ARS, RATIO, SUBSTANTIA, NATURA, VITA, SENSUS, INTELLIGENTIA, CERTITUDO

Si ratio hec absolutissima est et fons omnium rationum a qua substantia omnis, natura, vita, sensus, intelligentia producitur penitus atque ducitur, nemo usque adeo irrationalis esse debet ut neget huiusmodi rationem esse substantiam stabilissimam, naturam fecundissimam, vitam eternam, sensum perspicacissimum, intelligentiam lucidissimam, lucidissimam inquam, id est certissimam. Quod enim in corpore mundi lux et luminum et videntium est, id in ratione mundi effectrice est certitudo, luce hac tanto lucidior quanto certior et prestantior; certitudo scilicet cuiuslibet certitudinis que ex se certa sit sui, in se certa cunctorum, per se serenis mentibus clara certaque faciat omnia.

DEUS EST VERITAS, VERORUM OMNIUM FONS, CAUSA VERITATIS RERUM ATQUE MENTIS

Unde etiam summa cuiusque veritatis veritas nominatur a qua vera omnia fiunt, per quam indagantur vera, in qua vere cernuntur. Quam rerum perscrutatores pro arbitrio ubicunque volunt de veris consulunt, cuius scintilla naturaliter insita vera rimantur, cuius radiis per omnia fusis vera inventa discernunt a falsis, cuius examine vera iam discreta comparant invicem et diiudicant, et cum species a singulis abstractas, in quibus rei cuiusque veritas consistit, intelligunt non nisi veritatem ipsam, id est Deum intelligunt qui complexio et fons est omnium abstractorum, id est idearum, sicuti Solis lumen fons est colorum.

DESCRIPTIONES DEI COMMUNES SECUNDUM PLATONICOS

Quid ergo Deus est? Ratio rationum, fons rerumque artifex omnium, forma uniformis et omniformis, substantia immobilis omnia movens, in motu status, in tempore eternitas, in loco continens, in summis profunditas, summitas in profundis, in multitudine unitas, in debilitate potestas. Natura fecundissima naturarum, fecunditas fecunditatum naturalissima, eterna viventium vitarumque vita. Sensus sensibilium quidem lumen et sensuum perspicacia. Sensus medullas sensibilium in corticibus sentiens, cortices in medullis. Intelligentia quoque talis ut ipsa et rerum intelligendarum bonitas sit, et intellectus cuiuslibet veritas et gaudium voluntatis.

DIEU EST NOMMÉ ART, CAUSE, SUBSTANCE, NATURE, VIE, SENS, INTELLIGENCE, CERTITUDE

Si cette raison est la plus absolue et constitue la source de toutes les raisons par quoi toute substance, toute nature, toute vue, tout sens, toute intelligence, sont entièrement produits et conduits[401], personne ne doit être à ce point dépourvu de raison pour affirmer qu'une telle raison n'est pas la substance la plus stable, la nature la plus féconde, la vie éternelle, le sens le plus perspicace, l'intelligence la plus lumineuse, lumineuse, dis-je, c'est-à-dire la plus certaine. Car, qu'il y ait une lumière propre aux flambeaux et aux yeux dans le corps du monde implique dans la raison effectrice du monde une certitude plus lumineuse, plus certaine et plus éminente que cette lumière, la certitude, il va sans dire, de toute certitude, telle qu'à partir de soi elle est certaine de soi, en soi certaine de toutes choses, et par soi origine de la clarté et de la certitude de tout pour les intelligences pures.

DIEU EST VÉRITÉ, SOURCE DE TOUS LES VRAIS, CAUSE DE LA VÉRITÉ DES CHOSES ET DE L'INTELLIGENCE

De là vient qu'on nomme souveraine vérité de chaque vérité la vérité d'où toutes choses deviennent vraies, par quoi toutes choses vraies sont recherchées, et où leurs vérités sont discernées[402]. Combien ces investigateurs du réel[403], qui délibèrent partout où ils veulent et suivant leur jugement du vrai, par l'étincelle duquel ils scrutent les vérités innées[404], par les rayons diffus duquel ils discernent les vérités trouvées des faussetés, par l'examen duquel ils comparent les vérités déjà distinguées et les différencient mutuellement et, une fois les espèces abstraites de chacune – là réside la vérité de chaque réalité –, combien ces investigateurs saisissent-ils la vérité elle-même, à savoir Dieu, union et source de tous les abstraits, c'est-à-dire des idées, de même que la lumière solaire est la source des couleurs[405] !

DÉTERMINATIONS COMMUNES DE DIEU, SELON LES PLATONICIENS

Qu'est-ce donc que Dieu[406] ? La raison des raisons, la source et l'auteur de toutes les réalités[407], la forme uniforme et omniforme[408], la substance immobile mettant tout en mouvement, la stabilité dans le mouvement, dans le temps l'éternité[409], dans le lieu le continu, la profondeur dans les sommets, le sommet dans le profond, dans la multitude l'unité[410], dans la faiblesse la puissance. La nature la plus féconde des natures[411], la fécondité la plus naturelle des fécondités, la vie éternelle des vivants et des vies[412]. Le sens lumière des sensibles, et la perspicacité des sens. Le sens sentant la mœlle des sensibles dans l'écorce, et l'écorce dans la mœlle. L'intelligence encore telle qu'elle-même soit et la bonté des réalités intellectuellement saisissables, et la vérité de n'importe quel intellect, et la joie de la volonté[413].

RATIONES MULTE QUOD GAUDIUM CONTEMPLANTIS SUPERAT SENSUUM VOLUPTATES

Gaudium, inquam, ex verissima bonitate et optima veritate optimum et verissimum. Hinc Plato divinus inquit, ab iis que sensibus offeruntur, quia veniunt ab extrinseco nec vere existunt, sed impura breviaque sunt, externam quandam titillationem circa corporis et anime cutem falsamque et dolori permixtam et brevem fieri voluptatem. Ab his autem que menti ab intrinseco penitus se insinuant, quia intima veraque et pura et stabilia summaque sunt, intimam, veram, meram, stabilem, summam voluptatem anime medullis infundi.

Proinde sensus atque sensibile ita se invicem habent, ut propter eorum crassitudinem debilitatemque sese prorsus penetrare non possint. Intelligibile vera sua tenuitate vique mirabili illabitur in intellectus interiora atque intellectus subtilitate virtuteque sua undique intelligibile penetrat. Alioquin non posset mens rei intelligende naturam ab alienis secernere, in partes suas distinguere, intima eius cum extimis comparare. Quo fit ut voluptas mentis si quando rite contemplando revera percipitur, interior vehementiorque sit quam sensus oblectamenta.

Si tunc vehementer delectari solemus cum circa calorem vel frigus siccumve et humidum aut evacuationem repletionemve habitum corporis naturalem contrariis quasi amissum, contrariis iam recipimus, ceu quando nimium calefacti refrigeramur, in ceterisque similiter, quanta illum voluptate perfundi putamus, qui naturalem mentis habitum tenebris et malignitate deperditum, iamiam luce et bonitate resumit totusque ad suam reformatur ideam ?

Ac si ex rebus magis magisque convenientibus maior gradatim maiorque nascitur delectatio, atque si nihil convenientius homini quam ipsa humanitatis idea, que verus est homo, quid suavius quam et eam intelligendo in se complecti et in eam amando restitui ?

Preterea in omnibus pulchris bonisque amandis revera nihil aliud, quamvis forsitan inscii, quam pulchritudinem ipsam bonitatemque amamus, a qua et ex qua pulchra bonaque sunt singula. Perinde ac siquis dixerit gustui dulcedinis avido pomum vinumque placere, non quia pomum vinumve sit, sed quia dulce, atque iccirco nihil aliud in his quam ipsam dulcedinem affectari et in dulcedine bonitatem. Igitur si omnium iocundissimum est re amata potiri, quid potest iocundius cogitari quam illo potiri qui ipsa pulchritudo est et ipsa bonitas? Nusquam enim alibi re amata sed eius umbra potimur.

MAINTES RAISONS ATTESTANT QUE LA JOIE DU CONTEMPLANT DÉPASSE LES VOLUPTÉS DES SENS

La joie, dis-je, qui procède de la bonté très véritable ainsi que de la vérité la meilleure est la plus haute et la plus véritable. De là, ces paroles du divin Platon[414] : du côté des choses offertes aux sens, parce qu'elles viennent de l'extérieur et n'existent pas véritablement mais sont impures et brèves, le plaisir se fait bref, faux, se mêle à la douleur et devient une sorte de chatouillement autour de l'écorce du corps et de l'âme. Mais du côté des choses qui s'insinuent entièrement du dedans dans l'intelligence, parce qu'elles sont intimes, véritables, pures, stables et souveraines, un plaisir intime, véritable, pur, stable et souverain se répand dans la mœlle de l'âme[415].

Par conséquent, le sens et le sensible se comportent alternativement de telle façon que, du fait de leur épaisseur et de leur faiblesse, ils ne peuvent absolument pas se pénétrer. En revanche l'intelligible, du fait de sa ténuité véritable et de son admirable puissance, se glisse à l'intérieur de l'intellect et celui-ci, à cause de sa subtilité et de sa vertu, pénètre de toutes parts l'intelligible. Sans quoi, l'intelligence ne saurait discerner la nature d'une réalité intelligible d'une autre, ni distinguer ses parties propres, ni comparer leur intimité et leur périphérie. De là vient que le plaisir de l'intelligence, si un jour la contemplation rituelle permet une réelle perception, soit plus intérieur et plus véhément que les divertissements des sens[416].

Si d'ordinaire nous nous réjouissons fort quand nous retirons l'habitus naturel du corps des contraires auxquels il a été pour ainsi dire abandonné : la chaleur et le froid, le sec et l'humide, le vide et le plein[417], comme lorsque, trop échauffés, nous nous refroidissons (et de même dans les autres cas), alors quel grand plaisir inonde, d'après nous, celui qui, l'habitus naturel de son intelligence anéanti dans les ténèbres et la malignité, se rassemble désormais dans la lumière et la bonté, se reforme tout entier suivant sa propre idée ?

Mais si, depuis les réalités de plus en plus appropriées, une délectation de plus en plus grande a pris graduellement naissance, et si rien ne convient davantage à l'homme que l'idée elle-même de l'humanité, laquelle est l'homme véritable[418], quoi de plus suave que d'être embrassé en soi cependant qu'on l'intellige, et d'être restitué en elle tandis qu'on aime ?

En outre, dans toutes les choses belles et bonnes à aimer, nous n'aimons rien d'autre, même si nous l'ignorons peut-être, que la beauté et le bien eux-mêmes, par quoi et à partir de quoi chaque chose est belle et bonne. C'est comme si quelqu'un disait que la pomme et le vin plaisent à son palais avide de douceur, non pas parce qu'il y a de la pomme et du vin, mais parce qu'il y a du doux, et pour cette raison que rien d'autre en eux ne l'affecte que la douceur même et dans la douceur la bonté[419]. Donc si toute chose éprouve un très fort agrément à posséder la réalité aimée, que peut-on concevoir de plus agréable que de posséder ce qui est la beauté et la bonté elles-mêmes ? En effet, nulle part ailleurs nous ne possédons la réalité aimée, sauf à se satisfaire de son ombre[420].

Ibi ergo placet idea nostra, est enim sibi quisque carissimus. Ibi solum plenissime delectamur ubi solum verissime nos reperimus. In nostra idea idee placent omnes. Pulchritudo oblectat in omnibus, omnes in bonitate nos implent.

Atque secundum formam proprie ibi ipsa gaudii idea gaudemus. Quo fit ut tota gaudii illic solum plenitudine gaudeamus.

Si ubi est bonum hoc et illud, ibi gaudet hic et ille, certe ubi est ipsum bonum, ibi est ipsum gaudium.

Si nullus vere vivit aut sapit nisi qui proprie vita ipsa vivit et sapienta ipsa sapit, proculdubio nullus vere pleneque gaudet nisi qui proprie gaudio ipso gaudet.

Denique cum finito pulchro et bono finite letemur, certe infinita pulchritudine bonitateque innumerabilium formarum bonorumque fonte infinite gaudemus.

GUSTUS ANIMI AMARO CORPORIS HUMORE INFECTUS, DIVINORUM SAPOREM AUT NULLO MODO AUT VIX ET RARISSIME GUSTAT

Sed tanti huius gaudii vix et raro admodum, ha nimium miseri, in terris participes sumus. Et nunc quidem exilem quandam eius umbram ac momento pretereuntem nostre mentes egrote percipiunt. Quarum naturalis gustus, proh dolor, amaro corporis huius humore nimium est infectus. Unde efficitur ut celestis ille saluberimusque sapor vel non sentiatur vel offendat interdum vel leviter breviterve delectet. Acutius inter nos aliquando gustant vehementiusque et diutius oblectantur qui magis sordes labemque corporis morum contemplationisque studio a natura mentis abstergunt. Sed

... Pauci, quos aequus amavit
Iupiter, aut ardens evexit ad aethera virtus.

Quinam isti sunt, o amice? Hi certe sunt quibus a Vite Magistro dicitur: « Iterum videbo vos et gaudebit cor vestrum. Gaudium vestrum erit plenum, nec a vobis unquam auferetur ».

Là donc notre idée est satisfaite, car chacun pour soi est le plus cher[421]. Là seulement nous sommes pleinement réjouis, là où seulement nous nous découvrons véritablement[422]. Dans notre idée, toutes les idées sont satisfaites. La beauté charme en toutes choses[423], toutes choses nous comblent dans la bonté.

Et, d'après la forme, nous nous réjouissons là proprement de l'idée de la joie elle-même. De là vient que nous nous réjouissions seulement là-bas de la plénitude de la joie[424].

Si là où se trouvent tels ou tels biens, là ils nous procurent telle ou telle joie, assurément là où se trouve le bien lui-même, là est la joie elle-même[425].

Si nul ne vit ou ne sait véritablement, hormis celui qui proprement vit par la vie même et sait par la sagesse même, sans doute, nul ne se réjouit vraiment et pleinement, hormis celui qui proprement se réjouit de la joie elle-même.

Enfin, puisque nous éprouvons une joie finie avec un beau et un bien finis, assurément dans la beauté et la bonté infinies, source des formes et des bontés innombrables, nous éprouvons une vie infinie[426].

LE GOÛT DE L'ESPRIT INFECTÉ PAR L'HUMEUR AMÈRE DU CORPS NE GOÛTE AUCUNEMENT, OU À PEINE, OU TRÈS RAREMENT, À LA SAVEUR DES RÉALITÉS DIVINES

Mais ici-bas, c'est à peine et très rarement si nous participons de cette joie, misérables que nous sommes, hélas ! Et maintenant, au vrai, nos intelligences malades en perçoivent l'ombre grêle et passagère, elles dont le goût naturel, ah douleur, a été par trop infecté par l'humeur amère de ce corps[427]. De là résulte que cette céleste saveur, ô combien salubre, ne soit pas sentie, et parfois mécontente ou charme avec légèreté ou fugacité. Mais entre nous il en est qui la goûtent un jour de façon plus pénétrante, plus véhémente; et qu'ainsi soient récréés plus longuement ceux qui effacent davantage de leur nature intellectuelle, par l'application à la morale et à la contemplation, l'ordure et la souillure du corps ! Mais :

Bien rares l'ont pu, hommes qu'aima le juste
Jupiter, ou que leur ardente vertu éleva jusqu'à l'empyrée[428].

Qui sont-ils donc, ô ami ? Assurément ce sont ceux pour qui le Maître de vie[429] a dit : « mais je vous reverrai et votre cœur se réjouira, et personne ne vous ravira votre joie »[430].

TERTIUS CONTEMPLATIONIS PLATONICE GRADUS. CUR ANIMA IN CORPORE DIFFICILE DIVINA COGNOSCAT ET QUOD SIT IMMORTALIS

PRIMUM MENTIS OBSTACULUM AD LUCEM INTELLIGIBILIUM INTUENDAM. QUIA EST CONIUNCTA CORPORI

Igneus est ollis vigor et celestis origo
Seminibus, quantum non noxia corpora tardant,
Terrenique hebetant artus moribundaque membra.
Hinc metuunt cupiuntque dolent gaudentque, nec auras
Respiciunt, clause tenebris et carcere ceco.

Quid in his carminibus Platonicus Maro noster voluerit, videamus. Anima, tenebroso corporis huius carcere circumsepta mirabile veritatis lumen et vera que mirifice in illo refulgent minime percipit, quia minimam ad illud habet proportionem. Defectus autem proportionis huiusmodi tribus ex causis provenit.

Prima est, quoniam anima forma quedam est coniuncta corpori. Illud vero lumen est forma penitus a commercio corporum segregata. Huc tendit quod inquit in *Metaphysicis* Aristoteles : « Intellectus noster se habet ad illa que in natura clarissima sunt, tanquam noctue oculus ad Solis lumen ». Ad idem spectat quod scribit in *Metaphysicis* Avicenna : « Quemadmodum paralytici lingua oppressa quodam humore certum gustum saporis amittit, quo expurgato recipit gustum ; ita intellectus humanus ob corporis mortalis coniunctionem quasi paralyticus, id est naturali eius sensu orbatus est ad illa que incorporea penitus sunt et eterna. Atque sicut humor lingue actum gustandi adimit, non virtutem, quod in eo apparet qui iam purgatus gustandi recipit actum, ita corpus actionem intellectus circa incorporalia interturbat, sed potentiam non disperdit ». Quod ex eo conicimus, quia quanto longius animus tam morum cultu quam speculationis frequentatione se a corpore sevocat, tanto clarius incorporalia cernit. Atque una cum his etiam semet ipsum, qui etiam ipse est incorporeus, quandoquidem actione sua et affectu quodam innato aliquando corporum transcendit ordinem atque virtutem.

TROISIÈME DEGRÉ DE LA CONTEMPLATION PLATONICIENNE. POURQUOI L'ÂME DANS LE CORPS A UNE CONNAISSANCE DIFFICILE DU DIVIN, ET RELATIVEMENT AU FAIT QU'ELLE SOIT IMMORTELLE ?

PREMIER OBSTACLE À L'INTELLIGENCE POUR CONTEMPLER LA LUMIÈRE DES INTELLIGIBLES. PARCE QU'ELLE EST CONJOINTE AU CORPS

Une vigueur de feu, une empreinte céleste paraissent en eux
Du fait de ces germes, pour autant qu'ils ne sont pas appesantis par l'impureté de la matière,
Émoussés par des organes faits de terre et des membres voués à la mort.
Dès lors, craintes et désirs pour nos âmes, chagrins et joies ; et les souffles du ciel
Elles ne les sentent plus, encloses de ténèbres en aveugle prison[431].

Voyons ce que notre maître Platonicien, Maron, a voulu dire dans ce poème. L'âme, enclose dans la prison ténébreuse de ce corps[432], perçoit très peu l'admirable lumière de la vérité ainsi que les choses vraies qui merveilleusement y fulgurent, du fait de la proportion minimale qui la réunit à elles. Et le défaut d'une telle proportion provient de trois causes.

La première est le fait que l'âme est une certaine forme conjointe au corps[433]. Or cette lumière est une forme absolument séparée du commerce corporel. À cela tend l'affirmation d'Aristote dans la *Métaphysique* : « notre intellect se comporte vis-à-vis de ce qui est très clair dans la nature, comme l'œil de la noctuelle par rapport à la lumière solaire »[434]. Avicenne a en vue la même chose quand il écrit en sa *Métaphysique* : « Tout comme l'humeur oppressant la langue d'un paralytique lui fait perdre la certitude gustative de la saveur, qu'il recouvre une fois l'humeur expurgée ; ainsi l'intellect humain, du fait de son union au corps mortel, est pour ainsi dire paralytique, c'est-à-dire qu'il est privé de son sens naturel pour ce qui touche les réalités absolument incorporelles et éternelles. Et de même que l'humeur enlève à la langue l'acte gustatif, et non la vertu gustative – ce qui apparaît chez celui qui, une fois purgé, retrouve cet acte –, de même le corps trouble l'action de l'intellect par rapport aux incorporels, mais ne détruit pas sa puissance »[435]. Et cela nous venons à le conjecturer parce que plus l'esprit se sépare[436] longtemps du corps tant par la pratique morale que par l'usage de la spéculation[437], et plus clairement il discerne les incorporels. Et de concert avec eux, il se contemple lui-même, lui qui est aussi incorporel, puisque son action personnelle et une certaine disposition innée l'amènent un jour à dépasser le niveau et la vertu corporels.

SECUNDUM OBSTACULUM AD INTELLIGIBILE LUMEN. QUONIAM ANIMUS AD CORPUS AFFICITUR

Altera causa que proportionem quam ab initio diximus impedit est eiusmodi; quod anima coniuncta corpori cum eo pacto quo hic est naturaliter moveatur et agat, certe naturalem convertit affectum in primis ad corporalia, qualis affectus eam ab incorporalibus longe divertit.

TERTIUM OBSTACULUM AD INTELLIGIBILE LUMEN. QUONIAM ANIMUS VERTIT ACIEM AD CORPORA

Tertia quod aciem cognoscendi frequenter vertit ad sensum et sensibilia eorumque imagines in phantasia reconditas. He vero imagines tanquam nubes quedam usque adeo aciem mentis obumbrant, ut lucem intelligibilium mirabilem non discernat, dum splendorem eorum ut plurimum non in se ipso, sed in his nubibus intuetur, ubi iam a se ipso degenerantem, et quasi corporalem iam factum aspicit, et ob hoc neque verum ipsum videt neque clarum, sed imaginum caligine obfuscatum. Similis autem esse videtur hec affectio mentis oculis rubra ophtalmia laborantibus, quibus lux non clara sicuti est, sed rubra videtur, colores quoque in luce non quales sunt, sed rubri. Sunt etiam nonnulli quorum animus aliquando ita et corporis contagione et corporalium nebulis obfuscatur, ut rerum spiritalium radios omnino nusquam videat, instar oculi qui opprimitur cataracta. Ceterum quando corporales he sordes quodammodo abluuntur, ab animo incorporalia aliquantum prospiciuntur; quando vera penitus diluuntur, subito intelligibile lumen, intelligibilium omnium radiis plenum, intelligentie oculis sese prorsus infundit. Quod quidem ubique est, et natura sua intellectualem oculum, cum primum fuerit purgatus, illustrat, sicut lumen visibile visum atque sensibilia omnia multo clarius in luce intelligibili tanquam in primo fonte refulgent, quam in luce visibili, que revera illius est umbra. Meminisse vero oportet animam occupatam in mole corporis fabricanda regendaque et in diversas actiones distractam et perturbatam ad spiritalium radios aut nullo modo aut ut plurimum neglecte et leviter aciem vertere, adde et oblique. Quippe etiam quando paulo attentius pro viribus aspicit, quia ipsa coniuncta est corpori, sepissime ad coniuncta se flectit, id est ad corporalium nubes in phantasia volantes.

SECOND OBSTACLE À LA LUMIÈRE INTELLIGIBLE. PUISQUE L'ESPRIT EST AFFECTÉ AU CORPS

L'autre cause qui empêche la proportion dont nous avons parlé au début est de cette sorte : l'âme conjointe au corps avec lequel elle se meut et agit d'une façon naturelle convertit d'abord l'affect naturel aux corporels, lequel affect la détourne longuement des incorporels [438].

TROISIÈME OBSTACLE À LA LUMIÈRE INTELLIGIBLE. PUISQUE L'ESPRIT TOURNE SA POINTE VERS LES CORPS

Le troisième obstacle provient de ce que la pointe de la connaissance se tourne souvent vers le sens, les sensibles et leurs images cachées dans la phantaisie [439]. Or ces images, telles des nuées [440], obombrent jusqu'à la pointe de l'intelligence [441], au point qu'elle ne discerne plus la lumière admirable des intelligibles, et ne contemple plus beaucoup leur splendeur en elle-même mais dans ces nuées où abâtardie, et faite pour ainsi dire corporelle, elle regarde ; et à cause de cela elle ne voit ni le vrai lui-même ni le clair, mais leur offuscation par le brouillard de l'image. Or cette affection de l'intelligence est similaire, semble-t-il, à l'ophtalmie rouge qui touche les yeux fatigués, pour lesquels la lumière n'est plus claire mais paraît rouge [442], de même que les couleurs dans cette lumière ne sont plus telles, mais rouges. Il en est quelques-uns aussi dont l'esprit est tant obscurci par la contagion du corps et les brumes corporelles, qu'il ne voie absolument nulle part les rayons des réalités spirituelles, à l'instar de celui dont l'œil est recouvert par la cataracte. Du reste, quand ces saletés corporelles se diluent [443], l'esprit aperçoit une quantité notable d'incorporels ; mais quand elles se dissolvent absolument [444], soudain la lumière intelligible, grosse des rayons de tous les intelligibles, se transmet tout à fait aux yeux de l'intelligence [445]. Et, au vrai, cette lumière est partout, elle illumine par sa propre nature l'œil intellectuel [446] dès qu'il a été purifié, de même que la lumière visible et tous les sensibles brillent beaucoup plus clairement dans la lumière intelligible, pour ainsi dire leur source première, que dans cette lumière visible qui en est véritablement l'ombre. Mais il faut se souvenir que l'âme, accaparée par le façonnement et le gouvernement de la masse corporelle ainsi que distraite et perturbée dans diverses actions, ou bien ne tourne d'aucune sorte son sommet vers les rayons spirituels, ou bien, comme la plupart, le fait avec négligence et légèreté et, ajoutons encore, de manière indirecte. De fait, quand on y regarde, selon ses moyens, un peu plus attentivement, dans la mesure où l'âme est conjointe au corps, elle incline le plus souvent vers ce qui lui a été adjoint [447], à savoir les nuées corporelles qui volent dans la phantaisie [448].

Phantasia etiam radios spiritalium, cum primum menti subrutilant, corporalium simulacris induit, ideoque mens aut nullo pacto aut vix obscureque videt. Sed quando et seiuncta est a corpore et a corporis labe mundata ad incorporalia solum tota intentione convertitur, quorum uberima luce refulget ad votum, cuncta in ea clare discernit tanquam et clarissima in se ipsis et intelligentie intima. Hoc autem assequitur quando

(...) perfecto temporis orbe
Concretam exemit labem purumque relinquit
Ethereum sensum atque aurae simplicis ignem.

RATIO IMMORTALITATIS ANIMI, QUONIAM INTELLIGIT INCORPOREA SINE CORPORIS INSTRUMENTO, ATTINGIT FORMAS SEPARATAS SEPARATQUE CONIUNCTAS

Quod autem animus noster queat secundum substantiam separari a corpore atque deinde in se ipso manere, ex hoc in presentia intellexisse sufficiat quod intellectus agit sine ullo instrumento corporeo, quando scilicet per omnia corporalium genera speciesque discurrens, ascendit inde superius ad ordinem spiritalium, illaque in genera sua speciesque distinguit. Per instrumentum vero corporeum, quod etiam particulare esset, non posset nisi corporea et particularia comprehendere. Si absque corpore potest agere, potest et seorsum ab illo vivere atque intelligere. Adde quod secundum actionem que et a substantia eius est et in substantia permanet, ipse non modo attingit que separata eternaque sunt quando invitis etiam phantasie fallaciis probat talia quedam in rerum ordine esse debere, verum etiam vi sua separat a materia formas, quando in rebus naturalibus secernit a singulis speciei cuiusque naturam.

Plotinus et Proculus aiunt, quoniam essentia actionis et principium est et fundamentum, ideo mentem que actione se a corpore sevocat abstrahendo posse multo magis secundum essentiam seorsum a corpore vivere. Themistius arbitratur difficilius esse naturas separare coniunctas quam formas percipere separatas. Unde concludit intellectum posse separatas formas attingere, quandoquidem coniunctas naturas pro arbitrio separat.

La phantaisie également, dès qu'ils se mettent à rutiler devant l'intelligence, revêt les rayons spirituels de simulacres corporels[449] et, pour cela, ou bien l'intelligence ne voit d'aucune sorte, ou bien avec peine et obscurité. Mais quand l'âme s'est disjointe du corps et nettoyée de la souillure corporelle[450], elle se convertit de toute sa volonté aux seuls incorporels dont l'abondante lumière l'éclaire à souhait, elle y discerne clairement toutes choses, elle qui est pour ainsi dire la plus claire dans ces choses et l'intime de l'intelligence. Or elle parvient à ce degré quand :

> (...) l'orbe du temps une fois accompli,
> On a extirpé la tache invétérée, restitué dans sa pureté
> L'intelligence céleste, le feu du souffle sans mélange[451].

RAISON DE L'IMMORTALITÉ DE L'ESPRIT, PUISQU'IL SAISIT LES INCORPORELS SANS LE TRUCHEMENT DU CORPS, ATTEINT LES FORMES SÉPARÉES ET SÉPARE LES FORMES CONJOINTES

Quant au fait que notre esprit puisse selon sa substance se séparer du corps et demeurer ensuite en lui-même, qu'il soit suffisant désormais d'avoir compris ceci : l'intellect agit sans aucun truchement du corps puisque, bien entendu, décourant à travers tous les genres et les espèces corporels, il monte à partir de là plus haut vers l'ordre des réalités spirituelles, et les distingue en leur genre et espèce[452]. Mais par l'entremise du corps, du fait de son caractère particulier, il ne saurait comprendre que des choses corporelles et particulières. Si l'intellect peut agir sans le corps, il peut aussi vivre et penser indépendament de lui[453]. Ajoute que, conformément à l'action qui participe de sa substance et persiste dans la substance, l'intellect atteint non seulement les essences séparées et éternelles (ce qui prouve que, malgré les tromperies de la phantaisie, il est dans l'ordre des choses qu'il en soit ainsi), mais encore sépare par l'effet de sa propre puissance les formes de la matière quand, au sein des choses naturelles, il distingue la nature de chaque espèce de chacune en particulier[454].

D'après Plotin[455] et Proclus[456], vu que l'essence de l'action est le principe et le fondement, l'intelligence, qui par son action se détache du corps en s'abstrayant[457], peut beaucoup plus, suivant l'essence, vivre indépendamment du corps. Thémistius[458] estime qu'il est plus difficile de séparer les natures conjointes que de percevoir les formes séparées. De là sa conclusion : l'intellect peut atteindre les formes séparées, puisqu'il sépare en vertu du jugement les natures conjointes[459].

RATIO IMMORTALITATIS ANIMI. EX PROPORTIONE AD FORMAS SEPARABILES ATQUE EX ACCESSU AD SEPARATAS

Nature huiusmodi naturalia familiariaque obiecta sunt intellectus humani, quandiu naturale hoc corpus inhabitat. Continue nanque et naturali quodam instinctu intelligit eas a singulis separando. Unde inter hunc et illas necesse est ut proportio sit non parva. Ex quo concluditur intellectum esse ea conditione corpori iunctum ut sit separabilis, immo etiam quodammodo separatus, quandoquidem obiecta eius domestica sunt species coniuncte quidem singulis, sed non ut coniuncte, immo ut separabiles atque separate. Nempe communis intelligendi modus hic est ut quando phantasia hominem hunc et illum imaginatur, tunc intellectus, pretermissis mortalibus hominis accidentibus, pretermisso hoc situ temporeque et illo, ad humanitatem ipsam se conferat singulis communem hominibus, ubique semperque vigentem similiterque in aliis speciebus. Maxime vero tunc separatus apparet, quando interdum ultra conditionem, qua hic habitat species illas rerum naturalium, resolvit prorsus in rationes ipsas ideasque super naturam ab omni materia penitus absolutas. Et sicut ab imagine in phantasia reperta ante naturali quodam intuitu processit ad speciem abstrahendo, sic deinde a specie argumentando ad speciei rationem prorsus eternam. Videlicet quia necessarium sit naturam in multis unam a forma una super multitudinem proficisci.

RATIO IMMORTALITATIS ANIMI, QUIA INTELLIGIT NONNIHIL, AD CUIUS INTUITUM PROPRIUM PHANTASMA ALIQUANDO NON EST NECESSARIUM

Profecto quoniam ab essentia provenit actio, semper qualis essendi conditio est talis agendi, atque e converso. Quamobrem animus noster quia nunc ita iunctus est corpori ut separabilis sit aliquando et ut permaneat separatus, ideo cognoscendo quamvis conditione loci incipiat a singulis rerum formis omnino materie iunctis, tamen deinde procedit ad species coniunctas quidem effectu, sed et sua quadam natura et virtute intelligentie separabiles. Tertio vi sua discussis a se parumper phantasie simulacris ad rationes iam separatas, quas in rerum ordine omnino absolutas existere nunquam excogitare posset, nisi saltem ad brevissimum tempus ab acie phantasmatum nubes expelleret. Sed cito ob regionis huius naturam consuetudinemque congregate iterum nubes celestium impediunt

RAISON DE L'IMMORTALITÉ DE L'ESPRIT. D'APRÈS LE RAPPORT AUX FORMES SÉPARABLES ET L'ACCÈS AUX FORMES SÉPARÉES

Les objets naturels et familiers de cette nature sont le propre de l'intellect humain aussi longtemps qu'il habite ce corps naturel. En effet, de façon continue et par une sorte d'instinct naturel, il saisit chaque forme en les séparant des autres. De là résulte entre lui et elles une proportion nécessaire, laquelle n'est pas sans importance. On en conclut que l'intellect dans cette condition est joint au corps de manière à en être séparable[460], ou mieux d'une certaine façon séparée aussi[461], puisque les objets qui lui sont domestiques sont les espèces conjointes à chacun, non pas pour être conjointes, mais au contraire pour être séparées et séparables. Naturellement, ce mode commun d'intellection est tel que, quand la phantaisie s'imagine cet homme-ci ou cet homme-là, alors l'intellect, une fois supprimés les accidents mortels de l'homme ainsi que cet état et ce temps-ci et cet état et ce temps-là[462], se rapporte à l'humanité elle-même commune à chaque homme, elle qui partout et toujours fleurit pareillement dans les autres espèces. Mais alors l'intellect apparaît essentiellement séparé[463], quand, au-delà de la condition par quoi il habite les espèces des réalités naturelles, il ouvre absolument aux raisons elles-mêmes ainsi qu'aux idées qui se trouvent au-dessus de la nature entièrement dégagées de toute matière[464]. Et de même que, depuis l'image trouvée d'abord dans la phantaisie par une certaine intuition naturelle, il a progressé jusqu'à l'espèce en s'abstrayant[465], de même ensuite depuis l'espèce il progresse en argumentant jusqu'à la raison absolument éternelle de l'espèce[466]. Évidemment parce qu'il est nécessaire qu'une unique nature dans le multiple procède d'une forme unique au-dessus de la multitude.

RAISON DE L'IMMORTALITÉ DE L'ESPRIT, PARCE QU'IL SAISIT QUELQUE CHOSE DONT L'INTUITION PROPRE NE NÉCESSITE PAS TOUJOURS LE PHANTASME

Assurément, puisque l'action provient de l'essence, toujours la condition de l'être est telle que la condition de l'agir et inversement. Aussi notre esprit, dans la mesure où maintenant il est joint au corps de telle manière qu'il soit un jour séparable et qu'il demeure séparé, bien que, du fait de sa condition locale, il commence d'abord par la connaissance de chacune des réalités formelles entièrement jointes à la matière, toutefois ensuite il s'avance dans son accomplissement jusqu'aux espèces conjointes, lesquelles sont séparables par leur propre nature et par la vertu de l'intelligence. Enfin, après avoir lui-même momentanément dissipé les simulacres de la phantaisie[467], il s'élève par sa propre puissance aux raisons déjà séparées[468], elles dont l'existence absolument libre ne pourrait jamais être conçue si, durant un très bref instant, la pointe de l'intellect ne repoussait les nuées des phantasmes. Mais, du fait de la nature et de l'ordinaire de cette région, les nuées qui ont tôt fait de se rassembler à nouveau empêchent

claritatem. Ex illa autem subita abstractione coniciunt Metaphysici posse intellectum aliquando absque phantasmatibus intelligere. Unde etiam sequitur posse seorsum a corpore vivere et clarissime intelligere.

ANIMA IN CORPORE SECUNDUM PLATONICOS PROCEDIT COGNOSCENDO A SINGULIS AD SPECIES, A SPECIEBUS AD IDEAS. EXTRA CORPUS E CONVERSO PROGREDITUR SCILICET AB IDEIS AD SPECIES, A SPECIEBUS AD SINGULA

Verum quando separatus animus est, progreditur aliter quam in corpore, nam in corpore animus a singulis ad species, a speciebus transit ad rationes. Separatus autem contra, nempe a familiaribus suis naturaliter tunc incipiens, in divinis rationibus naturali intuitu naturales videt species, ac in speciebus quasi subita quadam argumentatione, et tamen momento inspicit singula. Hinc circulus ab eo fit a tempore ad eternitatem, ab eternitate rursus ad tempus. Ergo quemadmodum ita coniunctus materie fuit ut separabilis foret et aliquando separatus existeret, sic deinde ita separatus existit ut rursum iungibilis sit et aliquando iunctus. A naturis procedunt vires, nature a viribus indicantur. Natura ab infinita potentia, sapienta bonitateque regitur. Non igitur frustra vires sunt naturales. Hac argumentatione ad animorum circuitum sempiternum uti verisimiliter fortasse possunt Platonici. Eadem verissime ad corporum humanorum resurrectionem Hebrei, Christiani, Mahumetenses uti posse videntur.

QUAM OBSCURE ANIMUS IN CORPORE, TAM CLARE EXTRA CORPUS INTELLIGIT INCORPOREA

Proinde anima, dum in materia et quodammodo sub tempore vitam ducit, naturales formas in materie infime videt umbra. Supernaturales autem formas, ut plurimum, sub naturalium videt eclipsi. Quando vero extra materiam et super tempus agit vitam, tunc supernaturales quidem formas in summe forme lumine conspicit. Naturales autem sub radiis supernaturalium intuetur. Tunc igitur omnia clare, omnia nunc obscure, siquidem temporalia non aliter percipit quam per eorum imagines sensibus haustas, in eisque quasi purgatas. Non enim aliter inter hec et animam est proportio. Ad eterna vero quandiu immortali corpore occupata est, difficile parumque convertitur, et conversa occursu imaginum corporalium

la clarté céleste. Or, à partir de cette abstraction soudaine, les Métaphysiciens conjecturent la possibilité pour l'intellect de penser parfois sans phantasmes[469]. De là vient aussi qu'il puisse vivre et penser de manière si limpide indépendamment du corps.

L'ÂME DANS LE CORPS, SELON LES PLATONICIENS, PROGRESSE EN ALLANT DE LA CONNAISSANCE DES RÉALITÉS SINGULIÈRES À CELLE DES ESPÈCES, ET DES ESPÈCES AUX IDÉES. HORS LE CORPS, INVERSEMENT, ON CHEMINE DES IDÉES AUX ESPÈCES, DES ESPÈCES AUX RÉALITÉS SINGULIÈRES

Mais quand l'esprit est séparé, il s'avance autrement que lorsqu'il est dans le corps, car l'esprit dans le corps passe des réalités singulières aux espèces, et des espèces aux raisons. À l'inverse, une fois séparé, l'esprit voit d'une intuition naturelle, en commençant par celles qui lui sont naturellement familières, les espèces naturelles qui se trouvent dans les raisons divines, et il contemple chacune de ces espèces par une sorte d'argumentation soudaine et néanmoins instantanée[470]. Ainsi décrit-il un cercle du temps à l'éternité, et derechef de l'éternité au temps[471]. Donc, de même que l'esprit a été conjoint à la matière de telle sorte qu'il fût séparable et existât un jour séparément, de même ensuite il existe séparément de telle sorte qu'il soit, à nouveau, joignable et joint un jour. Des natures procèdent les vertus, les vertus indiquent les natures[472]. La nature est régie par une puissance, une sagesse et une bonté infinies. Ce n'est donc pas en vain que les vertus sont naturelles. Peut-être les Platoniciens peuvent-ils user vraisemblablement de cette argumentation pour le circuit perpétuel des âmes[473]. Hébreux, Chrétiens et Mahométans semblent pouvoir en user très vraisemblablement pour la résurrection des corps humains[474].

L'INTELLECTION DES INCORPORELS EST AUSSI OBSCURE POUR L'ESPRIT DANS LE CORPS, QUE CLAIRE POUR L'ESPRIT HORS DU CORPS

Ainsi l'âme, tandis qu'elle vit d'une certaine façon dans la matière et au fond du temps, voit les formes naturelles dans l'ombre de la matière la plus basse[475]. Mais les formes surnaturelles, elle les voit, au plus, sous l'éclipse des formes naturelles. Mais quand elle vit hors la matière et au-dessus du temps, alors elle aperçoit les formes surnaturelles dans la lumière de la souveraine forme. Quant aux formes naturelles, elle les regarde sous les rayons des formes surnaturelles. Alors que tout était clair, maintenant tout est obscur, puisqu'elle perçoit les réalités temporelles non autrement qu'à travers leurs images recueillies par les sens et pour ainsi dire purifiées en eux. Tel est le rapport entre ces choses et l'âme. Mais aussi longtemps qu'elle est occupée par le corps mortel, elle se convertit difficilement ou peu aux réalités éternelles, et très souvent, sous l'assaut contraire

sepissime allucinatur et fallitur. Hinc illud Platonis nostri mysterium in *Phedone*. « Animus in alio vivens », scilicet in corpore, « perque aliud aspiciens », scilicet per sensuum fenestras atque phantasmata, « aspiciens inquam, que sunt in alio », id est tam species in singulis quam formas singulas in materia, « nihil usquam clare discernit ».

« Quando autem vivens in se per se aspicit atque in se illa que sunt in se ipsis », id est rationes rerum, que dum in summa omnium ratione sunt in se ipsis existunt, « tunc omnia clarissime perspicit », quia et intima et clarissima, que tanto fulgentiora in se et illi sunt quam ista quanto puriora, veriora, potentiora.

PRESTANTIOR SENSUS EST IN PHANTASIA QUAM IN NERVIS, LONGE PRESTANTIOR IN MENTE QUAM IN PHANTASIA

Sed nunquid illa sensibus comprehendit? Sensibus certe quibusdam, sensuum videlicet sensu. Quoniam preter sensus illos quos in ethereo anime vehiculo exerceri Platonici opinantur, sunt et sensus nonnulli admodum clariores, quibus uti mens potest etiam absque corpore. Sane quinque sensus qui in nervis et spiritibus exercentur, emanant ab iis qui vigent in phantasia. Sed in hac quinque illi sensus unus sunt amplior illis et perspicacior, adde et stabilior. Servat enim que illi non servant. Unus est rursus in mente tanto latior, stabilior, perspicacior quam in phantasia, quanto mens prestantior est quam illa. Si latior est, nimirum ultra illa rerum porrigitur genera, que sensibus et phantasia comprehenduntur. Si stabilior est, etiam servat diutius quam phantasia. Si perspicacior, certius, clarius, splendidius quam illi cernit et quam illa. Cernit, inquam, interdum per illos et per illam imagines atque singula, quando eo sese vertit. Cernit per se, excitatus ab illa, species, et clarius quia propinquius. Inspicit in se ipso se ipsum, quando ad se reflectitur. Potest autem ad se reflecti, si se amat, querit, intelligit. Ubi apparet prorsus indivisibilis et in se ipso consistens. Nam forma, que vel divisibilis est vel necessario iacet in alio, nunquam reflectitur in se ipsam. Clarissime tandem rationes discernit, quando ex se ad summam omnium respicit rationem, in qua mentis visus rationem vimque lucis videt atque colorum, tanto hac luce hisque coloribus fulgentiorem, quanto ibi, scilicet in idea sua, est integrior et prestantior quam in corporibus inde formatis. In qua etiam mentis auditus rationem sonorum

des images corporelles, elle divague et se trompe[476]. De là ce secret que nous livre Platon dans le *Phédon*[477] : « l'esprit qui vit dans l'autre », c'est-à-dire le corps, « qui perçoit à travers l'autre », c'est-à-dire à travers les fenêtres des sens et les phantasmes, « qui perçoit, dis-je, des réalités qui sont dans l'autre », c'est-à-dire autant les espèces dans les réalités singulières que les formes singulières dans la matière, « ne discerne rien de clair nulle part ».

« Mais quand, vivant en soi, il voit par soi et en soi ces réalités qui sont en elles-mêmes », c'est-à-dire les raisons des choses qui, tandis qu'elles se trouvent dans la raison souveraine de toutes choses, existent en elles-mêmes, « alors il perçoit toutes choses très clairement », parce qu'elles sont intimes et très claires, elles qui sont d'autant plus fulgurantes en soi et pour lui qu'elles sont plus pures, plus vraies, plus puissantes[478].

LE SENS EST PLUS PRÉPONDÉRANT DANS LA PHANTAISIE QUE DANS LES NERFS, IL EST BEAUCOUP PLUS PRÉPONDÉRANT DANS L'INTELLIGENCE QUE DANS LA PHANTAISIE

Mais est-ce à dire que l'âme comprend par les sens ? En tout cas par certains sens, naturellement par le sens des sens; puisqu'au-dessus de ces sens qui s'exercent, selon les Platoniciens, dans le véhicule éthéré de l'âme[479], il y a aussi quelques sens beaucoup plus clairs, dont l'intelligence peut user même sans le corps. Assurément il y a les cinq sens qui s'exercent dans les nerfs et les esprits, et qui émanent de ceux qui fleurissent dans la phantaisie. Mais dans cette dernière, les cinq sens en font un, plus large, plus pénétrant[480] et, de surcroît, plus stable que ceux des nerfs et des esprits. En effet, il conserve ce qui ne l'est pas par les autres. Derechef, il existe dans l'intelligence un sens d'autant plus large, stable et pénétrant par rapport au sens de la phantaisie, que celle-ci est inférieure à l'intelligence. S'il est plus large, il s'étend certainement au-delà de ces genres de réalités embrassés par les sens et la phantaisie. S'il est plus stable, il conserve aussi plus longtemps que la phantaisie. S'il est plus pénétrant, il est d'un discernement plus sûr, plus clair, plus éclatant que les sens et la phantaisie. Il distingue, dis-je, cependant par leur truchement les images et les réalités singulières, lorsqu'il s'y tourne. Il distingue par soi, éveillé par la phantaisie, les espèces et de façon plus claire parce que plus proche. Il s'observe soi-même en soi-même quand il se retourne sur soi-même. Or il peut ainsi se retourner, à la condition de s'aimer, de s'interroger, de se saisir. Où il apparaît tout à fait indivisible et consistant en soi. En effet la forme, qui est ou indivisible ou nécessairement en un autre, jamais ne se retourne sur soi-même. Donc elle discerne fort clairement les raisons, quand elle regarde derrière soi vers la raison souveraine de toutes, où la vision intellectuelle voit la cause et la puissance de la lumière et des couleurs, raison d'autant plus étincelante que là dans cette lumière et ces couleurs, c'est-à-dire dans sa propre idée, elle est plus intègre et plus éminente

audit sonantiorem consonantioremque sonis cunctis quos vel auris audire vel phantasia queat imaginari. Eadem ratio est de ceteris intelligentie sensibus, quibus quisquis suavissime optat frui, det operam imprimis oportet, ut corporis sensibus utatur quidem sed non fruatur.

que dans les corps formés à partir de cet endroit. L'ouïe intellectuelle y entend aussi la cause des sons plus sonante et plus consonante que tous les sons que l'oreille peut entendre ou la phantaisie imaginer. Cette même raison, il faut qu'elle s'applique aux impressions de tous les autres sens de l'intelligence, source du désir de la plus suave des jouissances, afin que certes on use des sens corporels, mais non qu'on en jouisse[481].

QUALIS EST AMOR, TALIS AMICITIA

Marsilius Ficinus Alamanno Donato dilectissimo suo s. d.

Cum amicitia, quod nemo dubitat, ab amore vim nomenque accipiat – nihil enim aliud est amicitia quam mutuus amor stabili quadam, id est honesta, consuetudine confirmatus – consentaneum est ut qualis est ipse amor, a quo amicitia ducitur et dicitur, talis quoque semper sit amicitia. Qualem igitur nostram fore potissimum, Alamanne, dicemus? Certe cum non aliunde quam ab amore Platonico ceperit, haud aliter unquam quam Platonicam nominabimus, siquidem in exponendis nuper commentariis nostris in ipsum Platonis *Convivium de amore* compositis sic interim amare invicem nos incepimus, ut quam Plato illic veri amoris ideam fingit, ipsi iam in nobis effinxisse atque perfecisse videri possimus. Ab hoc ipso deinceps amore Platonico Platonica quedam amicitia nascitur, que in almo muse Uranie gremio concipitur, alitur, augetur. Ea quandoquidem a Musis originem ducit, nihil redolet, nihil sapit unquam nisi musicum et consonans et concinnum. Huic uni benivolentie (ut est apud Platonem) plus fidei est habendum quam ulli necessitudini vel consanguinitati. Ergo quid dubitas ulterius, Alamanne, utrum Plato noster plures uno in corpore animas esse voluerit? Tantum abest quod in uno sint plures, ut sepe quodammodo vel contra contingere videatur, quando videlicet unam ferme in pluribus amicorum corporibus animam Platonico amore conflante perspicimus. Sed de his hactenus. Venio iam ad ea de quibus interrogas.

TEL EST L'AMOUR, TELLE EST L'AMITIÉ

Marsile Ficin à Alamanni Donati son ami le plus cher, salut[482].

Comme l'amitié, ce que personne ne met en doute, tire sa puissance et son nom de l'amour[483] – l'amitié effectivement n'est rien d'autre qu'un amour réciproque affermi par une habitude stable, c'est-à-dire honnête –, il est logique que l'amour lui-même, par qui l'amitié est conduite et dite, soit aussi toujours tel que l'amitié. Dirons-nous donc, cher Alamanni, que notre amitié devra être telle de préférence? Assurément, comme elle n'aura pas débuté d'un autre lieu que de l'amour platonicien, nous ne la nommerons jamais autrement qu'une amitié platonicienne, puisque dans l'exposé de nos commentaires récemment composés sur *Le Banquet* de Platon[484], nous avons commencé ainsi dans l'intervalle à nous aimer réciproquement, de sorte à pouvoir voir que cette idée de l'amour véritable que Platon y représente a été déjà figurée et parachevée en nous. De cet amour platonicien naît ensuite une certaine amitié platonicienne, laquelle est conçue, nourrie et accrue dans le sein maternel de la muse Uranie[485]. Puisque l'amitié tire son origine des Muses, elle n'exhale rien, elle ne sent jamais rien, si ce n'est ce qui est musical, consonant et harmonieux. Il faut accorder sa confiance à la seule bienveillance (comme c'est le cas chez Platon), plutôt qu'à quelque nécessité ou consanguinité[486]. Aussi pourquoi douter plus avant, Alamanni, que notre Platon ait voulu que plusieurs âmes soient dans un seul corps? Tant s'en faut que le pluriel soit dans l'un que souvent, au contraire, cela paraît survenir d'une certaine façon lorsque nous percevons, sous l'inspiration de l'amour, une âme presque unique dans les corps très nombreux des amis. Mais c'est assez sur ce sujet. J'en viens désormais à ta question.

SECUNDUM PLATONEM UNA IN HOMINE ANIMA EST, TRES IN ANIMA UNA VIRES

Queris nunquid Peripateticis illis adhibenda sit fides, qui Platonem, quod plures in homine animas, scilicet rationalem, irascibilem, concupiscibilem collocaverit, calumniari non dubitant. Respondeo equidem unam tantum esse animam, per quam pluribus eius viribus hec omnia facimus. Quemadmodum corpus ignis unum tribus qualitatibus sufficienter agit tria – luce enim fulget atque illuminat, levitate celer ascendit, calore calefacit et urit – atque in qualibet ignis particula pariter tres he qualitates vigent suntque loco simul, quadam tamen invicem proprietate distincte, sic anime substantia una eademque sufficienter posse videtur, tribus eius viribus officia exequi tria, videlicet ratione, tanquam luce quadam, verum bonumque a falso maloque discernere, appetitu insuper quasi levitate ad ea que sibi placent facilime se conferre, animositate rursus iracundieque fervore, ceu calore quodam in ea vel consumenda vel propellenda efferi, que aliquando ipsam ab eorum, que petit, consecutione impedire posse videntur. Quid prohibet quominus una sit anima viribus tribus munita? Que quamvis proprietate invicem discrepent, ubique tamen in eadem anima simul sint, ubicunque tota simul est anima.

Sed opere pretium est Platonem ipsum audire in quarto *De republica* libro ita hac de re disputantem, ut hoc ipsum habeat certum, anime scilicet substantiam esse unam, vires vero eiusmodi simul in anima plures. Sic enim inquit.

Res una eademque contraria quedam aut agere aut pati eodem tempore secundum idem et ad idem nunquam potest. Quod siquid moveri simul et quiescere videatur, aut id per aliam quidem sui partem movebitur, per aliam vero quiescet – ceu siquis alteram manum moveat altera quiescente – aut certe ratione alia movebitur, alia vero nequaquam, quemadmodum spera in rectum quidem non mutatur, sed interim rotatur in orbem, dum fixa permanet circa centrum. Ergo centro manet, circumferentia volvitur.

Sed iam ad nostram animam veniamus. Sitientis anima, prout sitit, nihil aliud quam bibere cupit, atque ad id, prout sitibunda est, solum impellitur. Siquid igitur ipsam interim retrahat sitientem, aliud certe quiddam in anima ipsa erit, preter vim illam quam diximus sitientem, quod illam a potu quasi bestiam retrahat. Res enim, ut supra diximus, una eademque nunquam per eandem sui partem circa

SELON PLATON, IL Y A UNE SEULE ÂME DANS L'HOMME, TROIS PUISSANCES DANS UNE SEULE ÂME

Tu demandes s'il faut accorder foi à ces Péripatéticiens qui n'hésitent pas à calomnier Platon, parce que ce dernier a placé plusieurs âmes dans l'homme : l'âme rationnelle, l'âme irascible et l'âme concupiscible[487]. Je réponds assurément qu'il y a seulement une âme unique, dont les puissances plurielles permettent de réaliser toutes ces choses. De même qu'un seul corps igné produit, à partir de trois qualités, trois choses suffisamment – il brille et illumine grâce à la lumière, il monte rapidement grâce à la légèreté, il chauffe et brûle grâce à la chaleur –, et que, dans n'importe quelle particule ignée, ces trois qualités fleurissent ensemble et se trouvent simultanément dans un même lieu sans pour autant perdre en retour leur propriété respective ; de même la substance unique et identique de l'âme paraît, à partir de ses trois puissances, pouvoir suffisamment remplir trois devoirs : distinguer le vrai et le bien du faux et du mal grâce à la raison, qui est une sorte de lumière ; se porter plus aisément vers les réalités qui lui plaisent grâce à un appétit qui est comme la légèreté ; s'emporter grâce à l'ardeur et l'effervescence du penchant irascible, comme une chaleur en elle qui la consume ou la propulse – cette ardeur et effervescence qui, parfois, semblent pouvoir l'empêcher elle-même par voie de conséquence d'atteindre ce qu'elle cherche. Qu'est-ce qui interdit qu'une âme unique soit défendue par trois puissances ? Et bien qu'elles diffèrent mutuellement par leur propriété, pourtant elles sont simultanément partout dans la même âme, partout où l'âme est simultanément tout entière.

Mais il vaut la peine d'écouter Platon lui-même dans le quatrième livre de la *République*, lorsqu'il dispute sur ce sujet de telle façon qu'il tient pour certain ceci : « la substance de l'âme est unique, mais plusieurs puissances résident à la fois dans l'âme »[488]. Ainsi parle-t-il effectivement.

Une réalité unique et identique ne peut jamais produire ou supporter des réalités contraires dans un même temps, selon une même chose ou pour une même chose. Que si quelque réalité paraît à la fois en mouvement et en repos, ou bien elle sera mue par une autre partie d'elle-même mais se reposera par une autre partie – comme si quelqu'un bouge une main tandis que l'autre demeure immobile –, ou bien elle sera certainement mue pour une autre raison, à l'exclusion de tout autre, de même qu'une sphère ne se transforme pas en droite mais, pendant qu'elle tourne sur son orbe, demeure fixe autour du centre. Donc elle reste au centre, et évolue à la circonférence.

Mais venons-en maintenant à notre âme. L'âme de celui qui a soif, dans la mesure où elle est altérée, ne désire rien d'autre que boire, et comme elle désire boire, cela seul la pousse. Si quelque chose tire en arrière dans l'intervalle l'âme assoifée, certainement cette chose autre sera dans l'âme elle-même, indépendamment de cette puissance que nous avons qualifiée d'assoiffée, et l'éloignera de la boisson comme s'il s'agissait d'une bête. En effet, comme nous l'avons dit

idem simul contraria peragit. Nam quo pacto manus una sagittarii unius arcum unum uno momento intendit simul atque remittit? Videmus autem sitientes nonnullos aliquando bibere nolle : horum igitur anima habet in se aliquid quod impellit ut bibat, aliud rursus quod potum vetat et impedit. Illud concupiscentiam, hoc rationem appellare solemus. Quamobrem concupiscentia atque ratio diverse inter se esse videntur.

Diverse quoque sunt inter se concupiscendi vires et irascendi ; sepe enim ratio iubet nonnulla a quibus appetitus abhorreat, ut in medicinis, laboribus periculisque subeundis apparet. Sed iracundie vigor nonnunquam excitus, utpote qui tunc pro ratione capiat arma, efficit tandem ut, ignave concupiscentie indignati, quod ratio mandaverat invita concupiscentia agamus atque patiamur. Preterea quando ratio pugnare nos pro patria iubet, appetitus in ipso prelio somno, fame, siti provocatus, nos a prelio ad mollitiem et convivia revocat. Iracundia vero, dum in hostes invehitur, invita concupiscentia rapit ad prelium.

Quod autem aliud quiddam sit vis irascendi, ratio aliud, quisnam, modo rationis compos sit, ambigat ? Nempe in bestiis, cum sit ira, nulla est ratio ; rursus in pueris ferme statim natis fervescit ira, ratione autem serius utimur ; preterea sepe ira ad ulciscendum nos impellit, sed ratio prohibet. Cum vero tam ira quam libido a ratione differant, libido tamen magis quam ira videtur a rationis dignitate discedere, tum quia ad viliora detorquet, tum quia ira sepe adversus vilem libidinis impetum indignata rationi opitulatur, libido vero nunquam adversus iram rationi favere videtur.

Hec Plato. Ex quibus apparet Platonem non tres animas sed tres vires in una hominis anima posuisse.

plus haut, une réalité unique et identique n'accomplit jamais, à travers une même partie de soi, des actions simultanément contraires autour d'une même chose. Car comment une seule main tend et détend à la fois un seul arc pour une seule flèche à un seul moment ? Or nous voyons parfois quelques assoiffés ne pas vouloir boire : leur âme possède donc en soi quelque impulsion qui pousse à boire et, en revanche, une autre impulsion qui interdit et empêche la boisson. Nous avons coutume d'appeler la première la concupiscence et la deuxième la raison. C'est pourquoi, la concupiscence et la raison paraissent différer entre elles.

Mutuellement différentes sont aussi la puissance concupiscible et la puissance irascible; en effet, souvent la raison ordonne des choses pour lesquelles l'appétit a de l'aversion, comme il apparaît quand on subit des remèdes, des peines et des dangers. Mais cette vigueur de l'humeur irascible lorsqu'elle est parfois excitée, comme il convient à qui, conformément à la raison, prend les armes, fait que finalement, indignés par la mollesse de la concupiscence, nous produisons et supportons ce que la raison avait recommandé malgré la concupiscence. En outre, lorsque la raison nous ordonne de combattre pour la patrie, l'appétit, excité dans le combat lui-même par la veille, la faim et la soif, nous détourne du combat et nous fait nous replier vers la mollesse et les banquets. Mais l'humeur irascible, tandis qu'on se porte contre l'ennemi, entraîne à combattre malgré la concupiscence.

Or qui doute que la puissance irascible soit une chose, la raison une autre, et que parfois il y ait un maître de la raison ? C'est un fait que dans les bêtes, puisqu'il y a la colère, il n'y a aucune raison; en revanche chez les enfants presque nouveaux-nés la colère bouillonne, mais plus tard nous nous servons de la raison; en outre, la colère nous pousse souvent à nous venger mais la raison l'interdit. Alors que la colère autant que la sensualité diffèrent de la raison, la sensualité toutefois paraît davantage s'écarter de la dignité de la raison que la colère, tantôt parce que la sensualité nous détourne vers des réalités plus viles, tantôt parce que la colère souvent porte secours à la raison indignée contre les vils assauts de la sensualité, mais jamais la sensualité ne semble favorable à la raison contre la colère.

Voilà les paroles de Platon. De là, il apparaît que Platon a établi qu'il y avait non pas trois âmes, mais trois puissances dans l'âme unique de l'homme.

MARSILII FICINI
QUID SIT LUMEN IN CORPORE MUNDI, IN ANIMA, IN ANGELO, IN DEO. AD PHEBUM VENETUM CLARISSIMUM ORATOREM

Salve semper in vite lumine, Phebe noster, salve, Phebe celestis, non externa sed intima luce clarissime. Cum superioribus diebus Marsilii tui mens Platonici Solis radiis quasi seminibus quibusdam pro viribus gravida parere inde Solem eniteretur, infelix nimium, nescio qua sterilis imbecillitate nature, pro Sole peperit Lunam alieni luminis indigam. Ergo Platonici Solis natum tenebris meis obscurum quamprimum Platonico Phebo dicabo, ut eius saltem radiis illustretur. Tu vero accipe libenter que tu sunt, clarissime Phebe, et quia iure sunt tua, ingenti splendore tuo redde, obsecro, clariora.

QUISQUE SENSUS ATTINGIT OBIECTUM SOLUM SIBI CONVENIENS

Odi maxime omnium tenebras, quarum culpa displicent mihi quecumque displicent, vel quod cum illis sint vel quod ab illis labentia relabantur deprimantque ad illas. Amo ante omnia lumen, cuius gratia et cetera diligo, vel quod cum illo sint vel quod ab illo fluentia refluant reducantque ad illud. Ergo nuntiate mihi mei sensus, qui cetera pene innumerabilia nuntiatis, nuntiate mihi, obsecro, quid sit lumen. Respondet Auditus : « Aereus sum, satis esto, si sonos tibi aereos nuntiem ». Respondet et Odoratus : « Equidem non sum adeo lucidus, vaporeus sum, a me disce vapores ». « Quid aliena queris, a me ? – Gustus ait – Nato equidem in liquore, indico tibi liquores ». « Noli a me – dicit Tactus – extorquere quod nequeo, corpulentus sum, corpulenta nuntio, altius quere lumen ».

MARSILE FICIN LE FLORENTIN : CE QU'EST LA LUMIÈRE DANS LE CORPS DU MONDE, DANS L'ÂME, DANS L'ANGE ET DANS DIEU. AU PHÉBUS TRÈS ILLUSTRE ORATEUR VÉNITIEN[489]

Salut, notre Phébus, toi qui es toujours dans la lumière de la vie, salut, Phébus céleste, toi dont la si grande clarté provient non d'une lumière extérieure, mais de la lumière la plus intérieure. Comme les jours précédents l'intelligence de ton Marsile Ficin grosse des rayons du Soleil Platonicien, lesquels sont comme des semences, s'efforçait selon ses capacités d'engendrer un Soleil, je ne sais par quelle faiblesse d'une nature stérile, elle enfanta, ô trop infortunée, au lieu du Soleil la Lune, qui a besoin d'une lumière étrangère. Aussi dédierai-je le plus tôt possible cette œuvre obscure du Soleil Platonicien née de mes ténèbres au Phébus Platonicien, pour que du moins elle soit éclairée de ses rayons. Mais toi, accepte de bon gré ce qui est tien, très illustre Phébus, et, parce que cela t'appartient à bon droit, rends-le, je t'en prie, par ton immense splendeur, plus clair.

CHAQUE SENS ATTEINT SEULEMENT L'OBJET QUI LUI CONVIENT

Je déteste plus que tout les ténèbres, par la faute desquelles me déplaît tout ce qui me déplaît, soit qu'il soit accompagné de ténèbres soit que, coulant depuis les ténèbres, il y retombe et s'y enfonce. J'aime avant tout la lumière par la grâce de laquelle je chéris tout le reste, soit qu'il soit accompagné de lumière soit que, s'écoulant depuis la lumière, il reflue et retourne vers elle. Aussi faites-moi connaître, vous mes sens qui faites connaître une quantité presqu'innombrable d'autres choses, faites-moi connaître, je vous en prie, ce qu'est la lumière. L'Ouïe répond : « je suis aérienne, sois satisfait si je te fais connaître les sons aériens »[490]. Et l'Odorat répond : « Au vrai, je ne suis à ce point lumineux : je suis vaporeux, apprends de moi les vapeurs »[491]. « Pourquoi me demandes-tu ce qui m'est étranger ? » – dit le Goût – je baigne dans l'élément liquide, je t'indique les liquides »[492]. « Ne cherche pas à m'extorquer – dit le Toucher – ce que je ne puis te donner : je ne suis que corporel, je te fais connaître les réalités corporelles. Cherche plus haut la lumière »[493].

DESCRIPTIO LUMINIS VISIBILIS

Hinc admonitus ab infimo quo cecideram, ad altissima mei corporis nunc ascendam, ut in lumen levius altiusque cunctis accipiam. Eia agite, oculi mei lucentes, per lumen illud obsecro, quo pre ceteris, immo quo solo, delectamini tantum, indicate regine vestre Rationi quid sit lumen. Respondet subito Visus : « Splendidus ego spiritus sum, et splendor sum spiritalis. Quo circa cum a me iure propria officia postules, largior libentissime quantum habeo. Lumen est spiritalis quedam et subita, et latissima a corporibus nature eorum sine detrimento proprio emanatio, nitoris scilicet cuiusdam a diaphanis, id est transpicuis ; coloris autem ab horum oppositis ; quantitatis, figure, motusque ab omnibus. Congrega in unum genus omne colorum. Quid erit hoc universum, nisi lux quedam omnicolor, sive lumen factum in solidiore obscurioreque materia terre iam opacum ? Segrega terram illi permixtam : quid erit reliquum, nisi qualitas quedam immo claritas actusque perspicui, sicut color est actus opaci ? Color quidem lux est opaca ; lux autem color clarus, immo perspicui corporis colorumque flos quidam vigorque quasi unicolor, actu virtuteque omnicolor ».

NIHIL CLARIUS QUAM LUMEN AC DEUS, NIHIL OBSCURIUS

Adumbratio hec est, o mei oculi, potius quam pictura. Nihil unquam audivi obscurius definiri. O rem valde miram ! Quonam pacto fieri potest, ut nihil sit obscurius lumine, quo nihil est clarius, quando per illud clarent declaranturque omnia ? Ascendam igitur hinc ad sublimem mentis speculam, ut saltem hoc videam inde, preter quod aliud quicquam alicubi videre non possum. O Mens que recte cuncta metiris, dicito mihi, nunquid forte lumen est ipse Deus, quo etiam nihil clarius est, nihil obscurius ? Nihil clarius quam Deum esse esseque ad summum potentem sapientemque et bonum : hoc enim auribus nostris quecunque ab eo sunt facta proclamat, ut nemo sit surdior illo qui tantum rerum omnium sonitum strepitumque non audit. Nihil contra obscurius quam quid sit Deus, ut nihil sit tenebrosius illo qui sibi opinatur hoc esse clarissimum.

DESCRIPTION DE LA LUMIÈRE VISIBLE

Grâce à cet avertissement, du plus bas où j'étais tombé, je m'élève désormais vers les hauteurs de mon corps, afin d'y recevoir une lumière plus légère et plus haute que toutes choses. Eh bien, allons mes yeux lumineux, au nom de cette lumière qui plus que tout, ou plutôt qui seule, vous charme, je vous en conjure, indiquez à la Raison votre reine ce qu'est la lumière. La Vue répond aussitôt : « Moi, je suis un esprit resplendissant et je suis une splendeur spirituelle[494]. C'est pourquoi, comme tu me demandes à bon droit des services appropriés, je t'offre fort volontiers tout ce que je possède. La lumière est une sorte d'émanation spirituelle instantanée et très étendue des corps, sans dommage particulier pour leur nature, il va de soi qu'elle est émanation d'un certain éclat dans les corps diaphanes, c'est-à-dire transparents[495] ; puis elle est émanation de la couleur dans les corps qui lui font obstacle[496] ; enfin elle est émanation de la quantité, de la figure et du mouvement pour tous les corps. Rassemble en un seul tous les genres de couleurs. Que sera cette totalité, sinon une certaine lumière omnicolore, ou bien une lumière devenue dès lors opaque dans la matière très compacte et très obscure de la terre ? Sépare la terre qui lui est mêlée : que restera-t-il, si ce n'est une certaine qualité, ou plutôt la clarté et l'acte de la transparence, comme la couleur est l'acte de l'opacité ? La couleur effectivement est une lumière opaque ; la lumière quant à elle est une couleur claire, plus exactement elle est une sorte de fleur et d'éclat du corps transparent et des couleurs, pour ainsi dire unicolore en acte et omnicolore en puissance »[497].

RIEN DE PLUS CLAIR QUE LA LUMIÈRE ET DIEU, ET RIEN DE PLUS OBSCUR

C'est une ébauche, ô mes yeux, plutôt qu'un tableau. Je n'ai jamais rien entendu qui se définisse plus obscurément. Ô chose chose très merveilleuse ! Comment peut-il se faire que rien ne soit plus obscur que la lumière, elle que rien ne dépasse en clarté puisque c'est par elle que toutes choses brillent et sont manifestes ?[498] De là, il me faut donc monter au sublime observatoire de l'intelligence[499] pour y voir, du moins, ce sans quoi je ne puis, où que ce soit, rien voir d'autre[500]. Ô Intelligence, toi qui mesures toutes choses correctement, dis-moi si d'aventure la lumière est Dieu lui-même, en comparaison de qui rien n'est plus clair et rien n'est plus obscur à la fois[501] ? Rien n'est plus clair que Dieu est, et qu'il est souverainement puissant, sage et bon : en effet, toutes les œuvres qu'il a faites le proclament à nos oreilles[502], de sorte qu'il n'y a pas pire sourd que celui qui ne l'entend proclamé si haut et fort par toutes choses[503]. En revanche, rien de plus obscur que l'essence de Dieu, au point que rien n'est plus ténébreux pour celui qui s'imaginerait que cela est tout à fait clair[504].

LUX INTELLIGIBILIS EST INTELLIGIBILIUM CAUSA, VISIBILIS VISIBILIUM

Respondet Mens Deum esse patrem luminum, apud quem non est transmutatio, per quam extinguatur vel minuatur; neque vicissitudinis obumbratio, per quam vel vicissim subeat noctem vel patiatur eclypsim. Respondet rursus, Deum esse lucem in qua tenebre non sint ulle, id est formam in qua nihil est informe, formositatem quoque in qua nihil est deforme. Deus certe sicut Mens, que radius eius est, monstrat, lux est invisibilis, infinita, veritas ipsa veritatis cuiusque rerumque omnium causa, cuius splendor, immo potius umbra, est lux ista visibilis atque finita causa visibilium. Quoniam vero lucis veritatisque natura est, ut ceteris alia vere declaret, Deo cuncta per se vere clareque conspicua sunt, perinde ac si visibilis lux, cum sit oculorum visibiliumque fons, se ipsam intueatur tanquam omnicolorem atque in se colores omnes sensibiliaque omnia videat.

LUMEN VISIBILE, RATIONALE, INTELLIGIBILE, DIVINUM

Verum ad tam sublimem speculationem haud tam repente prosiliendum, sed gradatim ascendendum Mens admonet, ne caligare cogamur ac splendore nimio ob occecari : « Noli, Ratio, confidere sensibus. Visus tibi non satis nuntiat, ceteri nullo modo. Visus, quia sensualis lux est, tantum sensibilem accipit datque splendorem; atque converso, quia sensibilem accipit datque splendorem, hunc sensualem quandam lucem esse cognoscis. Ultra vero inde non licet progredi. Sed hinc a me discito primum quidem me, scilicet Intelligentiam, esse lumen quoddam intellectuale, quandoquidem obiectum meum est intelligibile lumen, quod in qualibet re et querenda quero et reperta reperio, siquidem lumen cuiusque rei et ipsius veritas idem, veritas est lumen intimum, lumen veritas se ad extima fundens. Discito deinde te, scilicet Rationem, esse lucem quandam rationalem rationemque lucentem, postquam rationem lucis tanquam originem tuam ratiocinando tanta aviditate perquiris. Sed vis rationem lucis commodius assequi? In luce cuiuslibet rationis eam querito. Ibi est ratio lucis, ubi et omnium : in veritate summa, que et ipsa summa certitudo et claritas est, reperies veritatem lucis et claritatem, siquidem idem est huius lucis, quam queris claritas atque veritas. Quid lux in Deo ? Immensa sue bonitatis veritatisque exuberantia. Quid in

LA LUMIÈRE INTELLIGIBLE EST LA CAUSE DES RÉALITÉS INTELLIGIBLES, LA LUMIÈRE VISIBLE LA CAUSE DES RÉALITÉS VISIBLES

L'Intelligence répond que Dieu est le Père des lumières chez qui n'existent ni changement susceptible de le détruire ou de le briser[505], ni ombre de variation capable de le plonger à son tour dans la nuit ou de lui faire subir une éclipse. Derechef, elle répond que Dieu est la lumière dans laquelle il n'est nulles ténèbres[506], à savoir une forme où rien n'est informe, une beauté aussi où rien n'est difforme. Assurément Dieu, comme le montre l'Intelligence qui est son rayon[507], est une lumière invisible, infinie, vérité de chaque vérité et cause de toutes les réalités[508], dont la splendeur, ou plutôt l'ombre[509], est cette lumière visible et finie cause des réalités visibles. Or puisque la nature de la lumière et de la vérité est de faire apparaître réellement les choses les unes aux autres, Dieu perçoit toutes choses en elles-mêmes avec vérité et clarté[510], comme si la lumière visible, dans la mesure où elle est la source des couleurs et des choses visibles[511], se voyait elle-même pour ainsi dire omnicolore et regardait en soi toutes les couleurs et les réalités visibles[512].

LUMIÈRE VISIBLE, RATIONNELLE, INTELLIGIBLE, DIVINE

Au vrai, l'Intelligence nous avertit de ne pas nous précipiter si soudainement vers une si sublime spéculation, mais de nous élever par degrés, de crainte que nous ne nous retrouvions éblouis et aveuglés par cette excessive splendeur[513] : « Ne te fie pas aux sens, ô Raison. La Vue ne t'instruit pas assez, et les autres sens en aucune façon[514]. La Vue, parce qu'elle est une lumière relative au sens, ne reçoit et ne donne qu'une splendeur sensible ; et réciproquement, parce qu'elle reçoit et donne une splendeur sensible, tu connais qu'elle est une certaine lumière relative au sens[515]. Mais alors il n'est permis de progresser plus loin. Dorénavant, apprends de moi ceci : d'abord que moi, l'Intelligence, je suis une certaine lumière intellectuelle, puisque mon objet est la lumière intelligible, que je cherche dans toute réalité qui peut être recherchée et que je trouve dans toute réalité qui peut être trouvée, dans la mesure où la lumière et la vérité de chaque réalité sont identiques : la vérité est une lumière intérieure, la lumière une vérité qui se diffuse à l'extérieur[516]. Apprends ensuite que toi, Raison, tu es une certaine lumière rationnelle et une raison lumineuse, puisque tu recherches si avidement en raisonnant la raison de la lumière, comme s'il s'agissait de ton origine. Mais veux-tu atteindre plus commodément la raison de la lumière ? Cherche-la dans la lumière de chaque raison. La raison de la lumière est là où se trouve aussi la raison de toutes choses[517] : dans la vérité souveraine, qui est également la certitude et la clarté souveraines, là tu découvriras la vérité et la clarté de la lumière, puisque sont identiques la clarté et la vérité de cette lumière que tu recherches. Qu'est-ce que la lumière en Dieu ? L'exubérance immense de sa bonté et de sa vérité.

angelis ? Intelligentie certitudo a Deo manans profusumque gaudium voluntatis. Quid in celestibus ? Copia vite ab angelis, virtutis explicatio a celo, risus celi. Quid in igne ? Vitalis quidam vigor a celestibus insitus et efficax propagatio. Deinde in iis que sensu carent effusa celitus gratia, in sentientibus exhilaratio ipsius spiritus sensusque vigor, in omnibus summatim intime fecunditatis effusio, ubique divine veritatis bonitatisque imago ».

AD NUMINUM GAUDIUM CELESTES IPSORUM OCULI RIDENT, SPLENDORE MOTUQUE GESTIUNT

Postquam videmus a celestium radiis, qui a supercelestibus per celestia tanquam per vitra quedam ad nos descendunt, cunctis dari perfectionem suam, vitam, sensum, certitudinem, gratiam, atque letitiam, necessarium est lucem in spiritibus super celum esse forme ipsorum perfectionem, fecunditatem vite, perspicaciam sensus, clarissimam verissime intelligentie certitudinem, gratie copiam, gaudii ubertatem. Horum omnium imago est splendor celi, immo ad horum claritatem tanquam umbra, quia minus potest corpus celi exacte claritatem spiritus imitari quam terra celi fulgorem. Ad ipsum celestium mirabile gaudium, celum, quasi corpus eorum, immo quasi oculus eorum – « oculum » enim Orpheus Solem appellat –, ridet splendore motuque exultat, sicuti terra tanquam ab illis remotissima luget tenebris situque torpet et ocio. Neque enim putandum est celum moveri vel vi aliqua vel defectu – cuius motus natura perpetuus est locumque naturalem non relinquit, substantia quoque absolutissima, a qua nihil discedit sui –, sed quodam excessu letitie ob quam gestiens quiescere nesciat. Ad gaudentium numinum cantum, ut Pythagorici arbitrantur, spere choreas ducunt, unde ordinatissimis variisque motibus mirabilem conficiunt harmoniam. Ad astrorum risum, qui precipue radiis indicatur, rident omnia que sub celo sunt, que super terram ; ad tenebras, tanquam ad tristitiam, omnia merent : solemus enim ridentibus congratulari, flentibus contristari.

Qu'est-ce que la lumière dans les anges ? La certitude de l'Intelligence émanant de Dieu et la joie profuse de sa volonté. Qu'est-elle dans les corps célestes ? L'abondance de la vie qui vient des anges, le déploiement de la vertu depuis le ciel, le rire du ciel[518]. Qu'est-elle dans le feu ? Une certaine énergie vitale implantée par les corps célestes et une propagation efficace. Puis une grâce que diffuse le ciel dans les réalités privées de sens, l'égaiement de l'esprit lui-même et la vigueur des sens dans les êtres doués de sens, bref l'effusion de l'intime fécondité en toutes choses et partout l'image de la vérité et de la bonté divines »[519].

DEVANT LA JOIE DES PUISSANCES DIVINES, LES CORPS CÉLESTES QUI SONT LEURS YEUX RIENT, LEUR SPLENDEUR ET LEUR MOUVEMENT TÉMOIGNENT DE LEUR EXULTATION

Comme nous voyons que, grâce aux rayons célestes qui descendent des réalités supracélestes jusqu'à nous à travers les réalités célestes comme si elles étaient des vitres, toute chose reçoit sa perfection, sa vie, son sens, sa certitude, sa grâce et sa joie, il est nécessaire que la lumière soit dans les esprits supracélestes la perfection de leur forme, la fécondité de leur vie, la perspicacité de leur sens, la certitude très claire de leur intelligence très véritable, l'abondance de leur grâce, la richesse de leur joie[520]. L'image de tous ces esprits est la splendeur céleste, ou plutôt elle est comme une ombre eu égard à leur clarté, parce qu'un corps céleste peut imiter avec moins d'exactitude la clarté de l'esprit que la terre l'éclat du ciel. Devant cette merveilleuse joie des réalités célestes, le ciel, qui est pour ainsi dire leur corps ou mieux leur œil – Orphée appelle effectivement le Soleil « œil »[521] –, manifeste son rire par sa splendeur, son exultation par son mouvement, de même que la terre, du fait de son très grand éloignement des esprits, manifeste ses pleurs par ses ténèbres et sa torpeur par son immobilité et son inactivité. En effet, on ne doit pas supposer qu'une force ou une défaillance quelconque meuve le ciel – lui dont le mouvement naturellement perpétuel n'abandonne pas son lieu naturel et constitue une substance parfaite, de laquelle rien de ce qui lui est propre ne se retranche – mais qu'un certain excès de joie le faisant exulter l'empêche de connaître le repos. Selon l'opinion des Pythagoriciens[522], c'est au rythme du chant des puissances divines joyeuses que les sphères conduisent les chœurs astraux, lesquels produisent ainsi par leurs mouvements très ordonnés et variés une merveilleuse harmonie[523]. Devant le rire des astres, que manifestent surtout leurs rayons, tout ce qui se trouve sous le ciel et au-dessus de la terre se met à rire ; devant les ténèbres, comme devant la tristesse, tout s'afflige[524] : nous avons effectivement coutume de nous féliciter de ceux qui rient, et de nous contrister de ceux qui pleurent[525].

Risus celi ex numinum gaudio proficiscens, id est lumen, omnia fovet atque delectat

Quod lumen sit risus celi ex spirituum celestium gaudio proficiscens indicant homines, qui quotiens letantur spiritu ridentque vultu, splendent certe intus dilatanturque spiritu, vultu quoque splendere videntur, oculis maxime, qui maxime sunt celestes quique in risu motum celi instar efficiunt circularem. In lugentibus autem contra : obtenebrantur, restringuntur, torpent omnia. Radii vero ex stellis ridentibus, tanquam divinarum mentium oculis, benignissime letissimeque directi in semina rerum non aliter omnia fovent generantque quam strutii aspectus in ovum. Illorum enim virtute calor naturalis cunctis inseritur, unde vita oritur, alitur, augetur. Hinc fit ut omnia voluptatem appetant, quia non modo voluptate terrena sed etiam celesti letitia generantur. Quis autem neget numina leto quodam affectu omnia movere atque gignere, cum et ab animalium natura et ab arte omnia voluptate procreari ac perfici videamus ?

Aliud lumen est, aliud calor, atque lumen antecedit calorem

Quod aliud fulgor sit, aliud calor, perspicuum est. Nam fulgent sive nitent que non calent ac etiam frigida multa. Calida sunt etiam multa que fusca. Calor ignis penetrat sepe qua non transit splendor, propagatur et splendor longius citiusque multo quam calor. Quod sit calor a lumine, inveniet quisquis cogitabit etiam in spiritibus intelligentie claritatem origine quadam antecedere voluntatis affectum et in mundi machina Solis radios sequentis caloris originem esse.

LE RIRE DU CIEL ÉMANANT DE LA JOIE DES PUISSANCES DIVINES, C'EST-À-DIRE LA LUMIÈRE, RÉCHAUFFE ET CHARME TOUT

Que la lumière soit le rire du ciel émanant de la joie des esprits célestes, les hommes l'indiquent qui, toutes les fois qu'ils se réjouissent en esprit et rient avec leur visage, resplendissent assurément de l'intérieur, s'ouvrent par l'esprit et paraissent briller par leur visage[526], et plus encore par leurs yeux qui sont essentiellement célestes[527] et qui, dans le rire, décrivent un mouvement circulaire à l'instar du ciel[528]. Chez ceux qui pleurent, c'est le contraire : tout s'enténèbre, se resserre et s'engourdit[529]. Au vrai, les rayons qui proviennent des étoiles riantes, comme des yeux des divines intelligences, et qui sont dirigés avec beaucoup de bienveillance et d'allégresse vers les semences des choses, réchauffent et engendrent toute réalité pas autrement que le regard de l'autruche sur son œuf[530]. La chaleur naturelle de ces rayons possède effectivement la vertu de s'introduire en toutes choses, et c'est de là que provient, se fortifie et s'accroît la vie. Par conséquent, tous les êtres désirent le plaisir parce que non seulement ils sont engendrés dans le plaisir terrestre, mais aussi dans la joie céleste. Qui donc nierait que les puissances divines meuvent et engendrent toutes choses par une joyeuse disposition, alors que la nature des êtres vivants aussi bien que leur art nous montrent que tout est procréé et accompli dans le plaisir[531] ?

LA LUMIÈRE ET LA CHALEUR DIFFÈRENT ENTRE ELLES, ET LA LUMIÈRE PRÉCÈDE LA CHALEUR

Il est clair que la lumière est une chose et la chaleur une autre[532]. Car maintes choses brillent ou luisent, même des choses froides, et qui ne chauffent pas. Maintes choses encore sont chaudes, qui sont noires. La chaleur du feu pénètre souvent là où ne traverse pas la splendeur[533], laquelle se propage beaucoup plus loin et beaucoup plus vite que la chaleur. Que la chaleur provienne de la lumière, le découvrira quiconque concevra que dans les esprits la clarté de l'intelligence précède par son origine la disposition de la volonté, et que dans la machine du monde les rayons du Soleil sont l'origine de la chaleur qui est leur conséquence[534].

LUMEN EST QUASI SPIRITALE QUODDAM, ET SPIRITUS SUNT LUMINA QUEDAM

Quod lumen spiritale quoddam sit potius quam corporale ex eo constat, quia passim sine tempore propagatur, sine offensione implet perspicua corpora, sine sui inquinamento se sordidis circumfundit. Preterea corporibus iis facilius se largitur, que longius a corpulenta mole discedunt, unde purissima corpora celi et ignis, ut Platonici putant, in se lucent, aer et aqua ab illis, interiora terre neque ex se nitent neque ex illis. In superficie terre lumen, mixtionibus diversis elementorum quatuor maxime terrenis infusum, diversorum colorum induit formas quasi corpuscula, quorum quasi quedam animule sunt scintille luminis illis infuse. Quas si ab illis mixtionibus segregaveris atque servaveris, videbis forte quales sint rationales anime a corporibus separate. Sunt enim lumina quedam olim in corporibus confusiora, sed iam in naturam propriam restituta ideoque clarissima. Sic enim corpus ab anima diversissimum illi quasi eclypsim obducit, sicut Luna coniuncta Soli, immo vero sicut mixtio terrena a celo alienissima celeste lumen reddit opacum facitque colorem ex lumine, sic corpus circa animam reddit ex intelligentia sensum.

LUMEN IN DEO, IN ANGELO, IN RATIONE, IN SPIRITU, IN CORPORE

Verum, ut redeamus illuc unde digressi sumus, celum quamvis in se, non tamen ex se, sed ex superiorum claritate et gaudio refulget et gestit, ceu oculus ex spiritus claritate animique letitia. Spiritus autem letatur maxime claritate sua Solisque, animus claritate spiritus atque mentis. Videtur autem lumen hoc esse mens refulgens per corpus perspicuum quasi vitrum et inde iam facta visibilis, mens autem lux in se ob nimiam ubertatem tenuitatemque penitus invisibilis. Deinde lux in mente est veritas gaudens gaudiumque verum. Tertio lumen a mente in corporibus est quedam veritatis rerum sensibilium declaratio, pulchritudinis flos, oblectatio sensus.

LA LUMIÈRE EST POUR AINSI DIRE QUELQUE CHOSE DE SPIRITUEL, ET LES ESPRITS SONT DES SORTES DE LUMIÈRES

Que la lumière soit quelque chose de plus spirituel que corporel se déduit très clairement de ce qu'elle se propage partout instantanément, remplit sans heurt les corps diaphanes et enveloppe les corps sordides sans se souiller à leur contact[535]. En outre, elle s'offre d'autant plus facilement à ces corps qu'ils s'écartent plus loin de la masse corporelle – de là que les corps les plus purs du ciel et du feu, comme les Platoniciens l'estiment[536], brillent en eux-mêmes, et l'air et l'eau grâce à leurs effets, cependant que les corps intérieurs à la terre ne tirent leur éclat ni d'eux-mêmes ni des autres[537]. À la surface de la terre, la lumière infuse dans les différents mixtes des quatre éléments (principalement terrestres) revêt les formes des diverses couleurs, qui sont comme des corpuscules au sein desquels sont infuses des étincelles de lumière qui sont des sortes de petites âmes. Et si tu les isolais des mixtes et que tu les observais, tu verrais peut-être de quelle nature sont les âmes rationnelles séparées des corps. En effet, ce sont des espèces de lumières, jadis plus confuses quand elles étaient dans les corps, mais désormais rétablies dans leur nature propre, et partant tout à fait claires[538]. Car de même que le corps, qui diffère entièrement de l'âme, la recouvre telle une éclipse, de même fait la Lune en conjonction avec le Soleil[539], ou mieux, comme le mixte terrestre, qui est très étranger au ciel, opacifie la lumière céleste et produit la couleur à partir de la lumière, de même le corps qui entoure l'âme donne le sens à partir de l'intelligence[540].

LA LUMIÈRE EN DIEU, DANS L'ANGE, DANS LA RAISON, DANS L'ESPRIT ET DANS LE CORPS

Mais afin de revenir au point à partir duquel nous avons digressé, bien que le ciel resplendisse et exulte en soi, ce n'est pourtant pas de soi mais à partir de la clarté et de la joie d'esprits supérieurs, comme il en va de l'œil à partir de la clarté de l'esprit et de la joie de l'âme. Quant à l'esprit, il se réjouit surtout de sa propre clarté et de celle du Soleil ; l'âme de la clarté de l'esprit et de l'intelligence. Or il semble que cette lumière est l'intelligence qui, resplendissant à travers un corps translucide comme le verre, devient dès ce moment visible ; mais l'intelligence est une lumière en soi tout à fait invisible à cause de sa trop grande abondance et subtilité. Ensuite la lumière dans l'intelligence est la vérité se réjouissant et la joie véritable. Troisièmement, la lumière qui vient de l'intellect dans les corps est une certaine manifestation de la vérité des choses sensibles, la fleur de la beauté et la récréation des sens.

Sed repete rectius. Lumen in divina mente intelligentiam supereminet. Inde angelice menti lumen idem infusum secundum intelligentiam redditur, sed super terminos rationis. Divinum hoc angelicumque lumen in mentibus hominum secundum rationem iam evadit, sed superat phantasiam; in spiritu secundum phantasiam super sensum; in corpore vero maxime oculis quasi celestibus anime stellis, sensui iam familiare fit sed non materie. In omnibus mentibus lumen est vita exuberans, veritas clara certaque, letitia plena. Inde in corporibus est divine explicatio et effusio vite, declaratio veritatis rerum et auctoris, gratia forme, voluptatis incitamentum. Empedocles et Zeno volunt, quemadmodum se habet ad carbonem flamma, sic quodammodo se habere lumen ad flammam atque flammam esse quasi lumen densum, lumen vero flammam rarissimam vitamque cunctorum. Plotinus et Proclus arbitrantur esse visum quendam aspectumque numinum per radios celestium oculorum procul emissum, atque esse spiritum quendam divinum, qui et omnia videat, et quantum in se est ab omnibus videatur. Addunt eiusmodi spiritum extingui nusquam, sed sidera sequi.

LUMEN EST UMBRA DEI, DEUS EST LUMEN LUMINIS

Denique lumen est quasi numen quoddam in mundano hoc templo Dei similitudinem referens, adeo ut Plato noster in libris *De republica* hoc ipsius boni filium nominaverit. Est enim instar Dei aspectu ante omnia venerandum, est et amplificatio quedam subita et latissima absque detrimento sui ob exuberantem bonitatem largitatemque suam cunctis sese libentissime et felicissime largiens, causa conservatioque et excitatio omnium que nascuntur. Proinde ad vitam, veritatem, letitiam, unde descendit, cetera sublevat, absque huius presentia mori cuncta videntur, huius autem presentia reviviscere atque, id quod optimum est, divinum humano generi commemorat cultum, ut neque impii negare audeant esse Deum, cuius simulacro sensibus nihil est clarius, neque flagitiosi vel latere oculum vel effugere manum eius se posse confidant, cuius simulacrum est ipsa claritas, ac velocius quam dici possit momento per omnia dilatatur.

Unus in omnibus et super omnia Deus, unum in omnibus et circa omnia lumen. Lumen in omnibus a Deo factis est quidam divine claritatis splendor atque, ut ita loquar, est Deus quasi se ipsum finiens et ad operum suorum capacitatem sese accommodans. Deus autem ipse est lumen immensum in se ipso

Mais reprenons avec plus de correction. La lumière dans l'intelligence divine surpasse l'intelligence. Puis la même lumière infuse à l'intelligence angélique est reproduite au niveau inférieur à l'intelligence, mais au-dessus des limites de la raison. Cette lumière divine et angélique apparaît ensuite dans les intelligences humaines au-dessous de la raison, mais au-dessus de la phantaisie; dans l'esprit, elle se manifeste sous la phantaisie mais au-dessus des sens; dans le corps, et surtout dans les yeux qui sont comme les étoiles célestes de l'âme, elle devient alors familière aux sens mais non à la matière[541]. Dans toutes les intelligences, la lumière est l'exubérance de la vie, la clarté et la certitude de la vérité, la plénitude de la joie. De là qu'elle est dans les corps l'épanchement et l'effusion de la vie divine, la manifestation de la vérité des choses et de leur auteur, la grâce de la forme et l'aiguillon du plaisir. Empédocle et Zénon soutiennent que le rapport de la lumière à la flamme est en quelque façon identique au rapport de la flamme au charbon, et que la flamme est comme une lumière dense mais que la lumière est une flamme très raréfiée et la vie de toutes choses[542]. Plotin et Proclus sont d'avis que la lumière est une sorte de vision et de regard des puissances divines émis au loin par les rayons de leurs yeux célestes, et qu'elle est un certain esprit divin qui voit toutes choses et, autant qu'il se tient en soi, est vu de toutes choses[543]. Ils ajoutent qu'un tel esprit jamais ne s'éteint, mais accompagne les astres[544].

LA LUMIÈRE EST L'OMBRE DE DIEU, DIEU EST LA LUMIÈRE DES LUMIÈRES

Enfin la lumière est comme une puissance divine qui, dans ce temple du monde, renvoie une image ressemblante de Dieu[545], au point que notre Platon dans la *République* l'aura nommée l'enfant du Bien[546]. En effet, il faut vénérer avant toutes choses ce qui, par son aspect, est à la ressemblance Dieu, à savoir une sorte d'accroissement subit et fort étendu qui, à cause de son exubérante bonté et de sa générosité, se prodigue très volontiers et très joyeusement à toutes choses sans en retirer un dommage, lui qui est la cause, la conservation et l'éveil de toutes les réalités qui naissent[547]. Ainsi donc c'est à la vie, à la vérité et à la joie, d'où elle descend, que la lumière exhausse toutes choses[548]; en son absence, tout paraît mourir, mais tout paraît revivre en sa présence[549], et – ce qui est excellent – elle rappelle au genre humain le culte divin, afin que les impies n'osent pas nier l'existence de Dieu, dont il n'est pas pour les sens d'image plus claire, et que les débauchés n'aient pas l'espoir de pouvoir se soustraire à son œil[550] ou d'échapper à sa main, lui dont l'image est cette clarté même qui en un instant, et plus vite qu'on ne pourrait dire, se répand à travers toutes les réalités.

Dieu est un en toutes choses et au-dessus de toutes choses, la lumière est une en toutes choses et autour de toutes choses[551]. Dans toutes les créations de Dieu, la lumière est une certaine splendeur de la clarté divine et, si je puis dire, elle est Dieu se limitant en quelque manière lui-même et s'adaptant à la capacité de ses

consistens ac per se in omnibus et extra omnia per immensum; fons ille vite in cuius lumine, ut ait David, videmus lumen; oculus quoque, quo omnes vident oculi et, ut inquit Orpheus, oculus qui cuncta in singulis inspicit ac revera omnia conspicit in se ipso, dum esse se perspicit omnia.

Vale felix, una cum divino Senatu vestro, clarissime Phebe. Saluta Marsilii litteratorumque omnium nomine Bernardum Bembum Venetum, immo etiam Florentinum populique nostri delitias.

œuvres. Mais Dieu lui-même est une lumière immense existant en soi et par soi en toutes choses et hors de toutes choses à travers l'immensité ; il est la source de la vie dans la lumière de laquelle, comme chante David, nous voyons la lumière[552] ; il est aussi l'œil par lequel tous les yeux voient[553] et, comme dit Orphée, l'œil qui regarde toutes choses en chacune, et qui voit réellement toutes choses en soi-même, tandis qu'il voit qu'il est toutes choses[554].

Porte-toi bien, toi avec ton divin Sénat, très célèbre Phébus. Salue, au nom de Marsile et de toutes ses lettres, Bernardo Bembo le Vénitien[555], ou plutôt le Florentin et le délice de notre peuple.

NOTES

1. Federico de Montefeltro, Duc d'Urbino (1422-1482). Homme politique, condottiere et mécène, qui réunit à sa Cour des artistes comme Piero della Francesca, Melozzo da Forli et Luciano Laurana, des architectes tels qu'Alberti et Francesco Martini, des mathématiciens et des astronomes comme Peurbach, Regiomontanus et Pacioli. La première mention de l'amitié entre Federico et Ficin se trouve dans les *Disputationes Camaldulenses* de Landino en 1472, où le Duc est loué en tant qu'union de la vie active et de la vie contemplative, et ne pratiquant la guerre qu'en vue de la paix. Ficin relate dans ses commentaires de Platon, *Opera omnia*, Bâle, 1576 [désormais *Op.*] II, p. 1129, qu'il rencontra personnellement Federico lors d'une visite de ce dernier à Laurent de Médicis. En 1482, Federico est à Florence pour son emploi par Laurent comme commandant dans la ligue de défense contre le Pape et Venise durant la guerre de Ferrare. Le Duc demanda copie de tous les travaux de Ficin par l'intermédiaire de Vespasiano, et Ficin lui dédia sa traduction du *De Regno*.

2. Le Livre II est composé de huit opuscules platoniciens : *Cinq questions sur l'âme* (*Op.* I, p. 675-682), *Au-dessus du sens se trouve l'intellect* (*ibid.*, p. 682-685), *Les éléments se meuvent de manière mobile* (*ibid.*, p. 686-688), *La forme corporelle est divisée et mue par un autre* (*ibid.*, p. 688-690), *Abrégé de théologie platonicienne* (*ibid.*, p. 690-697), *Du ravissement de Paul* (*ibid.*, p. 690-706), *Argument pour une théologie platonicienne* (*ibid.*, p. 706-717) et *Ce qu'est la lumière* (*ibid.*, p. 717-720). R. Marcel situe en 1479 l'achèvement de la présentation des cinq premiers opuscules. Les trois derniers furent présentés à Florence à la fin novembre 1476. Ces huit opuscules participent d'un projet commun, qui est d'exposer les voies permettant à l'âme de s'élever jusqu'à Dieu : *cf.* l'introduction de R. Marcel, *Théologie platonicienne de l'immortalité des âmes*, t. III, Paris, Les Belles Lettres, 1964, p. 247-261. Nous avons suivi pour la traduction le texte établi par S. Gentile, Marsilio Ficino, *Lettere*, II, Florence, Leo S. Olschki editore, 2010.

3. Diogène Laërce, *Vies et doctrines des philosophes illustres*, VI, 53.

4. Hésiode, *Théogonie*, 924 ; *id.*, *Hymnes homériques*, 28, 4-5 ; Orphée, *Hymnes*, 32, 1 ; Proclus, *Commentaire sur le Timée*, I, 51D ; Augustin, *Cité de Dieu*, IV, X ; Ficin, *Théologie platonicienne*, Paris, Les Belles Lettres, 1964, XI, 4 et XII, 1.

5. Virgile, *Bucoliques*, IV, 7.

6. *Ibid.*, II, 61-62.

7. Platon, *Phèdre*, 247c-248a ; Plotin, *Ennéades*, III, 8, 5 ; Augustin, *Commentaire sur les Psaumes*, III, 3, 8.

8. Ficin, *Théologie platonicienne*, XII, 1.

9. Aristote, *Physique*, 252b, 10-12.

10. Nicolas de Cues, *Docte ignorance*, I, 23 ; Ficin, *Théologie platonicienne*, XIV, 8.

11. Nicolas de Cues, *Docte ignorance*, II, 12 et IV, 1.

12. Ficin distingue l'intelligence humaine des intelligences séparées que sont les anges et Dieu. L'intelligence humaine est une émanation de l'intelligence divine, elle est la cime de l'âme qui communique avec l'intelligence supérieure « qui existe en elle-même, indépendante et lumineuse » et informe l'intelligence humaine : *Théologie platonicienne*, I, 5-6 ; XII, 1, 3 et 4 ; XIII, 4 et 5. Chaque

intelligence est une présentation de Dieu, elles sont à la fois plurielles et identiques : *ibid.*, XII, 4. L'intelligence humaine occupe une position intermédiaire « entre les choses éternelles et les choses temporelles (*ibid.*, XVIII, 8). L'âme est intelligente et raisonnable, elle se situe entre les intelligences séparées et les corps matériels : *ibid.*, XVI, 1 et 7. Par son intelligence, l'âme est au-dessus du destin : *ibid.*, XIII, 2 et 4. Ficin utilise « *mens* » et « *intelligentia* » pour désigner l'intelligence. C'est le cas dans la *Théologie Platonicienne* (IX, 6), quand il évoque les deux facultés : l'intelligence et la volonté, que l'âme partage avec les esprits célestes. Notre traduction suit la leçon de Raymond Marcel.

13. Thomas d'Aquin, *Somme contre les Gentils*, III, 97, 5.

14. Platon, *Phèdre*, 245c-e; Cicéron, *République*, VI, 27; Macrobe, *Commentaire au Songe de Scipion*, II, 13, 1-15, 32; Calcidius, *Commentaire au Timée de Platon*, 124-126; Porphyre, *Sentences*, 17.

15. Aristote, *Métaphysique*, 1066a, 20-21; Thomas d'Aquin, *Commentaire du Livre de la Métaphysique*, XI, 1. 9, 3, 17-18.

16. Thomas d'Aquin, *Somme contre les Gentils*, II, 55, 10.

17. *Ibid.*, 3, 3, 7; Ficin, *Théologie platonicienne*, X, 8.

18. Aristote, *Métaphysique*, 1003b, 22-34 et 1061a 15-18.

19. Platon, *République*, 509b; Plotin, *Ennéades*, I, 7, 1 et V, 1, 8; Jamblique, *Mystères d'Égypte*, I, 5; Eusèbe de Césarée, *Préparation évangélique*, XI, 17, 10 et XXI, 5, 6; Proclus, *Théologie platonicienne*, 2, 4.

20. Ficin, *Commentaire sur le Philèbe de Platon*, *Op.*, II, p. 1238-1247.

21. Aristote, *Catégories*, 1-9; Thomas d'Aquin, *De l'être et de l'essence*, I, 2-3.

22. Plotin, *Ennéades*, III, 3, 8, ; V, 1, 6-7 ; V, 3, 11 et VI, 7, 16.

23. Aristote, *De l'Âme*, 430a, 10-19.

24. Avicenne, *Métaphysique*, 9, 7.

25. Nicolas de Cues, *Docte ignorance*, II, 1. Ficin semble attribuer à l'univers une infinité non pas en puissance, comme chez Cues, mais en acte. Par là, il annonce Giordano Bruno qui sortira définitivement du cadre du cosmos aristotélicien (*De l'infini, de l'univers et des mondes*, Paris, Les Belles Lettres, 1995, p. 86).

26. Avicenne, *Métaphysique*, 1, 1 ; *Docte ignorance*, I, 6.

27. Thomas d'Aquin, *Somme contre les Gentils*, III, 25, 11-12; Ficin, *Théologie platonicienne*, X, 8. La volonté ne peut trouver de repos et de satisfaction qu'en désirant dans les choses leur source, leur raison, et non les choses pour elles-mêmes, et il en va de même pour l'intellect : *Théologie platonicienne* X, 8. Dieu, raison de la bonté, est l'objet de toute volonté. Par la volonté, « l'âme se tourne vers Dieu chaque fois qu'elle le veut ». Plus l'âme aime Dieu et le veut, et plus elle est satisfaite et heureuse. L'intellect comprend la raison générale du bien, il présente ce bien à la volonté qui ensuite le désire. La volonté s'appuie sur les enseignements de la raison. Plus la volonté se soumet à cet enseignement, plus l'âme est morale. Ficin définit la vertu comme « la volonté ferme d'adopter ce que dicte la raison », ou « l'ardeur permanente de l'appétit, enflammé par la clarté de l'intellect » : *Théologie platonicienne*, VIII, 3.

28. Proclus, *Éléments de théologie*, 28-29.

29. Thomas d'Aquin, *Somme contre les Gentils*, III, 48, 11.

30. Aristote, *Traité du ciel*, 291b, 13-14; Thomas d'Aquin, *Somme contre les Gentils*, III, 48, 12.

31. Aristote, *Traité du ciel*, 277a, 30; Thomas d'Aquin, *Somme contre les Gentils*, III, 35, 13.

32. Thomas d'Aquin, *Somme contre les Gentils*, III, 149, 3 ; Ficin, *Théologie platonicienne*, II, 7.

33. La connaissance enseigne à se déprendre du sensible pour retrouver la véritable nature de l'homme intérieur : Platon, *Épinomis*, 974; Plotin, *Ennéades*, IV, 8 ; V, 1, 3 et 1, 10; Porphyre, *Vie de Plotin*, 23; Nicolas de Cues, *Du non-autre*, 13, 51 ; *Profane*, I, « Les participations de la Sagesse »; Ficin, *Théologie platonicienne*, XII, 1 ; XV, 3 et XVI, 8. La thèse ficinienne des vacances de l'âme justifie cette vie de l'âme hors du corps, qui rejoint la mystique chrétienne : II *Épître aux Corinthiens*, XII, 4; Hadewijch d'Anvers, *Écrits mystiques des béguines, Nouveaux poèmes*, XI (*Mgd. XXVII*),

Paris, Seuil, 1954, p. 205-206; Ficin, *Du ravissement de Paul,* I, *Opuscules théologiques* (*Théologie platonicienne*, vol. III, p. 347-367), *Théologie platonicienne*, X, 2 et XIII, 2.

34. Thomas d'Aquin, *Somme contre les Gentils*, II, 49, 8; Ficin, *Théologie platonicienne*, VIII, 16.

35. Pseudo-Denys, *Noms divins*, IV, 8-9.

36. Aristote, *De l'Âme*, 429a-429b, 5; Thomas d'Aquin, *Somme contre les Gentils*, II, 55, 10 et 3, 59, 2; Ficin, *Théologie platonicienne*, IX, 5.

37. L'intelligence est séparation, elle sépare et se sépare : Ficin, *Théologie platonicienne*, VIII, 2.

38. Aristote, *Parties des animaux*, II, X, 4; Cicéron, *Des Fins*, 2, 45 ; *id., De l'Orateur*, I, 32-33; Lactance, *L'ouvrage du Dieu créateur*, 10, 22; Nicolas de Cues, *Profane*, I, « Unité et Mesure »; Ficin, *Théologie platonicienne*, XIV, 9.

39. Aristote, *Physique*, 199a, 20-30; Origène, *Traité des principes*, 3, 1, 2; Thomas d'Aquin, *Somme contre les Gentils*, II, 82, 2 ; Sénèque, *Lettres*, XX, 121, 22; Ficin, *Théologie platonicienne*, IX, 4.

40. Platon, *Premier Alcibiade*, 130c-133c; Aristote, *Éthique à Nicomaque*, 1166a, 16-17 et 22-23; Cicéron, *République*, VI, 26; Macrobe, *Commentaire au Songe de Scipion*, II, 12, 1; Plotin, *Ennéades*, I, 1, 7 ; III, 5, 5 et IV, 7, 1.

41. Hésiode, *Théogonie*, 520-525; Platon, *Protagoras*, 321c-d; Virgile, *Énéide*, VI, 594-599; Olympiodore, *Commentaire sur le Gorgias de Platon*, 48, 6; Proclus, *Théologie platonicienne*, 5, 24; Fulgence, *Mythologies*, 2, 6.

42. Homère, *Odyssée*, 11, 593-600; Hygin, *Fables*, 60.

43. L'homme terrestre évolue dans la « région de dissemblance » qui éloigne l'âme de Dieu: Augustin, *Confessions*, VII, 10 ; Ficin, *Théologie platonicienne*, XVIII, 10.

44. *Genèse*, 3 ; Ficin, *Théologie platonicienne*, X, 3.

45. Plutarque, *Isis et Osiris*, 45-47 ; Hermès Trismégiste, *Asclépius*, VII, 26 ; Psellos, *Commentaire des Oracles chaldaïques*, fragments 128 et 165; Pléthon, *Commentaires de Pléthon sur les Oracles chaldaïques*, 17; Ficin, *Théologie platonicienne*, XVI, 7.

46. Platon, *Timée*, 69c-d; Hiéroclès, *Commentaire sur les Vers dorés des pythagoriciens*, 25, 1-18; Ficin, *Théologie platonicienne,* XVI, 7.

47. Thomas d'Aquin, *Somme contre les Gentils*, I, 88, 3 et II, 23, 6.

48. Averroès, *Grand commentaire sur la Métaphysique d'Aristote*, 12, 41; Avicenne, *Métaphysique*, 9, 2; Thomas d'Aquin, *Somme contre les Gentils*, I, 74, 3-4.

49. S'élevant vers Dieu, l'âme revêt progressivement les douze attributs de la divinité: être la vérité et le bien, être tout, auteur de tout, supérieur à tout, en tout, éternel, pourvoir à tout, gouverner avec justice, persévérer dans son être, opérer avec modération, vivre heureux, admirer et honorer sa béatitude : *Théologie Platonicienne*, XIV, 1. Émule de la sagesse divine, l'âme doit se rendre digne de son essence divine: Hermès Trismégiste, *Asclépius*, VI, 1-5; Ficin, *Théologie Platonicienne*, XIV, 4-5 et 8.

50. Ficin, *Théologie platonicienne*, I, 1 ; *De la religion chrétienne*, I.

51. Platon, *Politique*, 271b, *Phèdre*, 72c-d; *Corpus Hermeticum*, I, 24; Avicenne, *Métaphysique*, 9, 7; Ficin, *Théologie Platonicienne*, XVIII, 9 ; *id.*, *De la religion chrétienne*, XXII et XXVIII ; *id., Mercurii Trismegisti Liber De potestate et sapientia Dei*, *Argumentum*, *Op.* II, p. 1836.

52. Ficin, *Théologie platonicienne*, X, 6, et XVIII, 16.

53. Nicolas de Cues, *Traité de la vision de Dieu*, XIII, *Recherche de Dieu*, Paris, Aubier-Montaigne, 1942, p. 197.

54. Ficin, *Théologie platonicienne*, XI, 6 et XVI, 1.

55. *Ibid*, XII, 1.

56. *Ibid.*, XI, 1.

57. *Ibid.*, VIII, 1, 4 et 7.

58. *Ibid.*, XI, 1.

59. *Ibid.*, XI, 3 et XV, 16.

60. *Ibid.*, X, 2 ; XVI, 1 et XVIII, 3 ; *Du Soleil*, XI ; *De la lumière*, XXV et XVII.

61. *Id.*, *Théologie platonicienne*, X, 2.

62. Plotin, *Ennéades*, V, 6, 4.

63. Ficin, *Théologie platonicienne*, X, 8.

64. *Id.*, *Commentaire sur le Banquet de Platon*, II, 2; *Théologie platonicienne*, XII, 1. La *Théologie platonicienne*, ouvrage fondamental de Ficin résulte du travail de traduction commentée des textes de Platon poursuivi de 1460 à 1475, et d'une réflexion autour des accords entre cette philosophie « qualifiée de Théologie » (Préface à la *Théologie platonicienne*, p. 35) par tous les peuples qui la connaissent, et la Théologie chrétienne d'inspiration paulinienne et augustinienne. Les esprits perméables au discours religieux le seront peut-être moins au discours philosophique et accéderont par la théorie platonicienne de l'immortalité des âmes à la contemplation du Créateur de ces âmes divines : E. Garin, *L'humanisme italien*, Paris, Albin Michel, 2005, p. 142-150.

65. Platon, *République*, 506d-509b; Ficin, *Du Soleil*, IX.

66. Nicolas de Cues, *Du non-autre*, 3, 8.

67. *Id.*, *Filiation de Dieu*, 2 et 3. Dieu « possède toutes les idées intelligibles », il « les distribue à toutes les intelligences » et unit l'acte de l'intelligence avec l'acte des intelligibles : Ficin, *Théologie platonicienne*, X, 1 ; XI, 1 et XII, 1.

68. Ficin, *De la lumière*, XI et XIII.

69. Nicolas de Cues, *Du non-autre*, 14, 60.

70. Ficin, *De la lumière*, XVI.

71. Thomas d'Aquin, *Somme contre les Gentils*, I, 43, 6-7.

72. *Sagesse*, 11, 21 ; Nicolas de Cues, *Du non-autre*, 24, 116.

73. Plotin, *Ennéades*, VI, 7, 16.

74. Orphée, *Hymnes*, VIII, 1 et 14; Homère, *Iliade*, III, 277 ; Hésiode, *Les Travaux et les Jours*, 267; Sophocle, *Électre*, 175; Ovide, *Métamorphoses*, IV, 226-227; Ficin, *Du Soleil*, VI ; *id.*, *De la lumière*, XVI.

75. Aristote, *Métaphysique*, 1072b, 18-21; Thomas d'Aquin, *Commentaire du Livre de la Métaphysique*, 12, 1, 8, 7-9; Nicolas de Cues, *Docte ignorance*, I, 10.

76. *Romains*, II, 21.

77. Giovanni Francesco Ippoliti est un humaniste et un ami de Ficin avec qui il correspond. En 1480, Francesco fit transcrire les six livres de l'*Epistolarium* de Ficin.

78. Ficin, *Théologie platonicienne*, IV, 1.

79. *Ibid.*, I, 5.

80. *Ibid.*

81. *Ibid.*, VI, 12.

82. *Ibid.*, XII, 4 et XVIII, 3.

83. *Ibid.*, IV, 2.

84. L'âme est « immobile par sa substance, mobile par son opération, en partie immobile et en partie mobile par sa puissance » : *ibid.*, I, 4.

85. Platon, *Parménide*, 137c-d; Plotin, *Ennéades*, III, 8, 9 ; V, 1, 1 ; V, 3, 12 et 3, 15 ; VI, 2, 9 ; VI, 5, 4 et 6, 11 ; Proclus, *Éléments de théologie*, 114; Nicolas de Cues, *Filiation de Dieu*, 4; Ficin, *Théologie platonicienne*, II, 1 et III, 1.

86. Ficin, *Théologie platonicienne*, XI, 6.

87. *Ibid.*, I, 6.

88. Nicholas Bathory, le plus jeune des six fils de Stéphane III (mort en 1444) vice-roi de Hongrie, fut l'évêque de Smyrne en 1469 et, à partir de 1475, de Vacz. Humaniste éduqué en Italie, réputé pour son érudition, il diffuse les idées de la Renaissance parmi la noblesse hongroise. Il est un conseiller influent du Roi Matthias Corvin jusqu'en 1484, et meurt en 1506. Lorsque Matthias Corvin voulut inviter Ficin à sa cour, c'est Barthory qui fut le médiateur. Après la défaite de la Hongrie en 1526 et l'occupation ottomane, la famille Bathory dirigea la principauté de Transylvanie. Stephen Bathory fut Roi de Pologne en 1576.

89. Francesco Bandini (1440-1496) est un ecclésiastique et diplomate florentin. Il étudia l'histoire et la philosophie à Florence, et marqua un grand intérêt pour les arts et la musique. Il devint membre de l'Académie platonicienne, et fut très proche de Ficin au point de prendre à sa charge le banquet commémoratif de la naissance et de la mort de Platon le 7 novembre 1468. Il y participa au titre d'*architryclinus*. Bandini quitte Florence en 1473 pour raisons politiques, même s'il reste en bons termes avec Laurent de Médicis. Après la conspiration des Pazzi, leur correspondance s'interrompt (Bernardo Bandini, le frère de Francesco, est l'un des conspirateurs et le meurtrier de Julien de Médicis). Après un séjour à la Cour du Roi Ferdinand de Naples, Bandini accompagne en 1476 Béatrice d'Aragon, la fille du Roi, dans son voyage vers la Hongrie où elle doit épouser le Roi Matthias Corvin. Il se fixe à la Cour, occupe une position influente, remplit des missions diplomatiques, et assure le lien entre l'Académie platonicienne de Florence et la Cour hongroise. Quand Matthias Corvin invite Ficin en 1482 à venir en Hongrie enseigner Platon, Ficin décline l'offre et propose d'envoyer son cousin Salvini. Bandini crée un cercle d'humanistes à Buda et conseille le Roi dans son soutien d'artistes italiens. Il est un ami de Nicholas Bathory. Ficin a dédié sa *Vie de Platon* à Bandini.

90. Ficin, *Vie de Platon*, I, 2.

91. Platon, *Phèdre*, 245c-246a ; *id.*, *Lois*, 895a-896b ; Plotin, *Ennéades*, IV, 7, 9.

92. Les qualités désignent les affections de la matière, « affections qui ne sont que des images inconsistantes et caduques, comme les ombres des arbres qui s'élèvent au-dessus du torrent » : Ficin, *Théologie platonicienne*, I, 3.

93. L'âme est dans le corps, mais elle dispose d'une puissance auto-motrice : Ficin, *Théologie platonicienne*, III, 2 et IV, 1. Elle est indépendante de la matière : V, 5. Elle existe de soi : V, 9. Elle n'est ni composée, ni tirée de la matière, car Dieu est sa seule cause : V, 13. Elle vivifie le corps : V, 14. Elle possède une vie supérieure au corps, et ne peut donc périr : V, 15. L'union de l'âme et du corps est naturelle : XV, 12. L'union de l'âme et du corps n'introduit pas à un dualisme tragique : XVI, 4. L'incarnation est un moment décisif de l'éducation de l'âme, et le corps permet d'actualiser les trois puissances inférieures de l'âme (phantaisie, sens et nutrition) : XVI, 5. Le corps est composé de matière et de forme conformément à la doctrine thomiste – ce n'est pas le cas de l'âme. L'âme est une forme tout entière dans chaque partie du corps : XVII, 1. Tous les sens convergent vers un centre unique qui est l'âme : VII, 2. L'âme n'est ni un corps animé, ni un corps inanimé (Plotin, *Ennéades*, IV, 7, 2 et 5), ni un corps dense, ni un corps léger : VI, 5 et 6.

94. Proclus, *Éléments de théologie*, 14-17.

95. Ficin, *Théologie platonicienne*, I, 3 et 4.

96. *Ibid.*, I, 5.

97. Nicolas de Cues, *Traité de la vision de Dieu*, III ; *id.*, *Du non-autre*, 12, 47 ; Ficin, *Théologie platonicienne*, XI, 4.

98. Ficin, *Théologie platonicienne*, XI, 4.

99. *Ibid.*, I, 5.

100. *Ibid.*, I, 6.

101. *Ibid.*, VIII, 16.

102. *Ibid.*, XVIII, 8 ; *id.*, *De la lumière*, XVII.

103. Thomas d'Aquin, *Somme contre les Gentils*, I, 34, 2 ; III, 97, 9 et I, 23, 7; Ficin, *Théologie platonicienne*, I, 3.

104. Ficin, *Théologie platonicienne*, VI, 2.

105. *Ibid.*, I, 5 ; V, 3 ; V, 13 et XV, 2.

106. Plotin, *Ennéades*, V, 1, 3, 6; Proclus, *Théologie platonicienne*, 1, 3.

107. Ficin, *Théologie platonicienne*, V, 5.

108. *Ibid.*, XII, 1.

109. *Ibid.*, X, 5.

110. *Ibid.*, II, 2 et 13.

111. *Ibid.*, III, 2.

112. *Ibid.*, I, 6.

113. Nicolas de Cues, *Traité de la vision de Dieu*, XXV; Ficin, *Théologie platonicienne*, XVIII, 1.

114. Ficin, *Théologie platonicienne*, II, 4.

115. *Ibid.*, X, 8 et IV, 2.

116. *Ibid.*, XII, 1 et XVIII, 8.

117. *Ibid.*, XIV, 10 et XVIII, 8 ; *id.*, *Du ravissement de Paul*, XX et XXIII.

118. La volonté ou amour, l'une des deux ailes de l'âme, prime sur l'intelligence, car, d'être mue par l'appétit d'un bien infini, elle permet à l'âme de s'élever plus haut qu'avec l'intellect. L'intellect connaît des choses une espèce immatérielle, un universel, par exemple l'idée de l'or. La volonté désire un être particulier en or, un être tel qu'il est. Par l'intellect, l'âme ramène tout à elle, le comprend et le saisit, alors que, par la volonté, l'âme s'unit à tout : « elle ne désire pas les choses, à vrai dire, comme elles sont dans l'âme, mais plutôt comme elles sont en elles-mêmes : *Théologie platonicienne*, XIV, 3. La volonté se transporte dans les choses, tandis que l'intellect les « fait passer en lui-même ». Par là, l'intellect révèle ses limites, et la volonté sa grandeur contre les mystiques intellectuelles des Rhénans et l'intellectualisme d'Averroès ou de Thomas d'Aquin : « Dans notre connaissance de Dieu, nous réduisons l'immensité divine à la capacité de notre intelligence; en l'aimant, au contraire, nous élargissons notre intelligence jusqu'à l'immense étendue de la bonté divine » : *Théologie platonicienne*, XIV, 10. Limité, l'intellect ne saurait connaître Dieu absolument : *Du ravissement de Paul*, XX et XXIII, « la volonté jouit davantage de Dieu que l'intellect ». Ce qui demeure nuit pour l'intellect s'avère jour pour la volonté : *ibid.*, XXII. Pour les sources : *Œuvres choisies de Guillaume de Saint-Thierry*, Paris, Aubier, 1943, p. 181-189; Ficin, *Commentaire sur le Banquet de Platon*, VII, 14. La supériorité de la volonté sur l'intelligence est à rattacher à la précellence paulinienne de la charité chez Augustin : *Soliloques*, I, 14 ; *La Nature et la Grâce*, LXV, 78 ; *Confessions*, XIII, 9, et à l'ire d'amour chez Hadewijch d'Anvers, *Poèmes spirituels*, *op. cit.*, XII (*Str. Ged. XXVIII*), XVIII (*Mgd. XIII*), XIX (*Mgd. XVI*), p. 122-124, p. 138-139 et p. 146-152

119. Ficin, *Théologie platonicienne*, VIII, 3.

120. Nicolas de Cues, *Traité de la vision de Dieu*, XX; Ficin, *Théologie platonicienne*, XVIII, 9.

121. Ficin, *Théologie platonicienne*, XI, 2.

122. *Ibid.*, XVIII, 8.

123. *Ibid.*

124. Proclus, *Commentaire sur le Timée*, II.

125. Ficin, *Théologie platonicienne*, II, 7 et 11.

126. *Ibid.*, XIV, 8.

127. *Ibid.*, X, 8.

128. *Ibid.*, XII, 3 et XIV, 1.

129. Nicolas de Cues, *Traité de la vision de Dieu*, I et II ; *Du non-autre*, 23, 103.

130. Ficin, *Théologie platonicienne*, XII, 4.

131. *Ibid.*, XIV, 1.

132. La beauté ficinienne désigne la perfection externe des choses ou des êtres qui se rencontre dans trois réalités « en quelque sorte incorporelles » : les voix (accord des sons, harmonie d'un chœur vocal), les corps ou « figures » (harmonie des couleurs, des lignes), et les âmes (équilibre des vertus) : *Commentaire sur le Banquet*, I, 4 et V, 2. Cette beauté n'est pas de nature corporelle, quand bien même la beauté la plus visible serait celle du corps : *ibid.*, V, 3. Cette perfection externe manifeste dans les êtres leur perfection interne, leur bonté : *ibid.*, V, 1. Une telle bonté, rendue visible, audible ou compréhensible, puisque la beauté n'apparaît qu'aux deux sens supérieurs et éloignés de la matière (l'ouïe et la vue) et à la raison, est le signe d'une origine divine, au point que Ficin définit la beauté comme « splendeur de la face de Dieu » (*ibid.*, V, 4), ou « splendeur de la bonté divine » (*ibid.*, II, 3).

133. Jamblique, *Mystères d'Égypte*, I, 9, 30 ; Julien, *Hélios-Roi*, XI ; Ficin, *Du Soleil*, IX.

134. Ficin, *Du Soleil*, XIII ; *Théologie platonicienne*, IX, 3.

135. Pseudo-Denys, *Noms divins*, VII, 2, 869B.

136. Thomas d'Aquin, *Somme contre les Gentils*, I, 75-76.

137. *Ibid.*, I, 76, 7.

138. Ficin, *Théologie platonicienne*, II, 13.

139. *Ibid.*, XIV, 8.

140. Varron, *Économie rurale*, I, 31, 2-4.

141. Ficin, *Théologie platonicienne*.

142. Thomas d'Aquin, *Somme contre les Gentils*, III, 102, 4.

143. Ficin, *Théologie platonicienne*, VIII, 4.

144. *Id.*, *Du Soleil*, XIII.

145. Giovanni Cavalcanti (1444-1509) étudia la rhétorique auprès de Landino et devint un homme d'État et un diplomate, chargé notamment d'une importante mission auprès du Roi Charles VIII de France en 1494. Ficin avait connu Giovanni alors que ce dernier n'était âgé que de sept ans. Ficin lui dédia ses traductions d'Alcinoos et de Speusippe en 1463. Dans la compagnie de Cavalcanti, Ficin a écrit nombre d'ouvrages dont la *Théologie platonicienne*, et Cavalcanti resta dévoué à Ficin toute sa vie. C'est lui qui poussa Ficin à écrire un livre sur l'amour, qui fut la première version du *De Amore*, le *Commentaire sur la Banquet de Platon* lui est dédié : A. Della Torre, *Storia dell'Accademia Platonica di Firenze*, Florence, Carnesecchi e Figli, 1902, p. 647 *sq.* ; P. O. Kristeller, *Supplementum Ficinianum*, 1, Florence, Leo Olschki, 1937, p. 118 ; R. Marcel, *Marsile Ficin*, Paris, Les Belles Lettres, 1956, p. 340-346.

146. Les Reneri sont une famille influente de Florence. Ficin leur doit son élection en 1472 en tant que « piovano » de San Bartolomeo. Cette famille compte dans le chemin que parcourt Ficin pour s'orienter vers l'état ecclésiastique.

147. Dante, *Paradis*, XXIV, 64 *sq.* ; XXV, 67 *sq.* et XXVI, 55 *sq.* ; Nicolas de Cues, *Docte ignorance*, III, 11 et 12.

148. II *Corinthiens*, XII, 2-4 ; *Actes des Apôtres*, XXII, 17-18 ; Pseudo-Denys, *Noms divins*, IV, 13, 712 a ; Nicolas de Cues, *Docte ignorance*, III, 11 ; *id.*, *Traité de la vision de Dieu*, XVII et XXIV ; Ficin, *Théologie platonicienne*, XIII, 2.

149. Philon d'Alexandrie, *De vita contemplativa*, 39 ; Augustin, *Confessions*, X, 36-37.

150. II *Corinthiens*, XII, 5-8 ; Cassien, *Collations*, Paris, Cerf, 1992, p. 229 ; Nicolas de Cues, *Docte ignorance*, III, 4.

151. *Psaumes*, 23, 7-10.

152. *Jean*, VI, 44 ; Nicolas de Cues, *Traité de la vision de Dieu*, XXI ; *id.*, *Recherche de Dieu*, p. 197-198 ; Ficin, *Théologie platonicienne*, XVIII, 8.

153. Pseudo-Denys, *Noms divins*, IV, 14, 712 c ; Ficin, *Théologie platonicienne*, II, 13.

154. *Jean*, V, 10 ; Bonaventure, *Itinéraire de l'esprit vers Dieu*, I, 1.

155. Aétius, *Opinions*, II, XXVIII, 5; Macrobe, *Saturnales*, I, XVII, 64; Léonard de Vinci, *Carnets*, I, XI, B. M. 94 v.

156. Nicolas de Cues, *Traité de la vision de Dieu*, IV.

157. Ovide, *Métamorphoses*, III, 495-502; Macrobe, *Saturnales*, I, XXII, 7.

158. Grégoire de Nysse qui l'utilise également afin de convaincre de l'infinité de la réalité divine : *Vie de Moïse*, Paris, Cerf, 1993, p. 140-141.

159. Ficin, *Théologie platonicienne*, XI, 2 et XII, 4.

160. Bonaventure, *Breviloquium*, VII, 4.

161. Ficin, *Théologie platonicienne*, XVIII, 5.

162. *Ibid.*, XVIII, 8.

163. *Id.*, *Du Soleil*, I.

164. *Psaumes*, XIX, 5; Ficin, *Théologie platonicienne*, XVIII, 3 ; *id.*, *Pauli commentariu.*, *Op.* I, p. 430.

165. Platon, *Banquet* 180c-181c; Plotin, *Ennéades*, III, 5; Ficin, *Commentaire sur le Banquet de Platon*, II, 8 ; VI, 7 et VII, 12.

166. Dante, *Paradis*, XXII, 31 *sq.*

167. Pseudo-Denys, *Hiérarchie céleste*, VII, 1, 205b-205d.

168. *Ibid.*, IX, 1, 257b.

169. Ficin, *Théologie platonicienne*, IX, 3.

170. Pseudo-Denys, *Noms divins*, IV, 14-15, 712c-713 b.

171. Guillaume de Saint-Thierry, *Sur le Cantique des cantiques*, chant II, strophe 11, 132.

172. Nicolas de Cues, *Docte ignorance*, III, 10.

173. Virgile, *Énéide*, X, 1.

174. II *Rois*, II, 11. Ficin, *Théologie platonicienne*, XIII, 4 et XVIII, 4. Un corps de feu enveloppe l'intellect lors de la remontée de l'âme : Hermès Trismégiste, *Traités*, X, 16; Jamblique, *Mystères d'Égypte*, V, 10, 3.

175. Virgile, *Énéide*, I, 30.

176. *Jean*, I, 4.

177. Plotin, *Ennéades*, I, 6, 8; Ficin, *Théologie platonicienne*, X, 8.

178. Stace, *Silves*, IV, 1, 36-37; Virgile, *Énéide*, I, 94; Sénèque, *Lettres à Lucilius*, 67, 8.

179. Macrobe, *Commentaire au Songe de Scipion*, I, 8, 7-10.

180. Plotin, *Ennéades*, I, 2, 1-7 et III, 6, 5; Macrobe, *Commentaire au Songe de Scipion*, I, 8, 5-11 ; Ficin, *Théologie platonicienne*, XIV, 6.

181. II *Corinthiens*, XII, 4.

182. *Ibid.*

183. *Ibid.*, III, 18.

184. *Ibid.*

185. Augustin, *Genèse au sens littéral*, II, I, 2-V, 9; Jean Pic de la Mirandole, *Heptaple*, II, 2.

186. Dante, *Banquet*, II, XIV ; *Paradis*, I, 123.

187. *Psaumes*, 148, 4; *Daniel*, 3, 60; Augustin, *Confessions*, XIII, 15, 18; Basile, *Homélies sur l'Hexaméron*, III, 9; Ficin, *Théologie platonicienne*, XVI, 6.

188. La tradition thomiste divise le ciel en trois couches avec, de haut en bas, l'empyrée, le cristallin et le firmament : E. de Bruyne, *Études d'esthétique médiévale*, t. II, Paris, Albin Michel, 1998, p. 22-26; M.-P. Lerner, *Le monde des sphères*, t. I, Paris, Les Belles Lettres, 1996, p. 215-221. Jamblique, *Mystères d'Égypte*, VII, 2-3, situe dans l'empyrée l'activité intellectuelle, laquelle participe de Dieu.

189. L'orthographe ancienne : « phantaisie » fait entendre ce qui distingue cette dernière de la « fantaisie » (*fancy*) – ce qui revient non seulement à mettre l'accent sur la lumière (*phôs*), mais à

restituer le terme à son origine grecque qui comporte l'idée d'un substrat imaginaire nécessaire à la pensée : Aristote, *Métaphysique*, 422a 7.

190. Ficin, *Théologie platonicienne*, XV, 10.

191. *Ibid.*, X, 5.

192. Bonaventure, *Itinéraire de l'esprit vers Dieu*, I, 14.

193. Ficin, *Théologie platonicienne*, XV, 2.

194. *Ibid.*, XVI, 1.

195. *Ibid.*

196. Aristote, *Physique*, VIII, 2, 252b 25; Proclus, *Commentaire sur le Timée*, I et III; Jean Scot Érigène, *De divisione naturae*, II, 4 et II, 13; Guillaume de Saint-Thierry, *De natura corporis et animae*, I; Richard de Saint-Victor, *De exterminatione mali*, I, 14; Nicolas de Cues, *Docte ignorance*, III, 3; Ficin, *De la triple vie*, I, 2; Jean Pic de la Mirandole, *Commentaire sur une chanson d'amour de Jérôme Benivieni*, I, 11.

197. Dante, *Vita Nova*, II; Ficin, *De la triple vie*, I, 2.

198. Ficin, *Commentaire sur le Banquet de Platon*, VII, 4.

199. Hermès Trismégiste, *Traités*, V, 5 ; XI, 6 et 7; Cicéron, *République*, VI, XIX, 20; Dante, *Purgatoire*, IX, 22 *sq.*

200. I *Jean*, I, 5; Nicolas de Cues, *Du non-autre*, 11, 43.

201. *Jean*, I, 5; Nicolas de Cues, *Docte ignorance*, I, 26.

202. Proclus, *Éléments de théologie*, 85-87.

203. Aristote, *Éthique à Nicomaque*, 1094a, 1-3; Thomas d'Aquin, *Somme contre les Gentils*, III, 3, 3, 7, 3 et 16, 2.

204. Ficin, *Théologie platonicienne*, II, 13.

205. Orphée, *Hymnes*, XV, 7; *Ésaïe*, XLI, 4; XLIV, 6 et XLVIII, 12; Jean, *Apocalypse*, I, 17; Pseudo-Denys, *Noms divins*, V, 10, 825b; Nicolas de Cues, *Docte ignorance*, II, 13; Ficin, *Théologie platonicienne*, II, 13 ; *id.*, *Commentaire sur le Banquet de Platon*, II, 1.

206. Pseudo-Denys, *Hiérarchie céleste*, VI, 2-9, 2; Dante, *Paradis*, XXVIII, 98 *sq.*; Ficin, *De la religion chrétienne*, XIV ; *id.*, *Théologie platonicienne*, XVI, 1.

207. Jean Pic de la Mirandole, *Heptaple*, préface II; Ficin, *Théologie platonicienne*, XVIII, 8.

208. Ficin, *Théologie platonicienne*, I, 5 et XVI, 1.

209. Virgile, *Géorgiques*, IV, 480 ; *Énéide*, VI, 439.

210. *Matthieu*, V, 3-11 ; Ficin, *Théologie platonicienne*, XVIII, 8.

211. Jean Pic de la Mirandole, *Heptaple*, II, 1.

212. L'intelligence est défaillante face à la lumière divine infinie. Dieu ne saurait être vu de face : *Exode*, XXXIII, 20; *Psaumes*, XXXVIII, 6; Paul, *Romains*, XI, 33; Pseudo-Denys, *Théologie mystique*, I, 1,997b. Dans la *Théologie platonicienne*, VIII, 16, Ficin écrit que l'intelligence, disposant d'une puissance infinie, trouve l'acte infini qu'est Dieu. Il parle d'un embrasement de l'intelligence, puis il précise, *ibid.*, XIV, 10, que Dieu se communique davantage à ceux qui l'aiment qu'à ceux qui le cherchent intellectuellement. En échauffant l'intelligence, la grâce assure le passage vers l'amour supérieur à l'intellect : *ibid.*, XVIII, 8. La valorisation de l'amour suscite une valorisation de la fureur la plus haute inspirée par Vénus, qui conduit à l'extase divine : *Commentaire sur le Banquet de Platon*, VII, 14-15.

213. Plotin, *Ennéades*, VI, 8, 13; Bonaventure, *Itinéraire de l'esprit vers Dieu*, III, 4.

214. Nicolas de Cues, *Profane*, I, « Innéité de l'avant-goût »; Ficin, *Commentaire sur le Banquet de Platon*, VII, 14 et 15.

215. Hermès Trismégiste, *Traités*, XI, 19.

216. Ficin, *Théologie platonicienne*, XIV, 1.

217. Plotin, *Ennéades*, V, 5, 12.

218. Ficin, *Théologie platonicienne*, II, 13.

219. *Ibid.*, XIV, 1.

220. Plotin, *Ennéades*, VI, 6, 3.

221. Proclus, *Éléments de théologie*, 25; Bonaventure, *Itinéraire de l'esprit vers Dieu*, VI, 2; Ficin, *Pauli commentarium.*, *Op.*, I, p. 429.

222. Pseudo-Denys, *Noms divins*, I, 4, 592a; Ficin, *Commentaire sur le Banquet de Platon*, VII, 17 ; *id.*, *Praedicationes*, *Op.*, I, p. 492 ; *id.*, *Pauli commentarium.*, p. 429.

223. Nicolas de Cues, *Docte ignorance*, III, 3 ; *Profane*, I, « Verbe et sagesse ».

224. Augustin, *Cité de Dieu*, XI, 24; Anselme de Cantorbery, *Proslogion*, XXIII.

225. Augustin, *Trinité*, XV, VII, 12; Synésios de Cyrène, *Hymnes*, II, 119 *sq.*

226. Bessarion, *De Spiritus Sancti processione ad Alexium Lascarin Philanthropinum,* PG 161, coll. 321-448.

227. Augustin, *Trinité*, V-VII et XV, III, 5; Synésios de Cyrène, *Hymnes*, I, 210 *sq.*; Dante, *Paradis*, XXIV, 138 *sq.*; Ficin, *Pauli commentarium.*, p. 430.

228. Orgueil, Jalousie, Gourmandise, Avarice, Paresse, Colère, Luxure. Aux sept péchés font face les trois vertus théologales : Foi, Espérance, Charité, et les quatre vertus cardinales : Courage, Justice, Sagesse, Tempérance, dont la réunion forme une heptade.

229. *Luc*, VIII, 3; *Marc*, XVI, 9; *Matthieu*, XII, 45.

230. Lune, Mercure, Vénus, Soleil, Mars, Jupiter, Saturne d'après Ptolémée : *Almageste*, IX, 1; Ficin *Du Soleil*, IV et VII. À chaque planète est lié un ordre angélique. Au Soleil les Puissances; à Mercure les Archanges; à la Lune les Anges; à Vénus les Vertus; à Mars les Principautés; à Jupiter les Dominations; à Saturne les Trônes. Les deux derniers ordres : Chérubins et Séraphins sont liés au mouvement premier ainsi qu'à la sphère des fixes.

231. Sagesse, Raison, Bon conseil, Force, Savoir, Piété, Crainte de Dieu. Sept colombes incarnent les sept dons. Mais Ficin comprend autrement ces dons qui consistent pour lui dans le sens aigu de la contemplation, la puissance de gouverner, le courage, la netteté des sens, l'ardeur de l'amour, la finesse de l'interprétation et la fécondité dans la génération : *Commentaire sur le Banquet de Platon*, VI, 4.

232. Jean, *Apocalypse*, I, 4-5 et IV, 5.

233. *Genèse*, I, 2; *Jean*, XX, 1 ; *Matthieu*, XXVIII, 1 ; Augustin, *Cité de Dieu*, XI, 31.

234. *Ésaïe*, XXX, 26.

235. Augustin, *Dimension de l'âme*, 76.

236. *Matthieu*, XVIII, 21-22; *Luc*, XVII, 4.

237. Hermès Trismégiste, *Traités*, II, 17.

238. Nicolas de Cues, *Docte ignorance*, II, 5.

239. Ficin, *Commentarium in Plotinum.*, III, *Op.*, II, p. 1766.

240. *Livre de la Sagesse*, XI, 21.

241. Orphée, *Hymnes*, XV, 7; *Apocalypse*, I, 17; Pseudo-Denys, *Noms divins*, V, 10; Ficin, *Théologie platonicienne*, II, 13; Charles de Bovelles, *Le Sage*, XXX.

242. Augustin, *Trinité*, XV, VII, 12; Bonaventure, *Itinéraire de l'esprit vers Dieu*, III, 5.

243. *Romains*, I, 20; Pseudo-Denys, *Lettres*, IX, 2; Augustin, *Trinité*, XV, II, 3; Ficin, *De la fureur divine*, *Op.*, I, p. 613.

244. Ficin, *Théologie platonicienne*, X, 8.

245. Cicéron, *De la nature des dieux*, II, V, 15.

246. Thomas d'Aquin, *Somme contre les Gentils*, I, 73-76; Ficin, *Théologie platonicienne*, II, 12.

247. Hermès Trismégiste, *Traités*, V, 5 ; Ficin, *Théologie platonicienne*, XVIII, 1.

248. Plotin, *Ennéades*, III, 6, 18.

249. Ficin, *Praedicationes*, p. 492.

250. Les dimensions sont des extensions de la matière, caduques et inconsistantes : Ficin, *Théologie platonicienne*, I, 3.

251. Plotin, *Ennéades*, III, 6, 19 ; Salomon Ibn Gabirol, *Livre de la source de vie*, IV, 14.

252. Plotin, *Ennéades*, V, 5, 6.

253. Hermès Trismégiste, *Traités*, XI, 13 ; *Jean*, I, 3-4.

254. *Jean*, I, 1, 5.

255. Augustin, *Cité de Dieu*, XII, 4.

256. *Ibid.*, XI, 27.

257. Ficin, *Pauli commentarium.*, p. 447.

258. *Jean*, I, 9.

259. *Ibid.*, I, 1-3 ; Augustin, *Confessions*, XI, 7.

260. I *Corinthiens*, 15, 28 ; Bonaventure, *Itinéraire de l'esprit vers Dieu*, V, 8.

261. Ficin, *Théologie Platonicienne*, XII, 4 ; *Dialogue théologique entre Dieu et l'âme*, *Op.*, I, p. 610. La divinité n'est pas lointaine dans le néoplatonisme : Plotin, *Ennéades*, V, I, 3 ; Hermès Trismégiste, *Traités*, XI, 21.

262. *Ésaïe*, 9, 2 ; *Matthieu*, 4, 16 ; Augustin, *Confessions*, IV, 12 ; Ficin, *Cause du péché, espérance et remède*, *Op.*, I, p. 630.

263. Platon, *Phédon*, 113b-114b ; Plotin, *Ennéades*, I, 6, 6 et I, 8, 13 ; Ficin déchiffre dans la négation matérialiste de l'immortalité de l'âme un symptôme de la mélancolie dont l'humeur froide, sèche et noire, en s'imposant au détriment de la chaleur, de l'humidité et de l'esprit transparent, ôte tout espoir de vie. La folie de Lucrèce confirme pour lui ce diagnostic : *Théologie platonicienne*, XIV, 10 ; *id.*, *Pauli commentarium.*, XV, p. 451.

264. Ficin, *Commentaire sur le Banquet de Platon*, VII, 14.

265. Ficin, *Théologie platonicienne*, XI, 6. La définition installe dans l'ordre des vérités absolument nécessaires. Si contingent que soit le tracé de la figure sur le sable, l'idée du cercle ne s'en trouve nullement modifiée, ni sa nature, sa vérité, et sa définition : *ibid.*, XII, 1.

266. Plotin, *Ennéades*, III, 7, 3.

267. Aristote, *Physique*, 221b, 2-223b, 20 ; Plotin, *Ennéades*, III, 7, 12 ; Augustin, *Confessions*, XI, XXIV ; Ficin, *Théologie platonicienne*.

268. Plotin, *Ennéades*, III, 7, 4 et 7, 11.

269. Ficin, *Théologie platonicienne*, XI, 6.

270. *Ibid.*, V, 13.

271. *Ibid.*, XV, 12.

272. Plotin, *Ennéades*, VI, 7, 35.

273. Ficin, *Théologie platonicienne*, XVI, 8.

274. *Id.*, *Anima post mortem intelligit, et multo clarius, quam in corpore*, *Op.*, I, p. 627.

275. II *Corinthiens*, XII, 4.

276. Plotin, *Ennéades*, V, 5, 11 ; *Exode*, 3, 1-6 ; Pseudo-Denys, *Hiérarchie céleste*, IV, 3, 180c ; Synésios de Cyrène, *Hymnes*, I, vers 192 *sq.* ; Grégoire de Nysse, *Vie de Moïse*, *op. cit.*, p. 134 *sq.* ; Anselme de Cantorbery, *Proslogion*, XVI.

277. Plotin, *Ennéades*, V, 5, 4 et 5, 11 ; Nicolas de Cues, *Traité de la vision de Dieu*, XVI.

278. Plotin, *Ennéades*, VI, 9, 4 ; Nicolas de Cues, *Traité de la vision de Dieu*, XVI.

279. Plotin, *Ennéades*, V, 6, 2 ; Hermès Trismégiste, *Traités*, XI, 18.

280. Nicolas de Cues, *Traité de la vision de Dieu*, VI et XIII.

281. *Psaumes*, 139, 11-12

282. Plotin, *Ennéades*, V, 3, 14 et VI, 9, 4 ; Grégoire de Nysse, *Vie de Moïse*, *op. cit.*, p. 117 ; Nicolas de Cues, *Recherche de Dieu*, p. 194 ; *id.*, *Du non-autre*, 8, 30.

283. Plotin, *Ennéades*, VI, 6, 8 et VI, 7, 41 ; Hermès Trismégiste, *Traités*, XI, 5 et XI, 17; Pseudo-Denys, *Noms divins*, VII, 3, 872a; Nicolas de Cues, *Docte ignorance*, I, 16 et 26 ; *id.*, *Recherche de Dieu*, p. 205 ; *id.*, *Profane*, II, « Affirmation et négation ».

284. Plotin, *Ennéades*, V, 3, 14 et VI, 9, 3.

285. Nicolas de Cues, *Traité de la vision de Dieu*, XIII.

286. Ficin, *Théologie platonicienne*, XIV, 10.

287. Grégoire de Nysse, *Vie de Moïse*, p. 138 *sq.*

288. Augustin, *Trinité*, XV, II, 2.

289. Grégoire de Nysse, *Vie de Moïse*, *op. cit.*, p. 136 et p. 140-141; Ficin, *Théologie platonicienne*, VIII, 16.

290. Ficin, *Théologie platonicienne*, XIV, 10 ; *Commentaire sur le Banquet de Platon*, VII, 14 ; *In Phaedrum Commentaria et Argumenta*, IV, *Op.*, II, p. 1365.

291. Plotin, *Ennéades*, V, 8, 4 et III, 8, 6; Nicolas de Cues, *Profane*, I, « Privilège de l'entendement » ; Ficin, *Dialogue théologique entre Dieu et l'âme*, p. 610.

292. Ficin, *Théologie platonicienne*, X, 8.

293. *Ibid.*

294. Plotin, *Ennéades*, V, 3, 8.

295. Ficin, *Du Soleil*, XI.

296. *Id.*, *Commentarium in Plotinum.*, XVII, *Op.*, II, p. 1743.

297. Plotin, *Ennéades*, V, 3, 12.

298. Ficin, *Théologie platonicienne*, VIII, 13.

299. Thomas d'Aquin, *Somme de théologie*, I, qu. 12, 5, rép.

300. Plotin, *Ennéades*, I, 5, 6; Synésios de Cyrène, *Hymnes*, I, 259 *sq.*; Augustin, *Tractatus in Johannem*, XV, 4.

301. Nicolas de Cues, *Docte ignorance*, I, 21 ; Ficin, *Commentaire sur le Banquet de Platon*, II, 2.

302. Platon, *Protagoras*, 309a ; *Sophiste*, 231d-e.

303. Plotin, *Ennéades*, V, 5, 10; Bonaventure, *Itinéraire de l'esprit vers Dieu*, I, 5.

304. Grégoire de Nysse, *Vie de Moïse*, *op. cit.*, p. 113 et p. 118.

305. Nicolas de Cues, *Le Verbe s'est fait chair*, II, 4 ; *id.*, *Filiation de Dieu*, 3; Ficin, *Commentaire sur le Banquet de Platon*, V, 4 et 6.

306. Ficin, *Théologie platonicienne*, XII, 4.

307. Plotin, *Ennéades*, VI, 2, 7; Ficin, *Théologie platonicienne*, XV, 2.

308. Bonaventure, *Itinéraire de l'esprit vers Dieu*, I, 2.

309. *Genèse*, I, 1, 26-27.

310. Hermès Trismégiste, *Traités*, V, 2 ; VIII et 5, XII, 15.

311. Nicolas de Cues, *Traité de la vision de Dieu*, XV.

312. Platon, *République*, VII; Ficin, *Théologie platonicienne*, XI, 6.

313. Ficin, *Théologie platonicienne*, XI, 6.

314. Hermès Trismégiste, *Traités*, XI, 20.

315. I *Corinthiens*, XIII, 12; Augustin, *Trinité*, XV, VIII, 14.

316. Platon, *Phèdre*, IV, 229c ; *id.*, *Premier Alcibiade*, 130d-131b ; *id.*, *Charmide*, 164d-169c ; Plotin, *Ennéades*, V, 3, 7; Ambroise, *Exameron*, VI, 6, 39, P.L. 14, 256b-c ; *De Isaac*, IV, 15-16, P.L. 14, 509a; Augustin, *Confessions*, VII, 10; Ficin, *Théologie platonicienne*, I, Préface au Magnanime Laurent de Médicis et X, 2.

317. Plotin, *Ennéades*, VI, 7, 34.

318. Ficin, *Théologie platonicienne*, XIII, 4 ; *Dialogue théologique entre Dieu et l'âme*, p. 611.

319. *Id.*, *Pauli commentarium.*, XI, p. 446.

320. Augustin, *Confessions*, X, 20 et 21 ; *id.*, *Trinité*, XIII, IV, 7 ; VII, 10 et VIII, 11; Ficin, *Théologie platonicienne,* XIV, 2.

321. Plotin, *Ennéades*, VI, 7, 34; Anselme de Cantorbery, *Proslogion*, XXV et XXVI; Ficin, *Argument pour la théologie platonicienne*, XVII, p. 280; Jean Pic de la Mirandole, *Commentaire sur une chanson d'amour de Jérôme Benivieni*, II, 2.

322. Plotin, *Ennéades*, I, 6, 7 ; I, 7, 1 et V, 5, 12.

323. L'*Argumentum* propose trois voies, les trois degrés de la contemplation de Dieu, correspondant aux trois parties du texte.

324. Laurent de Médicis (1449-1492), petit-fils de Cosme et fils de Pierre, est poète et homme d'État, il a été formé par Ficin dont il est un très proche ami et le protecteur. Par sa connaissance des arts, il apporte son soutien à nombre d'artistes comme Michel-Ange ou Botticelli. Âgé d'à peine 21 ans lorsqu'il prend les rennes de Florence, Laurent a dû faire face à la conspiration des Pazzi en 1478 où son frère Julien est tué cependant que lui-même échappe de peu à la mort, ainsi qu'à la coalition des principautés italiennes emmenées par le Pape contre Florence. Deux épreuves qui, en raison de sa fermeté, ont accru sa grandeur, celle de Florence, et institué une période de paix relative jusqu'à sa mort.

325. La *Théologie platonicienne* ne fut publiée qu'en 1482, soit six ans après la composition de l'*Argumentum*. Le texte en est pourtant déjà bien avancé et, comme le suggère Raymond Marcel dans sa présentation des opuscules de 1476 à la fin de son édition de la *Théologie Platonicienne*, p. 247, le contenu de ce grand traité était déjà discuté dans les réunions académiques de Careggi, l'Académie platonicienne fondée par Ficin sous les auspices de Cosme de Médicis, dans sa propriété de Careggi non loin de Florence : A. Chastel, *Marsile Ficin et l'art*, Paris, Droz, 1975, p. 7-48.

326. Cet ordre correspond aux trois premiers livres de la *Théologie Platonicienne*, dont les sous-titres indiquent que le livre premier « conduit jusqu'à Dieu », le second « traite de Dieu précédemment trouvé », le troisième « nous fait redescendre à partir de Dieu et comparer entre eux les différents degrés d'être par rapport à leur degré intermédiaire et ce degré par rapport aux autres ».

327. Aristote, *Métaphysique*, 1044b, 6-8 ; 1069b, 24-27 ; *id.*, *Traité du Ciel*, 270a, 17-20 ; 270b, 32-33 ; 278a, 10-15 ; 286a, 3; Proclus, *Commentaire sur le Timée*, II; Ficin, *Théologie platonicienne*, I, 3.

328. Averroès, *Grand commentaire sur la Métaphysique d'Aristote*, 8, 11 et 12, 10 ; *Commentaire du Traité du ciel d'Aristote*, 1, 20.

329. Hermès Trismégiste, *Pimandre*, VI, 2; Platon, *Timée*, 49a-52b; Augustin, *Confessions*, XII, 6 ; Ficin, *Théologie platonicienne*.

330. Aristote, *Traité du Ciel*, 270a 19-271a, 20.

331. *Ibid.*, 288a, 13-289a, 10; Averroès, *Commentaire du Traité du ciel d'Aristote*, 2, 35-40.

332. Averroès, *Commentaire du Traité du ciel d'Aristote*, 2, 32-34 ; *id.*, *De Substantia Orbis*, I, II ; Ficin, *Théologie platonicienne,* I, 3.

333. Averroès, *Commentaire du Traité du ciel d'Aristote*, 1, 22.

334. *Id.*, *De Substantia Orbis*, 2.

335. *Id.*, *Commentaire du Traité du ciel d'Aristote*, 1, 20 ; *Grand commentaire sur la Métaphysique d'Aristote*, 12, 10.

336. Proclus, *Commentaire sur le Timée*, III, 13-14 ; *id.*, *Éléments de théologie,* 3, 5. Ficin : *Théologie platonicienne*, I, 3, rappelle qu'il y a trois genres de corps : les corps matériels et composés (des quatre éléments), les sphères des éléments, matérielles mais simples, et enfin les corps célestes à la fois simples et immatériels; mais aussi trois genres de formes, tout comme chez Averroès : des formes en acte, donc unies à une matière, des formes sans matière (les formes célestes), et des formes sans dimensions. Parmi les corps sans matière, on compte le véhicule de l'âme qui est analysé par Ficin au livre XII de la *Théologie platonicienne* : « Les mages l'appellent le véhicule de l'âme, c'est-à-

dire un corpuscule éthéré, reçu de l'éther, vêtement immortel de l'âme ». *Cf.* Proclus, *Commentaire sur le Timée*, II, 72 et III, 298-99, *Commentaire sur la République* II, 145-146 et 154-155. Ce corps immatériel est l'esprit intermédiaire entre le corps et l'âme, « un presque non corps et déjà presqu'âme », poursuit Ficin, qui a traduit le *De Insomniis* de Synésios de Cyrène, où il est question du véhicule de l'âme : Synésios, *Traité sur les songes*, 6, 3-4 ; Ficin, *Théologie platonicienne*, VII, 6 ; X, 2 et XV, 4 ; *id.*, *De la triple vie*, III, 3 et 4.

337. Ficin cherche à dépasser la forme sans matière, mais sujette à la quantité et au mouvement qu'est le ciel en considérant la possibilité de l'existence d'une forme sans quantité. La matière et la quantité sont passives et responsables de la passivité des corps ; Ficin les place « au dernier degré de la nature » : *Théologie platonicienne*, V, 3. L'ordre d'exposition suit l'ordre de la nature : après la forme sans matière, la forme sans quantité puisque « la matière précède la quantité, car elle est le sujet de la quantité et de la qualité » : *ibid.*, V, 4.

338. La quantité est un accident de la forme-substance et une substance existe sans ses accidents, elle peut exister sans la quantité qui n'est qu'une extension passive de la matière : *Théologie platonicienne*, I, 3.

339. Averroès, *De Substantia Orbis*, 1.

340. Thomas d'Aquin, *Somme contre les Gentils*, II, 91, 6.

341. Ficin, *Théologie platonicienne*, XIV, 10 et XVI, 7.

342. *Ibid.*, I, 1.

343. Cette analyse du ciel renvoie à la description de la naissance du ciel, âme placée au centre du monde, par Platon dans le *Timée,* 34c.

344. Plotin, *Ennéades*, II, 1, 8.

345. Platon, *Timée* 34c ; Sénèque, *L'Oisiveté*, V, 5 ; Pline, *Histoire naturelle*, II, 24, 95 ; Ficin, *Théologie platonicienne*, VI, 2.

346. Plotin, *Ennéades*, II, 1, 3 et V, 1, 2.

347. Comme le montre Ficin dans le *Quid sit lumen* (1476), la *Comparatio orphica Solis ad Deum* (1479), et leurs versions finales *Du Soleil* (1492) et *De la lumière* (1493), la lumière pénètre plus ou moins les éléments et les êtres inférieurs, d'où cette distinction entre une lumière du bas, depuis laquelle on s'élève par des degrés qui correspondent à ses différents niveaux de pénétration, et une lumière du haut si pure qu'elle en devient invisible, qui n'est pas mélangée à la matière puisque le ciel est exempt de matière. La lumière est un élément central dans la pensée ficinienne. Manifestation de la divinité et de l'âme, elle est ce qui, tel Dieu, se trouve en toute chose. Elle n'est ni un corps, ni un esprit, mais un *tertium quid* qui traverse et unit les corps et les esprits. Elle constitue un lien métaphysique entre les êtres qui articule chaque étage de l'univers et chaque plan ontologique à celui qui précède ou à celui qui suit : *De la lumière*, V et XI.

348. Au sein des éléments, Ficin distingue entre les éléments grossiers, denses, comme la terre, la pierre que la sphère de feu arrive seulement à réchauffer ; les éléments plus purs comme le bois où se communiquent chaleur et lumière ; et enfin les plus rares et délicats auxquels la lumière communique aussi sa légèreté (feuilles de papier, linon, etc.) : *Théologie platoniciennne,* X, 5.

349. Ficin, *De la lumière*, XI.

350. Platon, *Timée*, 36e ; Plotin, *Ennéades*, II, 1, 7 ; Proclus, *Commentaire sur le Timée*, III.

351. Aristote, *Seconds analytiques*, 73b, 10-13 ; Thomas d'Aquin, *Commentaire des Seconds analytiques*, 1, 10, 7.

352. Platon, *République*, 611d-612 a ; Plotin, *Ennéades*, I, 1, 12 ; I, 6, 5 et 6, 9 ; IV, 7, 10 ; V, 3, 9 ; Ficin, *Théologie platonicienne,* IX, 3 ; *De la lumière*, XVII.

353. Augustin, *Dimension de l'âme*, 6.

354. Plotin, *Ennéades*, I, 1, 12 ; V, 3, 9 ; VI, 8, 21.

355. Ficin, *Théologie platonicienne*, III, 1.

356. *Ibid.*, III, 1 ; XV, 2 et XVI, 1.

357. Proclus, *Éléments de théologie*, 169 et 191 ; Ficin, *Théologie platonicienne*, III, 2.

358. Ficin, *Théologie platonicienne,* II, 11.

359. Proclus, *Éléments de théologie*, 18.

360. Ficin, *Théologie platonicienne*, II, 5.

361. Plotin, *Ennéades*, VI, 8 ; Proclus, *Éléments de théologie*, 40, 42, 43 ; *id.*, *Commentaire sur le Parménide*, VII, 1150.

362. Plotin, *Ennéades*, II, 2, 1 ; Ficin, *Théologie platonicienne,* II, 3.

363. Pseudo-Denys, *Noms divins*, 4, 34.

364. Ficin, *Théologie platonicienne*, I, 6 et II, 6.

365. Proclus, *Éléments de théologie*, 78, 85.

366. Ficin, *Théologie platonicienne*, II, 4.

367. Plotin, *Ennéades*, VI, 8, 18 ; VI, 8, 20 et 21 ; Nicolas de Cues, *Trialogus de possest*, 6-12.

368. Orphée, *Hymnes*, X, 8 ; Ficin, *Théologie platonicienne*, II, 4.

369. Anselme de Cantorbery, *Proslogion*, VII.

370. Ficin, *Théologie platonicienne*, II, 1 et 3.

371. Plotin, *Ennéades*, II, 9, 1 et IV, 4, 16.

372. *Genèse*, I, 1-2 ; Augustin, *Confessions*, XII, 12 et 13.

373. I *Jean*, 1, 5 ; I *Timothée*, VI, 16 ; Pseudo-Denys, *Lettres*, I, 1065a et V, 1073 a ; Anselme de Cantorbery, *Proslogion*, XVI ; Nicolas de Cues, *Traité de la vision de Dieu*, VI.

374. Platon, *République*, 506c ; *id.*, *Timée*, 28c-29 a-b ; *id.*, *Parménide*, 134d. ; Ficin, *Théologie platonicienne*, XI, 4.

375. Plotin, *Ennéades*, III, 6, 7.

376. Ficin, *Théologie platonicienne*, XV, 2 et XI, 6 ; *Du ravissement de Paul,* XXVIII.

377. *Jacques*, I, 17 ; Jean, *Apocalypse*, 22, 5 ; Augustin, *De la Genèse au sens litteral*, IV, 28-45 ; *id.*, *Soliloques*, I, 15 ; François d'Assise, *Cantique de frère Soleil*, *Les Fioretti de saint François*, Paris, Éditions Franciscaines, 1967, p. 384-385 ; Bonaventure, *Itinéraire de l'esprit vers Dieu*, Prologue, I ; Eckhart, *Sermon* 14 ; Ficin, *Théologie platonicienne*, II, 6 ; XII, 1 et XVI, 1 ; *id.*, *Quid sit lumen*, XI.

378. Plotin, *Ennéades*, I, 8, 9 ; II, 4, 12 ; V, 6, 3 ; Ficin, *Théologie platonicienne*, X, 5.

379. Plotin, *Ennéades*, VI, 8, 8 et 8, 13 ; Pseudo-Denys, *Théologie Mystique*, I, 997 b ; II, 1025 b ; V, 1048 a ; *id.*, *Lettres*, I ; Augustin, *Nature du bien contre les manichéens*, III ; Ficin, *Quid sit Lumen*, III. Pour les sources chrétiennes : *Psaumes*, 139, 11-12 et 17, 12 ; *Exode*, XIX, 16-18 ; *Deutéronome*, IV, 11, II ; *Samuel*, XXII, 12 ; *Job*, XXII, 14 et XXVI, 8-9, concernant la Ténèbre divine. Au sujet de la Nuée : *Exode*, XL, 34-38 ; XX, 21 ; XXIV, 17 ; *Nombres*, IX, 15-23 et XIV, 14 ; *Deutéronome*, XXXIII, 26 ; *Lévitique*, XVI, 2 ; I *Rois*, VIII, 10-11.

380. Ficin, *Théologie platonicienne*, IX, 3.

381. Platon, *Parménide,* 137d.

382. Ficin, *Théologie platonicienne*, II, 6 ; XVI, 8 et XVIII, 3.

383. *Ibid.*, VIII, 3 ; IX, 4 ; X, 8 ; XIV, 1, 3 et 10.

384. Prudence, *Cathemerinon*, VII, 16 ; Augustin, *Cité de Dieu*, XXII, 24 ; Ficin, *Théologie platonicienne*, XI, 2.

385. Plotin, *Ennéades*, V, 3, 13 et 14 ; V, 5, 6 ; VI, 7, 32 et 41 ; VI, 9, 3, 4 et 5 ; Hermès Trismégiste, *Traités*, XI, 18 ; Pseudo-Denys, *Hiérarchie céleste*, IV, 3, 180c ; Grégoire de Nysse, *Vie de Moïse*, p. 134 *sq.* ; Anselme de Cantorbery, *Proslogion*, XVI ; Anonyme, *Nuage d'inconnaissance*, Paris, Seuil, 1977, p. 23 et p. 56 ; Nicolas de Cues, *Trialogus de possest*, 18-20 ; Ficin, *Du ravissement de Paul*, XX et XXI.

386. Orphée, *Hymnes*, *Hymne à Zeus*, 9 ; Eusèbe de Césarée, *Préparation évangélique*, III, 9, 2.

387. Ficin, *Théologie platonicienne*, XVIII, 8 ; *De la lumière*, XVII.

388. Ficin, *Théologie platonicienne*, III, 1.

389. *Ibid.*, IV, 1.

390. *Ibid.*, VI, 2.

391. Aristote, *Métaphysique*, 993b, 9-11; Isidore de Séville, *Étymologies*, XII, 7, 40-41; Nicolas de Cues, *Docte ignorance*, I, 1.

392. Platon, *Timée*, 34a-35b; Plotin, *Ennéades*, II, 9, 2; Ficin, *Théologie platonicienne*, III, 2.

393. L'âme, l'ange et Dieu forment trois cercles. Dieu est le cercle-Un, l'ange le cercle-double, l'âme le cercle du multiple : Ficin, *Théologie platonicienne*, IV, 2.

394. *Ibid.*, II, 6.

395. *Id.*, *Du ravissement de Paul*, XXII et XXIII.

396. Ficin s'inscrit dans la tradition du *Cantique des cantiques* et de ses exégètes : Bernard de Clairvaux, Sermon 83, 5, *Traité sur l'amour de Dieu*, II, 2 et X, 27; Richard de Saint-Victor, *Quatre degrés de la violente charité*, 6-18; Anonyme d'Erfurt, *Traité de l'amour parfait*, XIX et XXII; Hadewijch d'Anvers, *Nouveaux poèmes*, X (*Mgd. XXVI*), p. 201-202; Nicolas de Cues, *Recherche de Dieu*, p. 202. Pour le Florentin, la philosophie doit mener à la conciliation de Platon et du Christ.

397. Platon, *Lettres*, 341cd.

398. L'amour est l'expression de l'action de Dieu sur le monde, donnant forme à l'informe, unifiant le multiple, achevant l'inaccompli. L'amour, qui procède de la beauté, est le désir de Dieu qui est beauté. Dans la fureur divine de l'amour, l'âme se perd au-dessus du corps pour se retrouver en Dieu. Ce ravissement, à la fois violent et délicieux, chaud et froid, amer et doux : Ficin, *Commentaire sur le Banquet*, II, 6, p. 152 et 8, p. 156, s'oppose à l'amour vulgaire, triste et charnel. L'amour est un élargissement pour l'âme : Hadewijch d'Anvers, *Nouveaux poèmes*, II (*Mgd. XVIII*), p. 164-172 ; Angèle de Foligno, *Livre des visions et instructions*, 27 ; Ficin, *Théologie platonicienne*, XIV, 10. Entre l'âme et Dieu, nul intermédiaire : Plotin, *Ennéades*, V, 1, 3 ; Ficin, *Théologie platonicienne*, V, 13 et X, 8. D'où le thème de l'angélisation de l'âme. L'âme partage avec les esprits célestes l'intelligence et la volonté : *ibid.*, IX, 6. L'âme tend à devenir toutes choses, elle est plastique : *ibid.*, XIV, 3; elle est le Temple de Dieu : *ibid.*, XIV, 8.

399. Pseudo-Timée, *Traité de l'âme du monde et de la nature*, 93a-94a; Platon, *Timée*, 27b-29e.

400. Par « raison du monde tout entier », il faut entendre l'artisan divin : *Théologie platonicienne*, II, 10.

401. Dieu est artiste : *ibid.*, X, 4, et il aime ses ouvrages : *ibid.*, II, 13.

402. *Ibid.*, I, 6.

403. *Id.*, *Du ravissement de Paul*, XXVII.

404. Situées en Dieu, les vérités n'ont ni début ni fin. Elles sont éternelles, comme l'âme où elles furent déposées : *Théologie platonicienne*, II, 5.

405. *Ibid.*, II, 7.

406. Dieu étant inconnu, les déterminations sont nécessairement inadéquates. Celles-ci valent pour nous, plus que pour lui, ce sont des approximations qui tiennent le Principe à l'abri de toute anthropomorphisation : *Du ravissement de Paul*, XXI; Plotin, *Ennéades*, V, 3, 14 ; V, 5, 6 ; VI, 6, 8, VI, 9, 3; Hermès Trismégiste, *Traités* XI, 5 et 17; Pseudo-Denys, *Noms divins*, VII, 3, 872 a.

407. Plotin, *Ennéades*, V, 2, 1 et 3, 17; Ficin, *Théologie Platonicienne*, II, 2.

408. Ficin, *Théologie platonicienne*, II, 10 et 11.

409. Augustin, *Nature du bien contre les manichéens*, XXXIX ; *Confessions*, XI, 7, 10, 29.

410. Plotin, *Ennéades*, III, 9, 4 ; V, 4, 1 ; V, 5, 6 ; VI, 9, 1 et 5; Proclus, *Éléments de théologie*, 5 et 11 ; *Oracles Chaldaïques*, V, 52; Ficin, *Théologie platonicienne*, II, 7 et IV, 1.

411. Plotin, *Ennéades*, III, 8, 10 et V, 3, 7.

412. *Ibid.*, V, 4; Hermès Trismégiste, *Traités*, XI, 13; Ficin, *Théologie platonicienne*, II, 7 ; *id.*, *Du ravissement de Paul*, XV.

413. Le paragraphe articule la triade Être-Vie-Pensée : Platon, *Sophiste*, 248e ; *id.*, *Timée*, 39e; Plotin, *Ennéades*, VI, 7, 13; Augustin, *Libre Arbitre*, I, 16.

414. Platon, *Philèbe*, 31b-c, 46a-46e, 50a-d ; *Lois*, 732e-734e.

415. Ficin, *Dialogue théologique entre Dieu et l'Âme*, *Op.*, I, p. 611. Par la contemplation, l'âme retrouve le repos et l'éternité : *Théologie platonicienne*, VIII, 11.

416. Ficin, *Théologie platonicienne*, XVIII, 8.

417. *Ibid.*

418. *Id.*, *Commentaire sur le Banquet*, VI, 19.

419. Aristote, *Éthique à Nicomaque*, 1099a, 25-28 ; *id.*, *Éthique à Eudème*, 1214a, 1-6; Ficin, *De Voluptate*, IV, *Op.*, I, p. 993 ; *Commentaire sur le Banquet*, IV, 6.

420. Ficin fait sien le thème platonicien qui veut que le beau soit un appel : *Commentaire sur le Banquet*, V, 2, et l'amour, désir du beau, la réponse à cet appel. Le beau est ce qui appelle, provoque l'âme. Cet appel lui permet de se hausser au-dessus des réalités sensibles dérivées : ombres, simulacres, reflets, car le beau produit en l'âme le désir de Dieu et d'une beauté intelligible.

421. Plaute, *Captifs*, 400; Cicéron, *De l'Amitié*, 80; Ficin, *Commentaire sur le Banquet*, II, 8.

422. Augustin, *Dimension de l'âme*, 76.

423. Ficin, *Théologie platonicienne*, XI, 4.

424. Augustin, *Dimension de l'âme*, 76.

425. *Id.*, *Trinité*, VIII, 3, 4.

426. La Beauté, comme la lumière qui en est le signe, s'exprime à travers quatre cercles qui sont autant de degrés de beauté par lesquels on accède progressivement à la source divine de toute beauté. Les cercles de l'intelligence, de l'âme, de la nature et de la matière permettent de distinguer quatre sortes de beauté qui gravitent autour du centre divin : Ficin, *Commentaire sur le Banquet*, II, 3.

427. *Id.*, *Théologie platonicienne*, VI, 2 et XIV, 7.

428. Virgile, *Énéide*, VI, 129-130.

429. *Jean*, XVI, 22-24; Augustin, *Maître*, 46.

430. *Jean*, XVI, 22.

431. Virgile, *Énéide*, VI, 730-734; Augustin, *Cité de Dieu*, XIV, 3.

432. Platon, *Cratyle*, 400c ; *id.*, *Gorgias*, 493a ; *id.*, *Phédon* 69c, 83b ; *id.*, *République* II, 363d ; *id.*, *Phèdre*, 249d ; Plotin, *Ennéades*, I, 6, 5-6 et IV, 8, 1 ; Porphyre, *Vie de Plotin*, 22, 45 ; Cicéron, *République*, VI, 14 ; Macrobe, *Commentaire au Songe de Scipion*, I, 10, 6 et I, 12, 17 ; Ficin, *Théologie platonicienne*, I, 1.

433. Ficin, *Théologie platonicienne*, V, 10. La forme plongée dans le corps se dilate en fonction des dimensions du corps. Il existe donc une autre forme, affranchie de la matière. Quant au corps, il reçoit sa forme de l'âme qui est principe vital : Augustin, *L'Immortalité de l'âme*, 25.

434. Aristote, *Métaphysique*, 993b9-11 ; Thomas d'Aquin, *Somme contre les Gentils*, III, 54.

435. Avicenne, *Métaphysique*, IX, 7.

436. Plotin, *Ennéades*, I, 6, 7 et 9 ; V, 8, 21. Cette séparation équivaut à une purification, un retour à la vraie nature : Ficin, *Théologie platonicienne*, VIII, 4; Augustin, *Dimension de l'âme*, 23, 34. Sur les incorporels : Proclus, *Éléments de théologie*, 80.

437. Plotin, *Ennéades*, II, 9, 15; Ficin, *Du ravissement de Paul*, I et *Théologie platonicienne*, XVI, 7.

438. Ficin, *Théologie platonicienne*, VI, 2 : les « natures incorporelles » se trouvent dans un genre de substance plus élevé que les êtres corporels. Ce mouvement de détour appelle logiquement, dans le cas de l'âme éclairée par la lumière divine, un retour vers le niveau intelligible. La procession implique la conversion : Proclus, *Éléments de théologie*, 34, 35 *sq.*

439. Ficin, *Théologie platonicienne*, II, 9 : la phantaisie est multiple, et l'intellect un : *ibid.*, VIII, 1. La phantaisie devine les substances, mais ne les connaît pas : *ibid.*, IX, 5. Certes, elle peut

collaborer avec l'intellect, mais l'intellect connaît la nature particulière et la nature universelle des choses. La phantaisie permet à l'âme d'examiner et de juger les perceptions : *ibid.*, VII, 6 et IX, 3.

440. Augustin, *Soliloques*, II, 35 ; Ficin, *Théologie platonicienne*, IX, 2, 10.

441. Ficin, *Théologie platonicienne*, XII, 4 ; XIII, 5 et XVI, 1.

442. *Id.*, *Du ravissement de Paul*, XIX.

443. *Id.*, *Théologie platonicienne*, VIII, 2 : l'âme a soif de vérité, non de nourriture comme le corps.

444. Platon, *Phédon*, 66c ; Augustin, *Dimension de l'âme*, 73, 75 ; Ficin, *Théologie platonicienne*, IX, 5. La dissolution du corps est un accès à la lumière : Platon, *Apologie de Socrate*, 39c-d ; *id.*, *Criton*, 44a-b ; Augustin, *Musique*, Livre VI, XIV, 46 ; Ficin, *Théologie platonicienne*, IX, 2.

445. Platon, *République*, VI, 508 *sq.* ; Plotin, *Ennéades*, IV, 7 ; Augustin, *L'Ordre*, II, 7 ; Nicolas de Cues, *Docte ignorance*, II, 9 ; Ficin, *Théologie platonicienne*, XVIII, 8.

446. Plotin, *Ennéades*, V, 3, 4 ; Nicolas de Cues, *Recherche de Dieu*, p. 190.

447. Platon, *Phèdre*, 246b.

448. L'âme, étant antérieure au corps, peut le diriger et se purifier de ses entraves : Platon, *Lois*, X, 896b-c ; Plotin, *Ennéades*, IV, 3, 10 ; Ficin, *Théologie platonicienne*, XVI, 7. Au sujet de l'immortalité de l'âme : Augustin, *Soliloques*, II, 33 et *L'Immortalité de l'âme*, 15-16.

449. Ficin, *Théologie platonicienne*, IX, 3. Sur le rôle de la phantaisie, pourvoyeuses d'images, pour l'intellect : R. Klein, *La forme et l'intelligible*, Paris, Gallimard, 1970, p. 65-87. Sur les limites de la phantaisie, Augustin, *Soliloques*, II, 35 ; *id.*, *Trinité*, VIII, 6, 9 ; Ficin, *Théologie platonicienne*, XVIII, 8. La collaboration entre la phantaisie et l'intellect s'arrête au seuil de la contemplation des choses divines et des essences angéliques, où l'intellect n'a plus besoin d'en passer par les images corporelles : Ficin, *ibid.*, X, 6.

450. Augustin, *Soliloques*, I, 12.

451. Virgile, *Énéide*, VI, 746-748.

452. Ficin, *Théologie platonicienne*, VI, 2.

453. *Ibid.*, VIII, 2. Dans ce chapitre, comme dans les deux suivants, est clairement établi le thème de la *Théologie platonicienne de l'immortalité de l'âme*, où il s'agit d'apporter les raisons et d'analyser les signes de cette immortalité. Marque de la divinité en l'homme, l'immortalité est le propre de « toute âme raisonnable » : *ibid.*, V, 1. L'âme est « l'image immortelle de Dieu » : *Du ravissement de Paul*, XXVIII, et c'est parce qu'elle est immortelle qu'elle peut concevoir l'existence des réalités éternelles : *ibid.*, XIX. L'âme ne jouit de cette immortalité qu'au moment où elle se détache du corps, fugacement à l'occasion du ravissement, ou définitivement avec la mort du corps : *ibid.*, V, 14. Ficin choisit de traiter philosophiquement ce dogme chrétien, pour disposer au christianisme ceux « qui ne s'inclinent pas volontiers devant la seule autorité de la loi divine » ; il invite celui qui doute de sa divinité, enfermé qu'il est dans le corps mortel, à suivre les enseignements de la philosophie platonicienne dont « les arguments (...) appuient solidement la religion » : *ibid.*, Préface, p. 36. En affirmant l'immortalité de son âme, l'homme non seulement donne sens à sa vie terrestre, mais encore se prépare à la séparation du corps par des exercices qui le rendent digne du don divin de l'immortalité. La croyance en l'immortalité ne repose pas sur la crainte de la mort, mais sur l'amour de Dieu, c'est-à-dire le respect du désir d'immortalité qui nous anime. À ces arguments s'ajoutent des signes, comme les résurrections, les miracles, les prémonitions, qui persuadent que la vie immortelle est à l'âme ce que la chevelure est à la comète : sa fidèle suivante (*ibid.*, V, 14).

454. Ficin, *Du ravissement de Paul*, VIII, 1, p. 289.

455. Plotin, *Ennéades*, I, 6, 7 ; IV, 7, 13 ; V, 1, 2-4 et VI, 4, 16.

456. Proclus, *Éléments de théologie*, 186-190.

457. Ficin, *Théologie platonicienne*, VIII, 5 et 8 ; X, 6.

458. Thémistios, *Commentaire sur le traité de l'Âme d'Aristote*, Leyde, Brill, 1973, p. 257.

459. Ficin, *Théologie platonicienne*, VIII, 2 : la vérité des essences est incorporelle. D'où la nécessité d'une purification : Platon, *Phèdre*, 249d ; *id.*, *Épinomis*, 986d ; Ficin, *Théologie platonicienne*, XII, 2 et 3. Mais l'intelligence ne connaîtrait jamais les raisons, si elle n'en possédait en elle les formes à titre d'images, lesquelles sont appelées intelligibles ou intellectuelles : *ibid.*, VIII, 4.

460. Augustin, *Dimension de l'âme*, 73.

461. L'intellect est réflexion et renouvellement infini. Il fait retour sur soi, suivant un mouvement circulaire qui atteste son éternité, en même temps que sa séparation originaire : *Théologie platonicienne*, VIII, 15.

462. Il s'agit de supprimer les particularismes de la phantaisie, afin de se hausser au niveau des notions communes : *ibid.*, VIII, 1.

463. La vie intellectuelle est séparée du corps : *ibid.*, VI, 2.

464. Plotin, *Ennéades*, V, 7 ; Proclus, *Commentaire sur le Timée*, III ; *id.*, *Commentaire sur le Parménide*, III, 790 ; Ficin, *Théologie platonicienne*, X, 5 et XI, 4 ; *id.*, *Du ravissement de Paul*, III. Les intelligibles ne peuvent être reçus par le corps : *Théologie platonicienne*, VIII et XI, 5 ; *id.*, *Du ravissement de Paul*, XIII et XVI.

465. L'intellect reçoit les formes des objets : *Théologie platonicienne*, VIII, 7. L'intellect et la phantaisie collaborent dans le temps : *ibid.*, X, 6. Mais il arrive un stade de l'ascension où l'intelligence n'a plus besoin de la phantaisie : XV, 10. Cette cessation se fait sans choc, car l'intelligence conservait son autonomie, comme le suggère Ficin en précisant qu'elle modelait et formait la phantaisie : XV, 16 (de même la phantaisie informait partiellement les corps : XIII, 4). En règle générale, conformément aux lois de la procession néoplatonicienne, le supérieur ne saurait être englobé dans l'inférieur dont il est la source logique.

466. Ficin, *Théologie platonicienne*, VIII, 16 et XI, 3.

467. *Ibid.*, II, 5 ; VI, 2 ; XIII, 2 ; IX, 3 ; X, 6 ; XI, 2-3. Et Platon, *République*, VII, 259, pour le Mythe de la Caverne.

468. L'intellect saisit et comprend par soi tout entier : *Théologie platonicienne*, VIII, 6.

469. Ficin se démarque de la tradition aristotélicienne : Aristote, *De l'Âme*, III, 7, 431a, pour bifurquer vers le Platonisme où la connaissance est pure : *Théologie platonicienne*, XV, 10.

470. Il s'agit de l'intuition, le mode le plus haut, car immédiat, de la connaissance : Plotin, *Ennéades*, III, 8, 10 ; IV, 3, 18 ; V, 3, 17 ; VI, 8, 21 et 9, 4 ; Ficin, *Théologie platonicienne*, XII, 1.

471. Ficin, *Théologie platonicienne*, XI, 6.

472. Par vertu, entendre la puissance et les propriétés caractérisques d'une physique animiste, dont Galilée, Descartes et Mersenne montreront les insuffisances. Il n'empêche, comme l'observe F. A. Yates, *Science et tradition hermétique*, Paris, Allia, 2009, p. 49 *sq.* : « il est, je crois, impossible, de nier que ce sont ces forces issues de la Renaissance qui ont orienté les esprits dans la direction où la révolution scientifique allait poindre ». L'astronomie copernicienne est dominée par la métaphore ficinienne du Soleil central, nourrie des apports du néoplatonisme.

473. Platon, *Phèdre*, 249a-256e ; *id.*, *Phédon*, 82b-106d ; *id.*, *République*, X, 611a-621b ; *id.*, *Timée*, 41d-42c ; *id.*, *Politique*, 270a ; Plotin, *Ennéades*, IV, 3, 15 ; Macrobe, *Commentaire du Songe de Scipion*, I, 11, 11-12, 9 ; Ficin, *Théologie platonicienne*, XVII, 3. Ficin récuse l'idée d'une transmigration de l'âme humaine dans le corps d'une bête : *ibid.*, XVII, 4.

474. Platon, *Politique*, 272 d-273 ; *Ésaïe*, XXX, 14 ; Paul, I *Corinthiens*, XV, 54 ; Augustin, *Cité de Dieu*, XXII, 29 ; *id.*, *Musique*, VI, XV, 49 ; *id.*, *Dimension de l'âme*, 76 ; Avicenne, *Métaphysique*, 9, 7 et 60, 7 ; Thomas, *Somme contre les Gentils*, IV, 79, 1, 2, 3 et LXXXII, 5 et 6 ; Ficin, *Théologie platonicienne*, XVIII, 1 et 9.

475. Ficin, *Théologie platonicienne*, XI, 6 et XIV, 8 ; *id.*, *Du ravissement de Paul*, XXVIII. L'ombre éloigne de la divinité : *Théologie platonicienne*, XVI, 3. L'âme y a été précipitée au moment

de la chute dans le corps : Platon, *République*, 517d. L'âme ne peut voir plus bas que l'ombre, car l'informe des ténèbres contredit à la lumière de l'intellect : Plotin, *Ennéades*, VI, 9, 3.

476. L'errance de l'âme résulte aussi du péché et de son incarnation dans un corps de mort : Ficin, *Théologie platonicienne*, XIV, 7. Le corps est un lieu de songerie et de sommeil : *ibid.* L'intelligence doit se déprendre du corps pour être régénérée : *Du ravissement de Paul*, XXIX. Le redressement de l'âme pointe en direction d'une angélisation : XIII, 4, p. 237, qui se retrouve chez Eckhart et Jean Pic de la Mirandole.

477. Platon, *Phédon*, 65a-68b, 79 c-d, 83a-b. Ficin dissocie Socrate et Platon, pour justifier une interprétation nouvelle du texte platonicien, et le porter à une dimension inconnue de son auteur, notamment à travers la liaison faite au Christ : B. Pinchard, « Le tournant socratique du paganisme », *Marsile Ficin, les Platonismes à la Renaissance*, Paris, Vrin, 2001, p. 156-166.

478. L'esprit est le miroir de Dieu : *Du ravissement de Paul*, XXVII.

479. Platon, *Timée*, 35a; Proclus, *Commentaire sur le Timée*, II, 72 et III, 298-99; Jamblique, *Mystères d'Égypte*, III, 2; Hermès Trismégiste, *Pimandre*, XIII, 11-22; Ficin, *Théologie platonicienne*, IX, 3 et 5 ; X, 3 ; XII, 2 ; XIII, 4 ; XVII, 2 ; XVIII, 4, 7 et 9.

480. Tous les sens convergent vers un centre unique, qui est l'âme : *Théologie platonicienne*, VII, 2. Plus un sens est réduit, plus il est pénétrant : Augustin, *Dimension de l'âme*, 24; Ficin, *Théologie platonicienne*, VII, 3. Augustin, *Libre Arbitre*, II, 12, se réfère aussi à un sens interne. Mais à la différence Ficin, il le distingue radicalement de la raison, de la connaissance et de la science (*ibid.*, II, 10).

481. Ficin reprend certes la distinction augustinienne entre l'*uti* (l'usage) et le *frui* (la jouissance) : Augustin, *Doctrine chrétienne*, I, 4 ; *Cité de Dieu*, XI, 25 et XIX, 10 ; *Trinité*, X, 13. Mais l'au-delà du corps mortel comporte aussi une jouissance du corps incorruptible où les sens, spiritualisés, ont leur place : Augustin, *Musique*, VI, XV, 52; Anselme de Cantorbery, *Proslogion*, XVII. Plotin déjà décrivait l'expérience unitive comme un toucher intellectuel : *Ennéades*, VI, 9, 7 et 7, 36 ; V, 3, 17. Il allait même jusqu'à parler d'un « sentir », sur le mode de la vision (*ibid.*, V, 3, 4) et de la participation (*ibid.*, III, 7, 5 et III, 7, 7). Ficin se situe dans cette ligne, même s'il précise (*Théologie Platonicienne*, VIII, 5) que l'intelligence terrestre ne comprend pas en touchant. Mais dans l'au-delà, et pour ce qui concerne l'exception mystique, il pointe la dimension de contact (*ibid.*), parle de « délectation substantielle semblable à celle du goût et du toucher » (*ibid.*, XII, 3 et XVIII, 8) et mentionne un plaisir intellectuel pur (*ibid.*, VIII, 8), notamment en liaison avec le thème de la résurrection des corps (*ibid.*, VIII, 9 et XVIII, 9). Concernant la sensualité mystique et l'*apex affectus* : Pseudo-Denys, *Noms divins*, § 9, 648A-B ; Bonaventure, *Itinéraire de l'esprit vers Dieu*, VII, 4 ; Angèle de Foligno, *Livre des visions et instructions*, *Huitième pas*, et les chap. 20 et 27 ; Ficin, *Du ravissement de Paul*, XXIII et XXX ; *id.*, *Dialogue Théologique entre Dieu et l'Âme*, *Op.*, I, p. 609-611.

482. Élève de Giorgio Antonio Vespucci, membre de l'Académie platonicienne mort en 1488. Il est connu pour sa traduction italienne de l'*Historia de duobus amantibus* d'Aeneas Silvius Piccolomini, le Pape Pie II. Donati dédia sa traduction à Laurent de Médicis, avec une préface de Ficin. Donati écrivit un traité sur l'intellect et la volonté, en rapport avec les discussions de l'Académie. Il mourut de ses blessures, suite à une chute de cheval. Ficin lui avait donné le surnom de « Mars de l'Académie », qu'il défendait contre ses détracteurs. D'origine allemande, la famille Alamanni était l'une des puissances de Florence, pour ce qui concerne les charges publiques, la banque et le commerce de la laine.

483. Cicéron, *De l'Amitié*, VIII, 26.

484. Ficin, *Op.*, II, p. 1320-1363.

485. Hésiode, *Théogonie*, 75 et 350; Platon, *Banquet*, 180d et 187d-e; Plotin, *Ennéades*, III, 5, 2; Ficin, *Commentaire sur le Banquet de Platon*, VI, 7.

486. Platon, *Banquet*, 178c-d.

487. Thomas d'Aquin, *Somme contre les Gentils*, II, 58; Nicolas de Cues, *Docte ignorance*, III, 6 ; Ficin, *Théologie platonicienne*, XI, 3.

488. Platon, *République*, 436a-441c.

489. Il s'agit de Febo Capella (1420-1482), écrivain et érudit vénitien qui s'acquitta de diverses charges publiques à Venise : Secrétaire depuis 1442, membre du Conseil des Dix, ainsi que de missions diplomatiques auprès de René d'Anjou en 1455, de l'Empereur Frédéric III en 1459 ou de la République de Florence en 1463. Dans le Livre VII de la *Correspondance*, Ficin lui adresse les lettres 19 et 20 ainsi qu'une copie de la lettre 17 : *Op.*, I, p. 854. Naldo Naldi composa des vers sur lui.

490. Cette ascension du sensible vers l'intellectuel se trouve chez Nicolas de Cues, *Recherche de Dieu*, p. 192-194, mais suivant un ordre inversé : le Cardinal part de la vue, puis passe à l'ouïe, au goût, à l'odeur et au tact.

491. Platon, *Timée*, 66e; Augustin, *Musique*, VI, V, 10; Bonaventure, *Itinéraire de l'esprit vers Dieu*, II, 3; Ficin, *Commentaire sur le Banquet de Platon*, V, 2.

492. Ficin, *Commentaire sur le Banquet de Platon*, V, 2.

493. *Id.*, *Théologie platonicienne*, X, 9.

494. *Id.*, *Commentaire sur le Banquet de Platon*, V, 2.

495. Aristote, *De l'Âme*, II, 6-7, 418a-b.

496. *Ibid.*, II, 7, 418b-419a.

497. Ficin, *De la lumière*, II.

498. *Id.*, *Du Soleil*, II.

499. *Id.*, *Théologie platonicienne*, IX, 3.

500. *Ibid.*, VI, 2.

501. Pseudo-Denys, *Lettres*, I, 1065a et V, 1073a; Nicolas de Cues, *Traité de la vision de Dieu*, VI.

502. Hermès Trismégiste, *Traités*, II, 12 et V, 6; Augustin, *Confessions*, XI, 4.

503. Bonaventure, *Itinéraire de l'esprit vers Dieu*, I, 15.

504. Nicolas de Cues, *Traité de la vision de Dieu*, XIII; Ficin, *De la lumière*, III.

505. *Jacques*, I, 17; Augustin, *Cité de Dieu*, XI, 21.

506. I *Jean*, 1, 5; Augustin, *De la Genèse au sens littéral*, IV, 28-45.

507. Plotin, *Ennéades*, V, 3, 12.

508. Ficin, *Théologie platonicienne*, IX, 3.

509. *Id.*, *Commentaire sur le Banquet de Platon*, VI, 17.

510. *Id.*, *Théologie platonicienne*, I, 6.

511. *Id.*, *Commentaire sur le Banquet de Platon*, II, 2.

512. *Id.*, *De la lumière*, IV.

513. Platon, *République*, VII, 515c; Plotin, *Ennéades*, I, 6, 9; Pseudo-Denys, *Noms divins*, IV, 5, 700d-701a; Ficin, *Théologie platonicienne*, VI, 2 et XVIII, 8.

514. Ficin, *Théologie platonicienne*, VI, 2.

515. Nicolas de Cues, *Du non-autre*, 18, 84.

516. Augustin, *Le Maître*, 40.

517. Nicolas de Cues, *Du non-autre*, 9, 32.

518. Synésios de Cyrène, *Hymnes*, VIII, 41 ; Dante, *Paradis*, XXVII, 4 et XXVIII, 83.

519. Ficin, *De la lumière*, V.

520. Jamblique, *Mystères d'Égypte*, II, 3.

521. Orphée, *Hymnes*, VIII, 1 et 14; Ovide, *Métamorphoses*, IV, 227-228; Ficin, *Théologie platonicienne*, II, 10.

522. Jamblique, *Vie de Pythagore*, XV, 65; Porphyre, *Vie de Pythagore*, 30; Ficin, *Théologie platonicienne*, IV, 1.

523. Platon, *Timée*, 40c, *id.*, *Épinomis*, 982e; Aristote, *Traité du ciel*, II, IX, 290b 12; Pline l'Ancien, *Histoire naturelle*, II, XIX-XXI, 21-23, 83-85; Cicéron, *République*, VI, XVIII, 18; Plotin, *Ennéades*, IV, 4, 8; Calcidius, *Commentaire au Timée de Platon*, 132; Synésios de Cyrène, *Hymnes*, I, 279 *sq.*; Dante, *Paradis*, XXIII, 109; Ficin, *De la triple vie*, III, 21.

524. Cicéron, *De la nature des dieux*, II, XL, 102.

525. Ficin, *De la lumière*, VII.

526. Jean Pic de la Mirandole, *Commentaire sur une chanson d'amour de Jérôme Benivieni*, III, 10.

527. Ficin, *Commentaire sur le Banquet de Platon*, VI, 2.

528. *Ibid.*

529. *Id.*, *De la triple vie*, III, 17.

530. Pline l'Ancien, *Histoire naturelle*, X, 1; Ficin, *Théologie platonicienne*, II, 11 et XIII, 4; *id.*, *De la triple vie*, III, 9.

531. Ficin, *Théologie platonicienne*, II, 11 ; *De la lumière*, VIII.

532. Jamblique, *Mystères d'Égypte*, I, 9.

533. Platon, *Timée*, 61d.

534. Ficin, *De la lumière*, X; Jean Pic de la Mirandole, *Commentaire sur une chanson d'amour de Jérôme Benivieni*, I.

535. Ficin, *Théologie platonicienne*, XIII, 5 et XV, 5; *Commentaire sur le Banquet de Platon*, V, 4.

536. Plotin, *Ennéades*, I, 6, 3 et II, 1, 6; Ficin, *Théologie platonicienne*, I, 2.

537. Plotin, *Ennéades*, IV, 5, 1; Proclus, *Commentaire sur le Timée*, II.

538. Plotin, *Ennéades*, V, 3, 9; Ficin, *Théologie platonicienne*, VI, 2.

539. Cicéron, *De la nature des dieux*, II, XL, 103; Ptolémée, *Almageste*, IV, 1.

540. Ficin, *De la lumière*, XIII.

541. Plotin, *Ennéades*, V, 3, 9.

542. Aristote, *Topiques*, 134a32.

543. Plotin, *Ennéades*, V, 8, 4 et VI, 4, 9, 10; Proclus, *Commentaire sur la République*, XVI, 199, 21 et IV, 39, 5-16, *id.*, *Commentaire sur le Timée*, II; Ficin, *De la triple vie*, III, 9.

544. Ficin, *De la lumière*, XIV.

545. Plotin, *Ennéades*, I, 7, 1; Marulle, *Hymnes naturels*, I, 27-33; Ficin, *Théologie platonicienne*, IX, 3 ; *id.*, *Commentaire sur le Banquet de Platon*, II, 2.

546. Platon, *République*, 508c; Plotin, *Ennéades*, VI, 7, 16; Ficin, *Théologie platonicienne*, XII, 1.

547. Macrobe, *Saturnales*, I, XVII, 35.

548. Ficin, *Commentaire sur le Banquet de Platon*, II, 2.

549. Virgile, *Énéide*, I, 254; Proclus, *Hymnes*, I, 10, 22, 41; Macrobe, *Saturnales*, I, XIX, 14; Julien, *Hélios-Roi*, XI, 12; Ficin, *De la triple vie*, III, 4.

550. Proclus, *Hymnes*, I, 38; Augustin, *Cité de Dieu*, XI, 21; Ficin, *Théologie platonicienne*, XIV, 10.

551. Plotin, *Ennéades*, VI, 4, 7; Jamblique, *Mystères d'Égypte*, I, 9.

552. *Psaumes*, 35, 10.

553. Maître Eckhart, *Sermon* 12.

554. *Hymnes orphiques*, LVIII, 13-14; Homère, *Iliade*, III, 277 ; *id.*, *Odyssée*, XI, 109 ; XII, 323; Hésiode, *Les Travaux et les Jours*, 267; Ovide, *Métamorphoses*, VI, 226-227; Nicolas de Cues, *Traité de la vision de Dieu*, I et VIII; Ficin, *De la lumière*, XVI.

555. Homme d'État vénitien, diplomate et lettré (1433-1519). Il est le père du Cardinal Pietro Bembo, poète renommé. Né le même jour que Ficin, il étudia la philosophie et le droit à l'université de Padoue. Il fut une première fois ambassadeur à Florence en janvier 1475, et fut introduit à l'Académie de Ficin. Bembo fut une deuxième fois ambassadeur à Florence lors de la conspiration des Pazzi. *Podesta* et Capitaine du port vénitien de Ravenne, il se trouva en mauvaise part lors de la guerre de Venise contre Florence. En 1486 et 1487, il fut ambassadeur auprès du Pape Innocent III, et Ficin le pria de remettre au Pape une copie de sa *Concorde entre Moïse et Platon*. Ami des érudits vénitiens groupés autour d'Alde Manuce en 1490, Bernardo se constitua une bibliothèque riche de manuscrits grecs et latins. Ficin lui dédia le livre V de sa *Correspondance*: P. O. Kristeller, *Supplementum Ficinianum*, II, *op. cit.*, p. 346.

BIBLIOGRAPHIE CHOISIE

LIVRE 2

ŒUVRES DE MARSILE FICIN

Opera omnia, vol. I et II, réimpression de l'édition Henricpetrina, Bâle, 1576 suivie et préfacée par S. Toussaint, Ivry sur Seine, Phénix Éditions, 1999.

Lettere, II, *Epistolarum familiarum liber* II, a cura di S. Gentile, Florence, Leo S. Olschki Editore, 1990.

Epistolae libri XII, Venise, 1495 ; Nuremberg, 1497.

El libro dell'Amore, édité par S. Niccoli, Florence, L. Olschki, 1987, éd. critique de la version ficinienne en italien du *Commentarium in convivium Platonis de Amore*.

Consilio contro la pestilenzia, éd. par E. Musacchio, Bologne, Capelli Ed., 1983, à partir de l'édition princeps de 1481.

Mercurii Trismegisti Liber de potestate et sapientia Dei, Florence, Edizione anastatica, 1989, fac-similé de l'édition princeps de 1471.

P. O. KRISTELLER, *Supplementum ficinianum* « *Marsilii Ficini Florentini opuscula inedita et dispersa* », Florence, L. Olschki, 1937.

Studies in Renaissance Thought and Letters [1956], Rome, Edizione di Storia e Letteratura, 1969 (texte contenant des inédits de Ficin, notamment une *Summa philosophiae* et une *Divisio philosophiae*).

Marsilio Ficino and His Work after Five Hundred Years, Florence, L. Olschki, 1987 (comprend notamment des lettres inédites avec *addenda* et *corrigenda*).

P. SHAW, *La Versione Ficiniana della* Monarchia, *Studi Danteschi*, 51, 1978, p. 289-408 (comprend la trad. it. par Ficin du *De Monarchia* de Dante).

Traductions en français

Commentaire sur le Banquet de Platon, trad. R. Marcel, « Classiques de l'Humanisme », Paris, Les Belles Lettres, 1956.

Théologie platonicienne de l'immortalité des âmes, trad. R. Marcel, « Classiques de l'Humanisme », Paris, Les Belles Lettres, 1964.

Les trois livres de la vie, trad. G. le Fèvre de la Boderie (1582) revue par T. Gontier, *Corpus des œuvres philosophiques en langue française*, Paris, Fayard, 2000.

Dix lettres sur la connaissance de soi et l'astrologie, traduites et annotées par A. Chastel, *La Table Ronde*, 2, avril 1945.

De Lumine, trad. S. Matton, dans Colloque de Cerisy *Lumière et Cosmos*, *Cahiers de l'Hermétisme*, Paris, Albin Michel, 1981, p. 55-75.

Quid sit Lumen, trad. B. Schefer, Paris, Éditions Allia, 1998.

Métaphysique de la lumière, ensemble de quatre textes traduits par J. Reynaud et S. Galland, dans *Du ravissement de Paul, Comparaison orphique du Soleil à Dieu, Du Soleil, De la Lumière*, Chambéry, Act Mem, 2008.

Lettres, choix de lettres traduites par J. Reynaud et S. Galland, Paris, Vrin, 2010.

Traductions en italien

Marsilio Ficino : De Vita, trad. A. Biondi et G. Pisani, Pordenone, Biblioteca dell'immagine, 1991.

Le divine lettere del gran Marsilio Ficino, trad. F. Figliucci, Venise, 1546-1548 et 1563.

Lettere I, Epistolarum familiarium liber I, Istituto nazionale di Studi sul Rinascimento, Firenze, Carteggi umanistici, ed. S. Gentile, 1990.

De Sole, trad. E. Garin dans *Prosatori Latini del Quattrocento*, Milan et Naples, Riccardo Ricciardi Ed., 1952.

Scritti sull'astrologia (ensemble de textes sur le thème de l'astrologie : *Lettere, Sulla stella dei Magi, Disputa contro il giudizio degli astrologi, Libro del Sole*), trad. et « Préface » O. Pompeo Faracovi, Milano, Bur, 1999.

Traductions en anglais et en allemand

Marsilio Ficino : Three Books on Life, trad. C. Kaske et J. Clark, New York, MRTS, 1989.

Marsilio Ficino : The Book of Life, trad. C. Boer, Texas, Irving, 1980.

Marsilio Ficino's Commentary on Plato's Symposium, trad. S. R. Jayne, *University of Missouri Studies* 19/1, 1944.

M. J. B. ALLEN, *Marsilio Ficino : The Philebus Commentary,* Los Angeles, University of California Press, 1975 (traduction du *Commentarium in Philebum Platonis de summo bono*).

Marsilio Ficino and the Phaedran Charioteer, Los Angeles, University of California Press, 1981 (traduction du *Commentarium in Phaedrum Platonis*).

Icates : Marsilio Ficino's Interpretation of Plato's Sophist, Los Angeles, ACMRS, 1989 (traduction des *Commentaria et argumenta in Platonis sophistam*).

Nuptial Arithmetic : Marsilio Ficino's Commentary on the Fatal Number in Book VIII of Plato's Republic, Los Angeles, University of California Press, 1994 (traduction du *Commentarium in locum Platonis ex octavo libro de Republica de mutatione Reipublicae per numerum fatalem*).

Letters (Livres I, III, IV, V, VI, VII, VIII), trad. P. O. Kristeller (dir.), Londres, Département de l'École des Sciences Économiques, 1975-1981.

Five questions concerning the mind, trad. J. L Burroughs, dans *The Renaissance of Man : Petrarca, Valla, Ficino, Pico, Pomponazzi, Vives*, éd. E. Cassirer, P. O. Kristeller, J. H. Randall, Jr, Chicago, University of Chicago Press, 1948.

Briefe des Mediceerkreises aus Marsilio Ficino's Epistolarium, trad. K. von Montoriola, Berlin, A. Juncker, 1926.

COMMENTATEURS

ALLEN M. J. B., *The Platonism of Marsilio Ficino*, Los Angeles, University of California Press, 1984.

– « Marsile Ficin on Plato, the Neoplatonist and the Christian Doctrine of the Trinity », *Renaissance Quaterly*, XXXVII/4, 1984.

– « Marsile Ficin, Hermès et le Corpus Hermeticum », dans *id., Présence d'Hermès Trismégiste*, Paris, Albin Michel, 1988.

– *« Plato's Third Eye ». Studies in Marsilio Ficino's Metaphysics and its Sources*, Aldershot , Hampshire and Brookfield, 1995.

BERNARD T., « La terre mère, bouche d'ombre et de lumière... ou les vicissitudes de l'âme de Ficin à Bruno », dans P. Magnard (dir.), *Marsile Ficin, les Platonismes à la Renaissance*, Paris, Vrin, 2001.

CANAVERO TARABOCHIA A., « L'amicizia nell'epistolario di Marsilio Ficino », *Rivista di Filosofia Neo-Scolastica*, 67, 1975.

CAPONSACHI P., *Sommario della vita di Marsilio Ficino,* Florence, L. Valori, 1604, archives de l'État de Florence.

CASTELLI P., « Pillole di luce : erbe e pietre nell'opera di Marsilio Ficino », dans *id., Marsile Ficin ou les mystères platoniciens*, Paris, Les Belles Lettres, 2002.

– *Il Lume del Sole, Marsilio Ficino, medico dell'anima*, Firenze, Opus Libri, 1984.

CHASTEL A., *Marsile Ficin et l'art*, Genève, Droz, 1975.

– *Art et Humanisme à Florence au Temps de Laurent le Magnifique*, Paris, P.U.F., 1982.

CORSI G., *Commentarium de Platonicae philosophiae post renatas litteras apud Italos instauratione sive Marsilii Ficini,* Pise, Bandini, 1771.

CUMONT F., *Lux perpetua*, Paris, P. Geuthner, 1949.

DELLA TORRE A., *Storia dell'Accademia Platonica di Firenze*, Firenze, Istituto di Studi superiori in Firenze/G. Carnesechi, 1902.

DRESS W., *Die Mystik des Marsilio Ficini,* Berlin-Leibzig, W. de Gruyter, 1925.

FESTUGIÈRE A.-J., *La philosophie de l'amour de Marsile Ficin*, Paris, Vrin, 1941.

GANDILLAC (de) M., article « Ficin Marsile » dans *Encyclopaedia Universalis*, Paris, Albin Michel, 1998.

GARIN E., *La letteratura italiana. Storia et testi*, vol. XIII, *Prosatori latini del Quattrocento*, Milan-Naples, Riccardo Ricciardi Editore, 1952.

Storia della filosofia, Turin, Einaudi, 1966.

– *Moyen Âge et Renaissance*, texte traduit de l'italien par C. Carme, Paris, Gallimard, 1969.

– *Rinascite e rivoluzioni. Movimenti culturali dal* XIVe *al* XVIIIe *secolo*, Bari, Laterza, 1975.

– *Lo Zodiaco della vita,* Bari, 1976.

– *Il ritorno dei filosofi antichi,* Naples, Bibliopolis, 1983.

– « Phantasia e imaginatio fra Marsilio Ficino e Pietro Pomponazzi », *Giornale critico della filosofia italiana*, LXIV/3, 1985.

– « A proposito della prisca theologia in Francia », *Rivista di storia della filosofia*, XLIII, 1988, p. 125-126.

– *Umanisti artisti scienziati. Studi sul Rinascimento italiano*, Rome, Editori riuniti, 1989.

– (dir.), *L'homme à la Renaissance,* Paris, Seuil, 1990.

– *Le Zodiaque de la vie (polémiques anti-astrologiques à la Renaissance)*, texte traduit de l'italien par J. Carlier, Paris, Les Belles Lettres, 1991.

– *Hermétisme et Renaissance*, texte traduit de l'italien par B. Schefer, Paris, Allia, 2001.

– *L'humanisme italien*, texte traduit de l'allemand et de l'italien par S. Crippa et M. A. Limoni, Paris, Albin Michel, 2005.

GENTILE S., *Marsilio Ficino et il Ritorno di Platone, Manoscritti, Stampe e documenti*, Florence, Le Lettere, 1984.

GILSON É., *Humanisme et Renaissance*, Paris, Vrin, 1983.

HAK H. J., *Marsilio Ficino*, Amsterdam, H. J. Paris, 1934.

HANKINS J., *Plato in the Italian Renaissance*, 2 vol., Leiden et New York, Brill, 1990.

– « Cosimo de' Medici and the Platonic Academy », *Journal of the Warburg and Courtauld Institutes*, 53, 1990.

– « The Myth of the Platonic Academy of Florence », *Renaissance Quaterly*, 44, 1991.

IVANOFF N., *La beauté dans la philosophie de Marsile Ficin et de Léon Hébreu*, Paris, Humanisme et Renaissance, 1936.

JOLIVET R., *Dieu, Soleil des Esprits*, Paris, Desclée de Brouwer, 1934.

KLEIN R., *La forme et l'intelligible, Écrits sur la Renaissance et l'Art Moderne,* Paris, Gallimard, 1970.

KLIBANSKY R., *The continuity of the platonic tradition during the Middle Ages*, Worcester/London, The Trinity Press/The Warburg Institute, 1939.

KLUTSTEIN I., *Marsilio Ficino et la Théologie ancienne : oracles chaldaïques, hymnes orphiques, hymnes de Proclus,* Firenze, Leo S. Olschki Editore/Istituto Nazionale di studi sul Rinascimento, 1987.

KRISTELLER P. O., « Marsilio Ficino as a Man of Letters and the Glosses attributed to him in the Caetani Codex of Dante », *Renaissance Quarterly*, XXXVI/1, 1983.

– *Huit philosophes de la Renaissance italienne*, traduit de l'anglais par A. Denis, Genève, Droz, 1975 (éd. or. : Stanford, Stanford UP, 1964).

– *The philosophy of Marsilio Ficino*, New York, Columbia UP, 1943 et *Journal of the History of Ideas*, 6, 1945.

– *Medieval aspects of Renaissance learning, Three essays by P. O. Kristeller*, edited and translated by E. P. Mahoney, New York, Columbia UP, 1992.

– Publié sous le pseudonyme de Platonicus, *Per la biografia di Marsilio Ficino*, *Civiltà moderna*, X, 1938.

LAURENS P., « Stylus Platonis : l'oestrus poétique dans le *De Amore* de Ficin », dans P. Magnard (dir.), *Marsile Ficin. Les Platonismes à la Renaissance*, Paris, Vrin, 2001.

MAGNARD P. (dir.), *Marsile Ficin. Les platonismes à la Renaissance*, Paris, Vrin, 2001.

MARCEL R., *Marsile Ficin* (*1433-1499*), « Classiques de l'Humanisme », Paris, Les Belles Lettres, 1958.

– *L'Apologétique de Marsile Ficin, Pensée et Tradition chrétienne au* XVe *et au* XVIe *siècles,* Paris, CNRS Éd., 1950.

MARGOLIN J.-C., « Du *De amore* de Ficin à la *Délie* de Scève : lumière, regard, amour et beauté », dans G. C. Garfagnini (éd.), *Marsilio Ficino e il ritorno di Platone : studi e documenti*, Firenze, Leo S. Olschki Editore/Istituto Nazionale di studi sul Rinascimento, 1986, vol. II, p. 587-614.

– « La notion de raptus chez Ficin et Bovelles », dans *Marsile Ficin ou les mystères platoniciens. Actes du XVII*[e] *Colloque International d'Études Humanistes,* présentation S. Toussaint, t. II, Paris, Les Belles Lettres, 2002.

MATTON S., « Splendeur et mélancolie chez Marsile Ficin », Colloque de Cerisy, dans *Lumière et cosmos,* Paris, Albin Michel, 1981.

DE PACE A., *La scepsi, il sapere e l'anima, dissonanze nella cerchia laurenziana,* Milano, Università degli Studi di Milano, Pubblicazioni della Facoltà di Lettere e Filosofia, Edizione universitarie di Lettere, Economia, Diritto, 2002.

– « Galileo, Ficino e la cosmologia, ordine, moti ed elementi in due diverse interpretazioni platoniche », *Rivista di storia della filosofia*, 3, 2006.

PERNIS M. G., *Le Platonisme de Marsile Ficin et la cour d'Urbin*, trad. fr. F. Roudaut, Genève, Honoré Champion, 1997.

PURNELL F. Jr, « The Theme of Philosophic Concord and the Sources of Ficino's Platonism », dans G. C. Garfagnini (éd.), *Marsilio Ficino e il ritorno di Platone : studi e documenti*, Firenze, Leo S. Olschki Editore/Istituto Nazionale di studi sul Rinascimento, 1986, vol. II, p. 397-416.

RABASSINI A., « La concezione del sole secondo Marsilio Ficino », *Nouvelle Revue Momus, revue d'études humanistes*, VII-VIII, 1997.

REES V. R., « Ficin et ses Princes : conseils philosophiques et théologie pratique », dans *Marsile Ficin ou les mystères platoniciens, actes du XLII*[e] *Colloque International d'Études Humanistes*, présentation Stéphane Toussaint, Paris, Les Belles Lettres, 2002.

REYNAUD J., *Vocabulaire de Ficin*, dans J.-P. Zarader, *Vocabulaire des Philosophes*, t. V, Paris, Ellipse, 2006.

SAITTA G., *Marsilio Ficino e la filosofia dell'Umanesimo*, Bologne, Fiammenghi et Nanni, 1954.

SCHIAVONE M., *Problemi filosofici in Marsilio Ficino*, Milan, Mazorati, 1957.

TAMBRUN B., *Pléthon, le retour de Platon,* Paris, Vrin, 2006.

THORNDIKE L., « M. Ficino und Pico della Mirandolla und die Astrologie », *Zeitschrift für Kirchengeschichte*, XLVI, 1928.

TOUSSAINT S., *De l'enfer à la Coupole, Dante, Brunelleschi, Ficin*, Rome, L'Erma, 1997.

– « L'*ars* de Marsile Ficin, entre esthétique et magie », dans P. Morel (dir.), *L'art à la Renaissance entre science et magie,* actes du colloque international organisé par le Centre d'Histoire de l'Art de la Renaissance, Paris I, Rome, Académie de France à Rome, Villa Medici, 2006 pour l'édition italienne, et Paris, Éditions d'art Somogy, 2006 pour l'édition française.

– « Marsile Ficin et le livre. Lecture des mythes et mythes de lecture », *Nouvelle Revue Momus, revue d'études humanistes*, VII-VIII, 1997.

– « L'influence de Ficin à Paris et le pseudo-Denys des Humanistes : Traversari, Cusain, Lefèvre d'Étaples », *Brunania e Campanelliana*, 2, anno V, Pisa-Roma, Istituto editoriali e poligrafici internazionali, 1999.

VASOLI C., *Quasi sit Deus. Studi su Marsilio Ficino*, Lecce, Conte editore, 1999.

– *La dialettica e la retorica dell'Umanesimo.* « *Invenzione* » *et* « *Metodo* » *nella cultura del* XVe *et* XVIe *secolo*, Milan, Feltrinelli, 1968.

– « Marsilio Ficino : un nuovo tipo di filosofo e la sua rete europea », *Verbum*, 1, 1999.

– WADSWORTH J., « Marsilio Ficino's Fable of Phoebus and Lucilia and Botticelli's Primavera », *Aquila,* 3, 1976.

WALKER D. P., *La magie spirituelle et angélique de Ficin à Campanella*, texte traduit de l'anglais par M. Rolland, Paris, Albin Michel, 1988.

ZINI F. M., *La pensée de Marsile Ficin*, Paris, Vrin, 2014.

– (éd.), *Actes du Colloque International d'Études Humanistes* « *Marsile Ficin ou les mystères platoniciens* », organisé au Centre d'Études supérieures de la Renaissance de Tours, du 7 au 10 juillet 1999 par S. Toussaint, Paris, Les Belles Lettres, 2002.

TABLE DES MATIÈRES

ACHEVÉ D'IMPRIMER
EN JANVIER 2019
SUR LES PRESSES
DE
L'IMPRIMERIE F. PAILLART
À ABBEVILLE

DÉPÔT LÉGAL : 1er TRIMESTRE 2019
N°. IMP. 16161